新时代农村教育系列

本书系国家社会科学基金2017年度一般项目
"城镇化背景下我国义务教育教师编制供需矛盾与编制制度改革研究"
(项目批准号：17BGL258) 成果

城镇化与义务教育教师编制制度改革

Urbanization and Reform of Compulsory Education Teacher Staffing System

杨卫安　岳丹丹　等　著

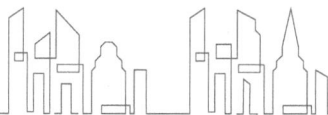

科学出版社

北　京

内 容 简 介

义务教育教师编制制度改革是教育领域深化综合改革的迫切需要，也是教育强国背景下优化义务教育师资队伍配置的要求。城镇化建设和人口变动给义务教育教师编制制度改革带来双重挑战。

本书回顾了我国义务教育教师编制管理制度的历史演进，明确了不同时期义务教育教师编制管理制度之间的内在联系以及发展趋势；通过现状调查，摸清了义务教育教师编制供需的现状、面临的挑战、存在的问题以及复杂成因；系统探讨了教师补充政策与乡村教师编制增量改革、教师管理政策与城乡教师编制存量改革、在编不合格教师退出政策与教师聘任制改革三个核心问题；并开展专题研究，讨论了义务教育非在编教师发展历程与未来趋势、乡村小规模学校课程"开齐开足开好"的师资难题及制度改革；最后以山东省部分地区为例，探讨了义务教育教师编制市域内城乡调剂改革的成效与问题。

本书可为从事城乡教育研究的学者、教育行政部门管理人员以及教育学专业研究生等提供参考。

图书在版编目（CIP）数据

城镇化与义务教育教师编制制度改革 / 杨卫安等著. --北京 ： 科学出版社，
2024.12. -- (新时代农村教育系列). -- ISBN 978-7-03-080765-6

Ⅰ. G635.1

中国国家版本馆 CIP 数据核字第 2024LS2546 号

责任编辑：孙文影 冯雅萌 / 责任校对：邹慧卿
责任印制：徐晓晨 / 封面设计：有道文化

科学出版社 出版
北京东黄城根北街 16 号
邮政编码：100717
http://www.sciencep.com
北京建宏印刷有限公司印刷
科学出版社发行 各地新华书店经销

*

2024 年 12 月第 一 版 开本：720×1000 1/16
2024 年 12 月第一次印刷 印张：12 1/2
字数：233 000
定价：118.00 元
（如有印装质量问题，我社负责调换）

前　言

　　研究城镇化背景下城乡义务教育教师编制供需矛盾及优化配置问题具有重要的意义。一方面，我国正全面贯彻并逐步深化教育领域的综合改革，促使教师资源配置更加合理，进而推动我国义务教育可持续发展，这不仅是义务教育深化改革的方向所在，同时也是我国义务教育均衡发展必须达到的层次。本书旨在研究我国义务教育阶段教师编制配置问题，希望通过研究我国编制制度的历史变迁及功能、属性，发展并完善义务教育阶段教师编制配置方面的理论成果，进一步丰富关于教师资源均衡配置和教育深化改革的研究成果。另一方面，在教育强国建设背景下，优化义务教育师资队伍配置，打造一支结构合理、数量充足、业务精湛的高素质教师队伍至关重要。本书通过对我国义务教育阶段教师编制配置的现状及相关问题的思考，寻找导致编制配置问题的深层次原因，并试图提出具有针对性的解决建议。分析教师编制配置过程中存在矛盾的现状及其原因不是最终目的，明确如何通过科学的教师编制核定方式和动态管理机制有效地配置教师编制，怎样通过各种渠道使城乡义务教育师资队伍的配置更加优化，才是本书研究想达到的最终目的，也是本书研究的现实意义所在。笔者希望本书研究能够在这些方面提供具有实践价值的参考建议。

　　本书共包括九章内容。

　　第一章为绪论，主要介绍了本书的研究背景。教师编制制度改革是义务教育深化改革的需要，面临着城镇化建设和人口变动的双重挑战，在此背景下，系统研究义务教育教师编制制度改革具有重要意义。绪论部分通过核心概念界定及相关研究梳理，厘清了本书的研究思路，确定了具体的研究方法，搭建了研究框架。

　　第二章是历史研究，主要回顾了我国义务教育教师编制管理制度的历史演进过程。制度变迁理论认为，所有的制度都存在路径依赖问题，过去的制度选择会影响后续的制度发展和建构。因此，回顾我国义务教育教师编制管理制度的历史演进，有助于明确不同时期义务教育教师编制管理制度之间的内在联系以及未来进行制度创新可能面临的制约性因素。

第三章是教师编制供需矛盾现状调查研究。这一章通过调查，摸清了目前我国城镇化背景下义务教育教师编制供需的现状、面临的挑战、存在的问题以及背后的复杂原因与运作原理。这对于后续研究制定符合城乡实际的中小学教师编制标准、建立和完善教师编制管理新模式起着基础性作用。

第四至六章是对策建议研究。农村教师资源配置普遍面临优秀教师"进不来、留不住"和不合格教师"退不出、辞不掉"的体制弊病。因此，只有从"进、留、退"三个环节系统设计教师编制综合改革方案，才有可能最终解决农村教师"下不去、留不住、教不好、退不出"等问题，实现农村教师资源在数量、质量、结构、活力、效益等方面的最优配置。第四章主要探讨教师补充政策与乡村教师编制增量改革；第五章主要探讨教师管理政策与城乡教师编制存量改革；第六章主要探讨在编不合格教师退出政策与教师聘任制改革。

第七至八章是热点难点问题专题研究。教师编制蕴含着教师管理中的许多重要信息，包括教师的编制身份、工资待遇、社会保障、组织归属感以及学校各级岗位比例结构等，涉及教师工作、生活的重要领域。与教师编制有关的教育管理问题体现在许多方面，如编外教师的治理问题、小规模学校的师资配置问题、特岗教师的职业认同与管理问题、乡村学校教师的本土化培养问题等。这些问题都是当前我国教育管理当中的重点、难点问题，这些问题的解决或多或少都和教师编制所承载的属性、功能等重要信息有关。第七章主要探讨义务教育非在编教师发展历程与未来展望；第八章主要探讨乡村小规模学校课程"开齐开足开好"的师资难题及制度改革。

第九章是典型个案研究。目前，国内许多地区已发挥实践智慧，探索出了"跨区域调剂""业务外包""三自一包""特岗教师"等多种模式，来解决义务教育教师编制供需矛盾。我们要在研究地方实践的基础上进行学理阐释，推动理论创新，对城镇化过程中义务教育教师编制供需矛盾解决面临的障碍、取得的成功经验与失败教训进行归纳总结，以期为其他地区提供示范与警示作用。第九章主要以山东省部分地区为例，探讨义务教育教师编制市域内城乡调剂改革的成效与问题。

本书编撰秉持精益求精的学术态度，吸收了课题团队成员的一些研究成果。部分章节编撰工作如下：第二章苗倩，第三章李乐乐，第五章第一节袁媛，第六章第二节宁洋，第九章张婷婷。此对各位撰写者的专业贡献致以诚挚谢忱。本书在撰写过程中参考了海内外教师编制制度改革领域的重要文献，特向相关论著作者及译者表达学术敬意。特别需要说明的是，虽经反复推敲，书中内容及学术观点仍恐存有不臻完善、表述欠周或疏漏之处，恳请学界同仁与广大读者不吝赐教，我们将以开放严谨的学术态度接纳各方指正。

目　　录

第一章　绪论

教师是"太阳底下最光辉的职业",担负着教书育人、立德树人、为国家培养人才的重任,是办好教育的核心资源。作为教育教学活动中的重要参与者,教师的数量和质量都会对教育成果产生重要的影响,而教师编制不仅是教师数量的直接决定因素,同时也会对教师质量、结构、活力等产生较大的影响。当前,义务教育深化改革的推进和义务教育均衡发展的实现受到很多因素的影响,其中一个不容忽视的环节就是均衡配置教师资源。义务教育属于国家一类公益事业,义务教育教师资源配置在编制框架内进行。可以说,编制制度是教师资源配置的重要杠杆。在城镇化持续推进、乡村振兴提升到国家战略层面、人口政策发生重大变化的背景下,研究义务教育教师编制制度面临的挑战及应对策略具有重要的现实意义。

第一节　研究背景

一、教师编制制度改革是义务教育深化改革的迫切需要

《教育强国建设规划纲要(2024—2035 年)》指出,要构建公平优质的基础教育体系,推动义务教育优质均衡发展和城乡一体化,深入开展县域义务教育优质均衡督导评估,有序推进市域义务教育优质均衡发展。义务教育不仅是我国教育事业的重要构成,也是教育公平与教育均衡发展的关注焦点。当前,我国正处于义务教育深化改革的关键时期。一方面,中小学教师队伍建设日渐成为义务教育深化改革过程中影响义务教育质量的关键环节。加强义务教育阶段教师队伍建设的目的是提升教师的专业化水平,并进一步增强整个教师队伍的稳定性。另一方面,教师编制是影响义务教育阶段教师配置、制约义务教育阶段师资队伍建设的一个重要因素。教师编制作为国家对教师队伍进行宏观调控和管理的重要手段,对师资的数量、规模以及结构的调整会产生直接影响,也在促进教师队伍稳定与有序发展方面发挥着极为重要的作用。因此,教师编制配置问题的解决是高质量建设义务教育阶段教师队伍的关键性突破口,完善义务教育阶段教师编制配置体系可以优化师资队伍,是进一步推进义务教育均衡发展、提高教育质量的重要手段,同时也将对我国的义务教育深化改革起到积极作用。

二、城镇化建设及人口政策调整使编制配置面临双重挑战

在新型城镇化战略的驱动下,农村人口不断向城镇聚集,这种大规模的人口流

动使城乡义务教育阶段学龄人口的分布格局发生剧烈的变化，也使城乡义务教育的发展面临新的问题，其中影响较大的就是教师编制配置问题。城镇化进程给城乡义务教育的发展带来一定的压力，城镇义务教育在校学生数量迅速增加，大班额问题突出，教师资源滞后于教育教学的现实需求，导致教师紧缺。与之相反，分散于乡村的中小学以及教学点，却生源流失严重，在校学生数量不断减少，在现有编制已超编的情况下，教师资源仍很难满足正常的教学需求。这种现象导致城乡的义务教育教师编制供给与实际需要产生失调，从而阻碍了义务教育质量的有效提升，成为县域内义务教育深化改革的"拦路虎"。

第二节　概念界定与相关研究述评

一、概念界定

本书研究的是义务教育阶段教师编制配置的问题，根据收集到的相关资料，笔者对本书的核心概念"教师编制"和"配置"进行界定。

（一）教师编制

编制分为广义和狭义两种说法，本书中的编制内涵更贴近狭义说法，指的是人员编制的数额，内容上是指编制核定的原则、方法及其管理。[1]参照《现代汉语词典》（第七版）中的相关解释，针对"编制"一词的定义包括几种，其中最符合本书所述"编制"内涵的是"组织机构的设置及其人员数量的定额和职务的分配"[2]。依照《教育大辞典》第 8 卷中的说法，我们国家的编制一般分为三种类型，分别为国家行政编制、国家事业编制和国家企业编制。[3]其中，事业编制指的是国家为了满足人民在文化、教育和卫生等几个方面的需求而专门设立的一种编制类型。综合相关文献及本研究的内容，本书中的教师编制指的是一种事业编制，是对义务教育阶段教职工量和质的规定，对学校教师的数量、结构和质量等方面都具有重要影响。

---

① 教育系统人力资源配置与学校编制管理课题组. 教育系统人力资源配置与学校编制管理研究（上）[M]. 北京：北京师范大学出版社，2009：168.

② 中国社会科学院语言研究所词典编辑室. 现代汉语词典（第七版）[M]. 北京：商务印书馆，2016：77.

③ 教育大辞典编纂委员会. 教育大辞典（8）：中国古代教育史（上）[M]. 上海：上海教育出版社，1991：230.

（二）配置

根据《现代汉语词典》（第七版）中的解释，"配"指的是"把缺少的一定规格的物品补足"；"置"则是指"设立"。[①] "配置"即把缺少的补足并设立好，也就是分配与安置的意思。从操作的层面来说，配置涉及配置的主体、客体、范围以及配置的相关标准等问题。[②]在本书中，"配置"这一动词的客体指的是义务教育阶段教师编制，而本书中的教师编制既指对学校内分配教职工数量的规定，同时又指对义务教育阶段教师群体的规模、结构和质量等方面产生的重要影响，体现了对义务教育阶段教师队伍建设质的要求，表现为一个动态协调的过程。因此，本书中的"配置"是指包括教育主管部门在内的各级政府对行政区域内教师编制资源进行统一的分配和安置，也就是对行政区域内教师编制的核定与管理等，涉及教师管理的"进、管、退"等诸多方面。

二、文献综述

我国义务教育阶段的教师编制政策曾先后经过几次调整，因此关于义务教育阶段教师编制问题的研究较多，现有研究主要涉及以下几个方面。

（一）关于城镇化与教师编制关系的研究

石人炳教授所著的《人口变动对教育的影响》一书是关于城镇化与教育关系研究的典型著作，该书探讨了城镇化和教育之间的联系。石人炳教授认为，人口流动的规模越大，城市化进程就越迅猛，在这种形势下，许多问题会随之出现，比如，如何进行学校布局才能使其更好地适应人口规模和空间变化的新形势，如何根据人口的自然变化以及流动的特征来对教师进行科学筹划等问题。同时，石人炳教授结合自身多年收集的人口数据资料，又在融合了其所考察到的欧美、亚洲等地发达国家相关案例的基础上，深入剖析了人口变动对中国教育的影响。针对上述问题，石人炳教授提供了较为明晰的思路和预测，并指出，人口变动既为我国教育发展提供了前所未有的机遇，也给我国教育发展带来了新的挑战。[③]学者周建明认为，包括行政编制在内的社会公共资源的配置都是由中央政府来进行的，除了地方政府的管

---

① 中国社会科学院语言研究所词典编辑室. 现代汉语词典（第七版）[M]. 北京：商务印书馆，2016：985，1692.

② 韩楠. 县域内不同类型小学师资配置研究——以鲁西南 D 县为个案[D]. 长春：东北师范大学，2013.

③ 石人炳. 人口变动对教育的影响[M]. 北京：中国经济出版社，2005：153.

辖区域以外，户籍人口和经济状况也是中央政府进行资源配置时的主要依据。如何配置公共资源是进入人口高流动社会后的一个重大问题，也是一个典型的"中国问题"。①褚宏启教授提出，目前，我国教育改革与发展都离不开城镇化这个大的社会背景，城镇化为教育发展带来了前所未有的机遇，同时也给教育发展带来了挑战。因此，有必要采取一系列措施来促使教育发展主动契合城镇化发展，如优化教育体系结构、调整教育空间规划、变革教育体制以及与之相关的行政管理体系、户籍制度、财政税务制度等，通过上述措施，使教育能够主动适应并发挥积极推动城镇化进程的作用。②褚宏启和贾继娥还强调，人的城镇化是城镇化的核心与关键，人的城镇化对更公平、更优质的教育提出了需求。针对城镇化大背景下的教育管理改革，有必要在政府层面构建全面的绩效管控和教育问责体系，以此来督促政府能够切实履行职能。③学者姜超和邬志辉认为，在城镇化背景下，教育人口大规模并且较频繁流动的现象已经逐渐趋于常态化，这意味着教师流动需求也随之发生变动，而教师队伍建设可以聚焦于教师编制这一核心问题。④薛二勇等指出，当前我国教师队伍建设面临的突出问题是教师待遇低、合法权益保障不够，而编制问题是影响教师队伍建设的首要问题之一，应该及时地调整编制标准，形成科学、合理、灵活的教师编制机制，以促进教师队伍建设。⑤赵丹通过调研发现，我国城镇化进程中的"推拉合力"对教育领域产生直接影响，教师编制及管理制度脱离小规模学校实际，教师调配和交流政策不合理。⑥邬志辉和陈昌盛还指出，城镇化的推进对义务教育阶段教师编制提出了扩增要求，因为城镇化所带来的学生就学的跨地域性与教师编制供给的地方性之间存在矛盾，无论是学龄人口流入地还是学龄人口流出地，均面临教师供给不足的问题。⑦新时期，学龄人口的变动、教育高质量发展的新要求和学校功能的持续拓展，给教师编制配置带来新挑战，配置理念需要做如下转变：由"总

---

① 周建明. 高流动社会与属地化管理体制下的公共产品供给[J]. 学术月刊，2014，46（2）：86-92.

② 褚宏启. 城镇化进程中的教育变革——新型城镇化需要什么样的教育改革[J]. 教育研究，2015，36（11）：4-13，24.

③ 褚宏启，贾继娥. 新型城镇化与教育管理改革[J]. 教育发展研究，2015，35（23）：1-6.

④ 姜超，邬志辉. 教师编制银行——城镇化背景下义务教育教师编制配置的新机制[J]. 基础教育，2015，12（6）：33-38.

⑤ 薛二勇，李廷洲，朱月华. 新形势下我国义务教育教师队伍建设的政策分析[J]. 北京师范大学学报（社会科学版），2016（3）：5-14.

⑥ 赵丹. 教育均衡视角下农村教师资源配置的现实困境及改革对策——小规模和大规模学校的对比研究[J]. 华中师范大学学报（人文社会科学版），2016，55（5）：156-163.

⑦ 邬志辉，陈昌盛. 我国义务教育阶段教师编制供求矛盾及改革思路[J]. 教育研究，2018，39（8）：88-100.

量核定"转变为"结构化核定",由"单校保障"转变为"区域统筹",由"静态配置"转变为"动态调整"。①也有研究指出,义务教育教师编制配置难以适应学龄人口变动带来的师资需求变化,呈现出"无编可用"、"超编超员"、"超编缺人"和"空编不补"等供需失配样态,应构建多维弹性编制核定标准,创新挖潜盘活编制管理制度,完善跨级跨区编制流转机制。②杨卫安和袁媛指出,应充分考虑新型城镇化带来的影响,义务教育教师编制制度在保持管理以县为主的体制框架下,应加大省级统筹,进行市域调剂,这是重要的改革方向。③

总体上看,研究者已经基本达成了一个共识,即城镇化进程既给教育带来了机遇,也带来了一定挑战。有不少研究者已经关注到城镇化进程下,人口流动对教育资源配置、学校师资队伍建设、教师编制配置产生的影响。基于城镇化背景下教师编制制度改革的迫切性与重要性,关于城镇化背景下教师编制的配置、教师编制制度改革的系统性研究仍需进一步开展。

(二)关于城乡义务教育阶段教师编制配置现状的研究

1. 农村教师结构性缺编问题

学者张继平认为,"教师结构性缺编"是指学校教师的总数量已经达到或已经超过规定的编制额度,但实际上,农村学校的教师编额并不充足或者学校的教师人数很难满足教育教学的实际需要而出现的缺编问题。④这种结构性矛盾主要体现在学科结构、年龄结构以及学历结构等方面,折射出新的城乡教育不公现象。学者刘善槐和邬志辉经过调研发现,我国农村教师的问题主要表现在教师数量的相对不足与绝对过剩并存、偏远农村学校的教师岗位难以吸引年轻教师、农村教师的结构不合理及素质亟待提升等几个方面。⑤例如,张鸿翼和李森对川、渝、滇、黔等地区进行调研后发现,西部地区农村小学存在教师学科结构性缺编、学历结构性缺编、

---

① 刘善槐,赵春阳,杨海波. 教育强国建设背景下基础教育教师编制保障机制研究[J]. 民族教育研究,2024,35(4):8-55.

② 王爽,刘善槐,毋锶锶. 人口变动新形势下义务教育教师编制动态调整机制研究[J]. 教师教育研究,2023,35(6):29-34,43.

③ 杨卫安,袁媛. 义务教育教师编制"市域调剂"的障碍与改革思路[J]. 中国教育学刊,2019(8):35-38.

④ 张继平. 农村中小学教师结构性缺编的政策性思考——以宜昌地区教育为例[J]. 中国教育学刊,2012(10):36-39.

⑤ 刘善槐,邬志辉. 新城镇背景下我国农村教师的核心问题与政策应对[J]. 东北师大学报(哲学社会科学版),2014(5):187-190.

年龄结构性缺编等问题。①农村部分学科教师严重缺乏，导致一些课程不能开齐；教师编制标准忽略农村学校规模特征，导致农村教师供需矛盾突出。②陈岳堂等指出，乡村教师资源配置存在数量、质量与结构配置不均衡的困境。③学者周兆海和邬志辉也指出，农村小规模学校在教师配置方面出现了超编与缺编问题并存、实质缺编导致教师工作负担重等问题。他们认为这些问题之所以出现，主要源于我国现在实行的义务教育阶段的教师编制标准存在"规模取向"和"向城取向"两大类问题。④邬志辉还指出，在学校教师编制紧张的情况下，乡村小学在课程方面存在开不全、开不足的问题，会放弃艺术、体育、科学和综合等课程，对于这些乡村小规模学校来说，按照生师比配置教师的方式导致他们的校均教师数量偏少，教师的专业结构偏于单一，课程也很难"开足、开齐"。⑤此外，缺少教师给学校的日常工作带来了诸多负面的影响。孟杨和袁桂林指出，由于农村小学教师数量不足，现有教师只能一整天都待在教室里给学生上课，几乎没有时间回到办公室备课或批改学生作业，也几乎不存在教师之间的教研活动，很多农村学校的教师由于不能找到他人代课，只能放弃接受继续教育的各种培训机会，尤其是一些去省会城市或者需要出省参加的、时间较长的高层次培训机会。⑥张鸿翼和李森也指出，受结构性缺编的影响，西部地区农村小学教师在教学负担、心理压力、职业认同、自我提升等方面表现出不同的特点。⑦庞丽娟等指出，在广大的中西部乡村地区，乡村教师队伍数量短缺，特别是年轻教师补充困难、流失严重，年龄老化、结构失衡、整体专业素养不高等问题明显存在。⑧还有很多研究通过对比城乡义务教育阶段教师的工作量，发现农村教师尤其是小规模学校教师的工作量大于城镇学校教师，农村教师尤其是

① 张鸿翼，李森.西部地区农村小学教师结构性缺编现状调查研究——基于川、渝、滇、黔等六省市区的实证分析[J].云南师范大学学报（哲学社会科学版），2019，51（3）：100-109.
② 仲米领，秦玉友.农村教师学科结构：功能议题、问题检视及优化策略[J].教育科学研究，2022（9）：78-84.
③ 陈岳堂，赵婷婷，杨敏.乡村小学教师资源配置的现实困境与优化策略——以湖南省为例[J].教育研究与实验，2018（3）：61-65.
④ 周兆海，邬志辉.工作量视角下义务教育教师编制标准研究——以农村小规模学校为例[J].中国教育学刊，2014（9）：1-6.
⑤ 邬志辉.关于乡村小学课程开设状况的调查与思考[J].生活教育，2015（15）：5-8.
⑥ 孟杨，袁桂林.教师编制再讨论[J].中国教师，2013（19）：55-57.
⑦ 张鸿翼，李森.西部地区农村小学教师结构性缺编现状调查研究——基于川、渝、滇、黔等六省市区的实证分析[J].云南师范大学学报（哲学社会科学版），2019，51（3）：100-109.
⑧ 庞丽娟，金志峰，杨小敏，等.完善教师队伍建设 助力乡村振兴战略——制度思考和政策建议[J].北京师范大学学报（社会科学版），2020（6）：5-14.

小规模学校教师承受着更大的压力。[①]

2. 城镇教师编制紧张问题

陈油华和曾水兵在调查了江西省 N 市辖区之后发现，城区学校的大班额现象十分突出，过大的班级规模加重了学校教师各个方面的负担，存在安全责任加大、教学负担加重、难以做到因材施教等方面的问题，并指出教师编制紧张导致城区师资量少，优先配置农村学校的教师编制在一定程度上挤占了城区学校的教师编制。[②]王爽和武芳也指出，随着越来越多的学龄人口涌入县城，城镇的"大班大校"现象越来越明显，以生师比的编制核定方式来核定学校的教师编制数量只能使城镇学校的教师数量表面上"相对充足"，但实际上并不够用，"大班大校"的现状给教师的日常教学和管理工作带来了很多挑战。[③]针对"大校额""大班额"与城镇教师编制不足的矛盾，学校普遍采取聘用代课教师的应对措施，但该措施存在显著弊端：其一，代课教师群体专业素质参差不齐且稳定性差，对学校日常教学构成挑战；其二，学校需动用公用经费支付代课费用，客观上导致教师培训、教研活动及学生活动经费受到显著削减。[④]段兆兵和朱家存认为，城区中小学教师编制代偿性短缺，相对于学生数而言教师总体数量普遍不足，即生多师少、缺编缺人。他们指出，城区学校教师短缺是相对于学生数量而言的短缺，是在区域统一核编、乡村教师数量过剩情况下的代偿性短缺。[⑤]郝文武通过调查统计发现，乡村学校教师超编现象严重，为了保证乡村学校教师编制数量，很多城市学校的编制严重短缺。为此，他指出，对乡村小规模学校应实施师生比倍减编制，以解决县城学校大班额、缺乏编制问题。[⑥]莫东晓和黄姣华通过测算发现，随着"十四五"时期城镇化进程的推进，城市和县镇小学在校生人数的增加，退休教师的退出，城镇教师的缺口会更大。而农村小学教师虽然总量过剩，但是教师资源配置并不理想，存在"超编缺人"的结构

① 周兆海，邬志辉. 工作量视角下义务教育教师编制标准研究——以农村小规模学校为例[J]. 中国教育学刊，2014（9）：1-6.

② 陈油华，曾水兵. 城镇化背景下城区义务教育师资困境与出路——基于江西省 N（市辖）区的调查分析[J]. 教育探索，2016（2）：19-22.

③ 王爽，武芳. 新型城镇化背景下城乡义务教育师资状况及优化策略[J]. 教育观察（下半月），2016，5（10）：49-51.

④ 徐龙，唐一山. 城镇化进程中城镇教师政策的演进、缺憾和优化[J]. 教育发展研究，2023，43（20）：47-56.

⑤ 段兆兵，朱家存. 城乡中小学教师编制的"双短缺"困局及纾困之策[J]. 教育科学，2019，35（4）：45-51.

⑥ 郝文武. 重建乡村小规模学校的战略和策略[J]. 中国教育科学（中英文），2021，4（2）：45-54.

性矛盾。①

　　综上可以发现，我国城乡中小学的教师编制供需方面确实存在矛盾。农村教师"超编缺员"的现状存在已久，城镇学校也逐渐出现教师编制紧张的问题，这些问题的存在表明，现行的教师编制配置方式并不能有效地满足学校实际的教学需要。随着我国城镇化进程的加快，这些矛盾如果不能得到及时解决，未来也许会面临更严峻的挑战。

3. 教师编制配置的其他问题

　　唐松林和聂英栋的研究指出，个别学校的职工占用了过多教师编制，教师和职工的结构以及比例失调导致这些学校教职工整体数量虽然很多，但实际的教学人员却又远远不够，这种不在一线从事教学工作却又占据教师编制的情况增加了学校教师编制管理的复杂性。②杨柳和张旭指出，现行教师编制管理模式的失衡使乡村学校的整体发展受到制约，具体表现在如下两个方面：一方面，"以县为主"的教育管理体制非常强调整体效应，但这种整体效应未充分重视各个学校发展的独特性；另一方面，教师的补充退出机制不够健全，不能腾出编制以补充新教师。③也有学者指出，"县管校聘"改革下，教师交流轮岗存在对象单一化的问题。④柳丽娜等指出，县域教师编制动态管理制度在实施过程中出现了"撇脂"现象，即城镇学校从农村学校撇取优秀教师。⑤王丽娟和唐智松基于编制政策执行偏差的角度分析了乡村教师缘何屡补屡缺。他们通过对标有关乡村教师编制政策发现，当前乡村教师编制政策执行中存在统一编制无区分、失衡和招聘标准过度放宽的执行过度性偏差，落实满额编制中的学科结构、岗位类型的偏离性偏差，执行补编中的有编不补、占编挪编的不及性偏差。⑥

　　笔者通过梳理这方面的文献发现，编制配置过程中的存在的这些问题制约了教师编制的有效利用，而监督机制的不完善导致教师编制出现问题后不能得到及时解

---

① 莫东晓，黄姣华. "十四五"期间我国义务教育教师规模和结构预测[J]. 现代教育管理，2021（8）：71-79.

② 唐松林，聂英栋. 超编与缺人：农村中小学师资队伍建设面临的一大难题[J]. 河北师范大学学报（教育科学版），2012，14（10）：52-57.

③ 杨柳，张旭. 乡村教师编制困境的现实省思[J]. 教育发展研究，2016，36（Z2）：24-30.

④ 仲米领，于宝禄. "县管校聘"改革下教师交流轮岗政策对象单一化问题研究[J]. 教育与经济，2022，38（4）：90-96.

⑤ 柳丽娜，朱家存，周兴国. 县域教师编制动态管理中的"撇脂"现象及其矫正[J]. 教育发展研究，2018，38（2）：55-61.

⑥ 王丽娟，唐智松. 乡村教师缘何屡补屡缺——基于编制政策执行偏差的分析[J]. 中国教育学刊，2021（11）：55-60.

决，使城乡义务教育教师编制配置效果大打折扣。

（三）关于教师编制动态配置的研究

1. 关于优化编制核定方式的研究

学者周兆海和邬志辉认为，要想切实解决农村小规模学校教师配置不足的问题，根据教师工作量来配置教师数量的方式更符合编制本义。从教师工作量的研究视角出发，学校教师一周的工作量与学校教师一周的标准工作量决定了一所学校配置教师数量的多少。根据教师的工作量来配置一所学校教师数量的方式充分考虑了学校的在校学生数、班级数（年级数）、课程数以及教师课前课后的工作量等各类影响因素，既能够因校制宜地进行学校教师队伍配置，同时还能够实现教师编制的动态管理。[①]

韩小雨等提出，要建立国家中小学教师"新双轨制"的模式，以此来确立教师的编制标准与计算方法，即采取生师比的方式来确定城市和县城地区学校的教师编制数；根据学校的实际规模，采取生师比或者班师比的方式来确定乡镇地区学校的教师编制数；采用班师比的方法来确定乡镇以下规模比较小的农村学校和教学点的教师数量，并应适当为这些学校增加教师数量。同时，他们还指出，国家需要先出台具体的"新双轨制"编制标准，并将此作为国家基准，全国各地区的教师编制标准可高于但不能低于这一基准。[②]之后，庞丽娟指出，应根据我国国情及乡村教育实际需要，创新教师编制政策，基本编制标准实行"新三轨制"，并建立编制动态调整机制。[③]余应鸿和常宝宁指出，应对城乡教师实施灵活的"差别化"配置标准，该标准应以"国颁标准"为依据，针对各学校所在地域、类别等的不同，分别对其赋予不同的基数和系数，然后，根据各学校的类别基数和地域系数，折算出各学校的教师配置数量。[④]

刘善槐指出，编制核定应是一个"自下而上"而非"自上而下"的过程，某一区域所需编制应是所有学校所需编制加总生成。因此，他提出，应以学校为基本单元，按类别和学科核定编制，以县为基本区域统一调配各类编制，保障教师学习培训和

① 周兆海，邬志辉. 工作量视角下义务教育教师编制标准研究——以农村小规模学校为例[J]. 中国教育学刊，2014（9）：1-6.
② 韩小雨，庞丽娟，谢云丽. 中小学教师编制标准和编制管理制度研究——基于全国及部分省区现行相关政策的分析[J]. 教育发展研究，2010，30（8）：15-19.
③ 庞丽娟. 统筹推进城乡义务教育一体化发展[J]. 教育研究，2020，41（5）：16-19.
④ 余应鸿，常宝宁. 乡村教师配置政策及其优化研究[J]. 教师教育研究，2020，32（3）：73-80.

休产假、休病假的基本需求得到满足。①学者刘善槐等研究后指出，解决教师编制的核心并不是增加生师比或是让城乡的生师比一致，而是需要改变配置方式，使农村地区的教师数量能够满足日常教育教学及相关管理工作的实际需要。由此，他们构建了"基本编+机动编"的配置模式，这一模型兼顾了教育公平与教师资源的使用效率，根据学校教师的培训、休病假和休产假等方面的需求，来设置一定比例的机动编，同时需要针对寄宿制学校及留守儿童关爱等增加专业性编制。②之后，刘善槐等在研究中指出，实行教师编制单列管理是实现编制按需配置的基本前提。他们认为，实行教师编制单列管理意味着将教师编制从事业编制系统中剥离出来，使教师编制核定不受事业编"总盘子"的限制。③为了避免"自上而下"的编制供给方式与"自下而上"的编制需求产生矛盾，须实行生成式单列核定，确保"上""下"供需匹配。④

总体来看，当前以师生比配备教师编制的核定方式已经不适应学校的实际教学需要，尤其不能适应农村小规模学校的发展需要。虽然国家已提出因地制宜的措施，对小规模学校和较大规模学校采取适当倾斜的政策，但部分地区在具体实施这一政策过程中由于受到各种阻力的限制，仍出现了"一刀切"的问题。

2. 编制框架内的动态配置模式

研究者主要从教育公平和教育均衡发展的视角出发，探索义务教育阶段教师编制动态配置的问题。有研究者指出，必须转变静态的乡村教师配置方式，建立动态的教师配置机制，及时依据乡村学校样态的变化配置和调整乡村教师。⑤于志刚指出，随着城镇化和人口流动速度的加快，新开办的地方学校会普遍遇到机构设立的难题和教师缺编的问题，尤其是教师结构性缺编的问题。依照他的观点，中小学校教师编制的核定应该从"按校核定"的方式逐步调整为"按区域整体核定"的大编制模式，需要落实教育和学校的编制使用自主权，相关教育部门可以根据人口数量和经济发展的具体变化趋势，在区域内各学校间机动使用教师编制，形成编制"随人走"的氛围，逐步实现编制配置由静态模式向动态模式的转变。⑥

① 刘善槐. 我国农村教师编制结构优化研究[J]. 教育研究，2016，37（4）：81-88.
② 刘善槐，邬志辉，史宁中. 我国农村学校教师编制测算模型研究[J]. 教育研究，2014，35（5）：50-57，64.
③ 刘善槐，朱秀红，李昀赟. 农村教师编制制度改革研究[J]. 中国教育学刊，2019（1）：7-12.
④ 刘善槐，赵春阳，杨海波. 教育强国建设背景下基础教育教师编制保障机制研究[J]. 民族教育研究，2024，35（4）：48-55.
⑤ 余应鸿，常宝宁. 乡村教师配置政策及其优化研究[J]. 教师教育研究，2020，32（3）：73-80.
⑥ 于志刚. 教师编制管理模式的现实困境与解决思路[J]. 南都学坛（南阳师范学院人文社会科学学报），2015，35（4）：112-115.

学者李宜江认为，附加编制具有因地、因事制宜的灵活性和针对性，因此可以成为完善我国农村中小学教师编制配置的有效途径。他在文章中详细说明了七种需要增加农村中小学教师附加编制的情况，主要包括留守儿童的关爱服务，特殊教育学校或附设特教班的学校，村小和教学点，乡镇中心校，寄宿制学校，学校教育设备管理，教师脱产进修学习、轮岗交流、病产假。[①]

学者姜超和邬志辉认为，城镇化背景下，学校对教师流动的需求增加，而教师编制是影响教师流动的主要原因。他们指出，只有实行教师编制市场化运作，才符合政府职能转变的大趋势，而传统的教师编制配置模式存在行政方面的缺陷。在此基础上，他们提出建立由"超编地区、缺编地区、存入编制、借贷编制、编制本金、编制利息"六个基本要素构成的"教师编制银行"，并对这些要素、"教师编制银行"的运转模式以及相应的约束条件进行了详细说明。[②]

张宗倩和秦玉友指出，在教师编制配置过程中，县级教育行政部门首先要基于学生面向工作量、班级面向工作量与学校面向工作量精准核定各级各类学校教师需求，明确县域内教师合理供需增量的体量，再基于供需关系在县域内公平配置与管理教师，建立教师应急保障机制。[③]

刘善槐等指出，应建立动态的编制调配机制，积极转变"静态配置"理念，推动编制配置"动态调整"，以实现师资供需动态平衡，转变传统"以编定岗"的配置逻辑，建立弹性化的编制配置程序，为教师队伍的优化提供充足的空间。[④]第一，实行教育公务员制度，将教师"学校人"的身份属性转变成教育公务员；第二，实行编制跨校流转和多校共享制度，完善跨级跨区编制流转机制[⑤]；第三，建立基于专业水平的教师退出机制。[⑥]

在教育信息化背景下，信息技术成为提高编制配置效率、实现优质教师资源共

① 李宜江. 农村教师编制动态管理有效路径探析[J]. 中国教育学刊，2013（6）：32-35.

② 姜超，邬志辉. 教师编制银行——城镇化背景下义务教育教师编制配置的新机制[J]. 基础教育，2015，12（6）：33-38.

③ 张宗倩，秦玉友. 供需增量：县域教师编制的现实挑战与政策议题[J]. 中国教育学刊，2020（8）：71-76.

④ 刘善槐，赵春阳，杨海波. 教育强国建设背景下基础教育教师编制保障机制研究[J]. 民族教育研究，2024，35（4）：48-55.

⑤ 王爽，刘善槐，毋锶锶. 人口变动新形势下义务教育教师编制动态调整机制研究[J]. 教师教育研究，2023，35（6）：29-34，43.

⑥ 刘善槐，朱秀红，李昀赟. 农村教师编制制度改革研究[J]. 中国教育学刊，2019（1）：7-12.

享和辅助教师开展个性化教育的必然选择。实证研究表明，若在农村地区推广同步课堂和专递课堂，可对教师编制需求结构进行系统调节，从而提高编制使用效率，提升教育教学质量。①

3. 编制框架外的配置模式

李廷洲等针对教师编制政策执行过程中存在的诸多问题，包括学校教师缺编严重、学校的教师编制核定滞后、编制存量调整困难等，建议采用系统设计的方式来一步步构建有中国特色并且兼具市场活力和政府宏观调控优势的教职工人事管理制度。②为实现这一目标，他们提出了以"教职工聘任制"为切入点的方法，并将2016—2030 年这 15 年划分为五个阶段，每个阶段有不同的攻克方向。

杨卫安指出，应该适度发挥市场和社会力量在教师资源配置中的作用，并将其作为乡村小学教师补充的辅助手段，例如，购买学校工勤制度，腾出工勤人员所占编制以补充专任教师；采用岗位聘任制的方式招聘非在编教师等。③

张河森基于相关调查提出，需要建立编制与教师相分离的中小学教师人事代理制度，这种制度对人口流动性较大的城市适用性很强。教师人事代理制度是指用教师的岗位管理代替教师的身份管理，将教师的人事档案托管在人才交流中心，教师编制只到校而不到人，也可称为"占编不入编"，而为了避免产生矛盾冲突，已经在编制内的老教师可以等待其退休减编，新进的教师一律采用教师人事代理制度。④城镇化进程中教育管理体制改革问题研究课题组在《城镇化进程与教育管理体制改革》一书中探讨了我国部分区域教师配置的改革创新措施，并以案例的形式进行了详细介绍和分析，这些地区的改革创新有利于我国教师编制配置的进一步完善。⑤

也有研究指出，教师人事管理制度身份固化，编内编外教师同岗不同待遇，缺乏对编外教师的合法权益和待遇予以有效保障的制度，未来要健全人事管理制度，

---

① 刘善槐，朱秀红，王爽，等. 技术嵌入与资源优化——信息技术对农村教师编制需求结构的调节作用研究[J]. 中国电化教育，2022（7）：7-15.

② 李廷洲，薛二勇，赵丹丹. 中小学教职工编制的政策分析与路径探析[J]. 教育研究，2016，37（2）：63-69.

③ 杨卫安. 乡村小学教师补充政策演变：70 年回顾与展望[J]. 教育研究，2019，40（7）：16-25.

④ 张河森. 城市公办中小学代课教师问题研究——基于武汉市 6 所公办中小学的调查[J]. 教育与经济，2014（4）：64-69.

⑤ 城镇化进程中教育管理体制改革问题研究课题组. 城镇化进程与教育管理体制改革[M]. 北京：教育科学出版社，2015：20-50.

探索"学校工资总额包干制",打通优秀编外教师的入编通道。[①]

通过梳理相关文献发现,研究者普遍认为当前编制管理模式过于僵化,且不能否认城镇化进程的加速使这一问题更加突出。研究者在这一问题上的价值取向较为统一,但对于如何通过有效的教师编制动态管理使城乡教师编制配置达到合理状态并没有形成统一的意见或策略。

（四）国外的相关研究

日本和法国的公立小学教师具有国家公务人员身份,这些国家一般设有专门的教师管理部门,负责对教师进行任命,教师要服从教师管理部门的统一调配。由于有相关法律的匹配,他们的人员编制管理相对比较规范。在日本,根据《教育公务员特例法》,教师属于教育公务员,工资收益一般要比国家公务员高;在教师配置方面,治事与用人能够统一,管理层级也十分明晰,可以采用行政调动的形式使辖区内的教师进行流动,为教师资源的合理配置创造了条件。[②]法国也设立有专门的机构来管理全国基础教育教师的编制,他们的中央一级教育管理机构具有很大的权限,地方教育管理机构只有决定增加或者减少本地区中小学校的权力,但如果是关于教师编制方面的问题,就必须经过国民教育部的审批。国民教育部每年都会根据全国学龄人口数变化的情况和教育发展的实际状况,来预测全国中小学教师的具体需求,并根据预测来确定学校教师编制的数量、分配到各学区的编制指标以及招收职前培养教师的名额。[③]

依据美国教师专业标准委员会的说法,教师是教育的核心要素,所以一个国家提高教育发展水平的最重要战略就是增强师资队伍建设。[④]美国的公立中小学归属于政府机构,总的来说,地方中小学教师由地方教育当局聘任,且一般具有公务雇员的身份,也就是说,教师的身份既具有地方政府聘任的公务员属性,同时也需要与地方政府签订聘任合同。这种身份使其既能获得国家及地方财政的支持,从而补充教师数量,又能促进教师的选拔、进入和退出机制等人事管理体制的有效运行。

① 庞丽娟,金志峰,王红蕾,等. 创新与完善当前我国中小学教师编制与人事制度的政策思考[J]. 教师教育研究,2022,34（4）:32-38.

② 孔凡琴,邓涛. 日、美、法三国基础教育师资配置均衡化的实践与经验[J]. 外国教育研究,2007（10）:23-27.

③ 钟文芳. 法国基础教育改革中的教师政策[J]. 教育评论,2004（1）:100-101.

④ Goldhaber D,Perry D,Anthony E. The National Board for Professional Teaching Standards（NBPTS）process:Who applies and what factors are associated with NBPTS certification?[J]. Educational Evaluation and Policy Analysis,2004,26（4）:259-280.

美国政府提出了专门针对农村教育的文件《农村教育成就项目》。该文件虽然不是直接面向农村教师而出台的政策，但它对于维持农村教师的稳定性发挥着重要作用。有研究指出，全美很多农村学校获得了这一资助资格，联邦政府会将资金直接打入农村学校的账户，使农村学校获得更多的资金支持。[①]此外，美国政府会采取专门策略来满足高需求学校和高需求教育机构的教师需求，并通过"教师实习计划"和"专项教学项目"等措施来缓解教师不够用的问题。[②]针对美国城镇化建设过程中出现的城市学区严重"超载"现象，美国则采取三种行动来解决这一问题：首先，推动城区与郊区的公共服务资源达到均衡；其次，打破城市学区独立的管理样态，开展基于学校生源、教育治理等共性问题的横向交流合作，促进区域教育整体均衡发展；最后，建立大量可供选择的、能够为整个城市或者大部分区域服务的特殊中等学校。[③]美国小规模学校在义务教育发展中的地位举足轻重，但其师资配置却面临突出困境：平均有 26% 和 60% 的教师分别在工作 1—2 年之后和 5 年之后离开小规模学校。[④]美国各州和学区从明确教师工作特征、本土招聘、入职培训、补偿激励等多个方面进行了小规模学校师资配置政策改革，对于破解师资困境发挥了重要作用。[⑤]

（五）研究述评

从研究视角来看，首先，先前研究的聚焦度不够，大多数研究者将编制配置这一问题纳入义务教育均衡发展、城乡义务教育教师队伍建设或者城乡师资均衡配置等更加宏大的研究问题中。例如，陈忱的研究就是在县域义务教育师资配置均衡的大框架下展开的[⑥]，他们对教师编制倾注有限程度的关注，将其作为一个影响师资配置的因素或者对策中的一个小方面来探讨，未对各区域、各类学校进行系统性研究。其次，针对前两次编制标准的研究文献比较多，这类研究主要讨论编制标准

---

① Reeves C. Implementing the No Child Left Behind Act：Implications for Rural Schools and Districts[R]. Naperville：North Central Regional Educational Laboratory，2003.

② Fiscal Year 2011 Budget Request[EB/OL].（2010-02-01）. https://www.nasa.gov/fiscal-year-2011-budget-request/[2024-08-01].

③霍明，陈昌盛，李婷. 不同经济水平国家（地区）城镇化进程中教育发展的经验探索[J]. 外国教育研究，2016，43（6）：3-16.

④ Henry M A. Strengths and needs of first-year teachers[J]. The Teacher Educator，1986，22（2）：10-18.

⑤ 赵丹，陈遇春. 乡村小规模学校教师资源优化配置研究——基于美国的经验和启示[J]. 中国教育学刊，2019（7）：91-96.

⑥ 陈忱. 县域内义务教育师资均衡配置问题研究——基于辽宁省盘锦市 A 县个案[D]. 长春：东北师范大学，2014.

"城乡倒挂"现象以及城乡教师编制标准是否应该统一等问题，而针对城镇化建设导致的人口流动对县镇和农村产生的不同影响以及城镇化给教师编制配置带来的棘手问题关注较少。这些问题并不是简单地通过统一城乡标准就能解决的，而是需要审视传统编制配置方式的不合理之处并提出新的编制配置方式。

从研究方法来看，大多数研究者基于实证调查的方式获取相关数据来开展研究，这在一定程度上说明调查法对于研究教师编制配置问题的重要性。但这些研究大多是从一个省出发，以一所或几所学校为个案，且多聚焦于农村学校，对城市义务教育阶段学校教师缺编问题的关注较少。

从研究成果来看，研究者对调研现状的数据描述较为清晰，还需对问题产生的原因进行系统性和深层次的剖析，凸出预测性与规划性，提出的对策建议不仅涉及宏观层面，也应包括具体的、有针对性的解决建议，共同作为政府决策的依据。

第三节　研究思路与方法

一、研究思路

笔者本着"理论研究先行、注重调查与预测、进行政策设计、实践多样模式"的基本思路开展研究。首先，通过文献研究和理论探索，明确了城镇化与义务教育教师编制供需关系的影响机制，并建构了二者关系的理论模型；其次，采取"尊重事实、研究事实，一切从实际出发"的归纳研究理路，综合运用文献分析、问卷调查、小组访谈、实地考察等方法，对城镇化背景下义务教育教师编制制度以及编制供需矛盾状况进行研究；再次，综合运用管理学、社会学、新制度经济学等学科的博弈理论、机制设计理论等，根据信息不对称、激励相容和利益博弈原则，进行政策设计和制度创新；最后，在前述一般性研究的基础上，通过个案研究，归纳总结多样化的实践模式，验证和完善本研究的结论。

二、研究方法

（一）文献分析法

文献分析法在本书中发挥了重要作用。本书主要通过文献分析法完成以下工作：一是采用检索关键词的方式，在中国知网期刊全文数据库、万方数据库、读秀学术搜索以及外文数据库进行相关资料的检索；二是通过图书馆等渠道获取有关教师编制的专业书籍；三是搜集国家和各省市县近些年来出台的教育类行政文件，尤其是与教师编制配置相关的政策文件；四是借助互联网这一工具搜集统计资料，诸如访问教育部的相关网站、各省市县的教育厅（局）以及相关统计网站等。

（二）调查法

1. 问卷调查法

问卷调查法主要用于获取关于我国不同区域义务教育阶段学校基本情况和教师编制配置情况的信息。本研究中，与调研对象相关的数据主要来自东北师范大学中国农村教育研究院组织的中国农村教育大调研。

2. 访谈法

访谈法是指围绕义务教育阶段教师编制配置涉及的问题，通过与相关人员直接交谈的方式获得文本资料。本研究使用东北师范大学中国农村教育发展研究院组织的中国农村教育大调研中的访谈资料。访谈对象主要包括各级政府教育部门相关负责人、学校校长及相关管理人员，旨在了解各地教师编制配置现状以及他们对教师编制供需这一问题最真实的观点和看法。

第四节　研究内容与逻辑框架

除绪论外，本书包含五部分研究内容。教师编制管理制度是时代发展的产物，本书第一部分通过历史研究，厘清我国教师编制管理制度的演进历程、演进特征，揭示其发展趋势；第二部分基于城镇化背景下义务教育教师编制供需的现状调查，分析义务教育教师编制配置面临的挑战、存在的问题以及背后的复杂原因与运作原理，这部分内容对于建立和完善教师编制管理新模式起着基础性作用；第三部分通过系统研究教师编制制度改革，探讨义务教育教师编制制度改革的对策建议；第四部分针对当下义务教育教师编制配置的热点、难点问题进行专题探讨；第五部分通过对山东省部分地区义务教育教师编制改革的个案研究，探讨义务教育教师编制市域调剂的成效、问题及策略。

基于上述研究内容设计，本书的研究内容逻辑框架图如图 1.1 所示。

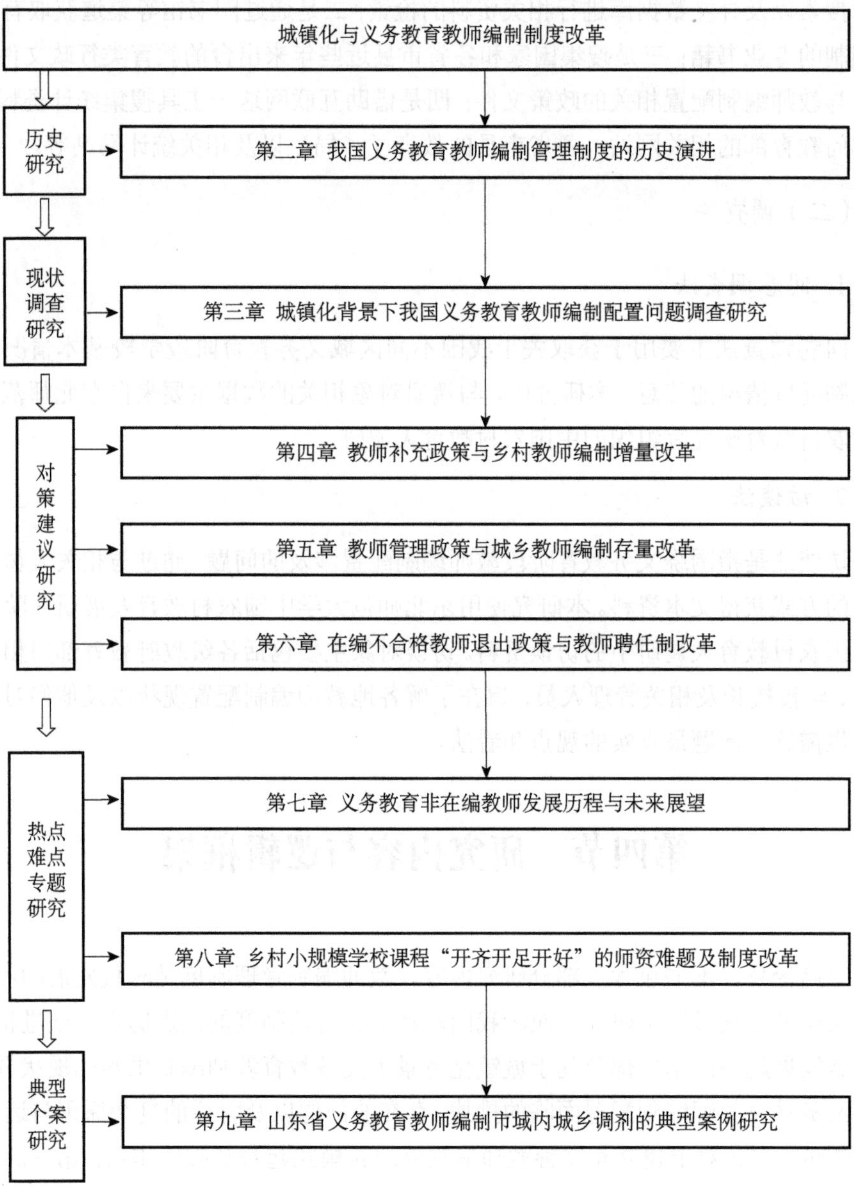

图 1.1　研究内容逻辑框架图

第二章 我国义务教育教师编制管理制度的历史演进

教师编制管理制度关系到我国教师队伍的整体建设，涉及学校教学任务的完成和人才培养的质量，对我国教育事业的发展起到关键性作用。我国教师编制管理制度是时代发展的产物，作为一种国家制度，它也遵循着事物发展的一般内部规律，经历了萌芽、产生、改进和完善的动态发展过程。

第一节　我国义务教育教师编制管理制度的历史演进过程

一、我国义务教育教师编制管理制度的萌芽期（1949—1965年）

新中国成立后，我国百业待兴，各行各业亟须大量的技术人才来恢复和发展生产，"人才培养"成为关键性问题，教育事业成为重中之重。而这一时期教育面临的最大问题是教师数量严重不足，需在短时间内补充教师资源。

新中国成立初期，"教师编制"的概念尚不明确，"公办教师"和"民办教师"没有明确的区分，两者之间的界限并不清晰。[1]1951年，第一次全国师范教育会议召开，教育部在会议报告中确立了"为培养百万人民教师而奋斗"的目标，并明确了正规师范教育与大量短期训练相结合的师范教育工作方针。[2]此时的各级师范学校处于调整和整顿时期，培养的正规师资规模较小、数量有限，师资主要来源于接收和培训新式学堂教员、旧式私塾先生、失业知识分子及大量的民办教师，教师的教育教学水平参差不齐，教学质量也难以保证。1952年，教育部颁布的《小学暂行规程（草案）》中提到，每班设班主任一人，并酌设科任教师，小学教职员工编制由省、市教育厅、局订定；《中学暂行规程（草案）》中规定：中学以班为教学单位，教员人数每班以二至三人为原则，教职员工名额编制标准另定之。[3]此文件并没有提出具体的教师编制标准。受国家经济发展战略的影响，城市学校和农村学校也采用完全不同的教师配置方式，城市学校由政府出资来保证师资供应，而农村学校则执行与城市学校完全不同的教师编制标准或通过自行出资来解决师资问题。

---

① 赖昀，张学敏. 制度变迁视角下乡村教师供给困境的编制制度创新[J]. 教育学报，2020，16（2）：97-108.

② 何东昌. 中华人民共和国重要教育文献（1949—1975）[M]. 海口：海南出版社，1998：128.

③ 刘英杰. 中国教育大事典（1949—1990）（上）[M]. 杭州：浙江教育出版社，1993：118.

1955 年，文化部、高教部、教育部、卫生部和财政部联合印发的《关于加强文教卫生事业定员定额的制定工作的联合通知》中最早提到，以工作量来衡量一个单位的人员编制，例如，中等学校只有根据教学计划所确定的教学总时数和每一位教师任课时数才能确定教师人数，根据班数才能确定行政勤杂人员人数。[1]但这一规定由于种种原因并未得到落实，而目前以教师工作量为标准来确定教师编制的方式重新成为学者的一个关注点和研究取向。

1962 年，中共中央批转教育部党组在《关于进一步调整教育事业和精简学校教职工的报告》中附发了中小学教职工编制标准（表 2.1），并明确指出：此次中小学编制标准是全国总平均比例，各地各部门在具体执行中应根据学校性质、规模大小、重点和一般、城市和乡村、平原和山区等不同情况，制定不同的标准，进行具体的安排。[2]

表 2.1　全国中小学教职工编制标准修订表（1962 年）

学校类别	1961 年 4 月规定的编制标准		1961 年 7 月调整会议规定的教师编制标准	1962 年的修订意见	
	教职工与学生比	教师与学生比		教职工与学生比	教师与学生比
普通中学高中	每班 3.25 人	每班 2.25 人	每班 2.5 人	每班 3.6 人	每班 2.6 人
初中	每班 3.0 人	每班 2.0 人	每班 2.5 人	每班 3.25 人	每班 2.25 人
小学	每班 1.3 人	每班 1.2 人		每班 1.32 人	每班 1.22 人

1963 年发布的《国务院关于编制管理的暂行办法（草案）》，首次将"为国家创造和改善生产条件，促进社会福利，满足人民文化、教育、卫生等需要，其经费由国家事业费开支的单位"定义为事业单位，事业单位工作人员具有事业单位编制，教师编制作为事业单位编制的一种，正式以文件形式确立。[3]之后，"教师编制"成为我国教育领域的一个重要概念，也是国家配置教师资源的主要方式，对于保障师资力量、促进师资队伍建设和教育事业发展起到了关键作用。

总之，这一时期我国并没有形成统一、明确的中小学教师编制管理制度，尚处于探索阶段，对中小学教师编制管理的相关规定也散见于各个地方的师资配置制度当中，并且总体数量较少、系统性不足，在具体的规定要求上也各不相同。

---

① 刘英杰. 中国教育大事典（1949—1990）（上）[M]. 杭州：浙江教育出版社，1993：119.
② 刘英杰. 中国教育大事典（1949—1990）（上）[M]. 杭州：浙江教育出版社，1993：119.
③ 赖昀，张学敏. 制度变迁视角下乡村教师供给困境的编制制度创新[J]. 教育学报，2020，16（2）：97-108.

二、我国义务教育教师编制管理制度的发展停滞期（1966—1976年）

"文化大革命"期间，中小学校的教育教学工作受到影响，公办教师流失严重。同时，全国各地的办学热情高涨，尤其是农村地区，办学规模不断扩张，随之对教师数量的要求也不断提高。在这种背景下，大量的民办教师等进入教师队伍，教师素质参差不齐，不仅影响了学校教学秩序，降低了教学质量，也妨碍了学校的各项管理工作，使得教师编制管理工作难以正常开展。这一时期，教师编制管理制度的建设被搁置。

三、我国义务教育教师编制管理制度的形成期（1977—2000年）

改革开放以后，我国的政治、经济和文化事业不断恢复，国家对各项政策也做出了重大调整。党和政府高度重视教育事业的发展，并号召在全社会树立重视科学知识、尊重知识分子的良好风气。为加强教师队伍建设，规范教师编制管理，1984年，教育部发布《关于中等师范学校和全日制中小学教职工编制标准的意见》，指出由于中小学量大面广，地区间差别较大，难以确定能够适应这种差别的编制标准，因此，关于中等师范学校和全日制中小学教职工的编制标准，可由各省、自治区、直辖市教育厅（局）自行确定并报部备案。[1]该文件的颁布标志着我国教师编制管理首次以制度化的形式确定下来，虽然该文件未提供统一的、可操作的教师编制标准，但教育部根据学校规模、学生数量、办学条件、岗位特征和学校性质等方面的差异随该文件附发了《中等师范学校和全日制中小学教职工编制标准参考表》（表2.2），为各地区制定具体的教师编制标准提供了参考和依据。

表 2.2 《中等师范学校和全日制中小学教职工编制标准参考表》（1984年）（单位：人）[2]

学校类别	城镇				农村			
	每班平均学生数	每班平均教职工数			每班平均学生数	每班平均教职工数		
		总计	教师	职工		总计	教师	职工
中等师范学校	40	6.0—6.5	3.5—4.0	2.5				
高中	45—50	4.0	2.8	1.2	45—50	4.0	2.8	1.2
初中	45—50	3.7	2.5	1.2	40—45	3.5	2.5	1.0
小学	40—45	2.2	1.7	0.5	30—35	1.4	1.3	0.1

---

① 刘英杰. 中国教育大事典（1949—1990）（上）[M]. 杭州：浙江教育出版社，1993：119.

② 刘英杰. 中国教育大事典（1949—1990）（上）[M]. 杭州：浙江教育出版社，1993：120.

从表 2.2 中可以看出，中等师范学校和全日制中小学是以班师比为标准来配置教师编制的，并且城镇学校和农村学校存在较大的差异。从整体上进行分析，同等学生数量的班级，城镇教师编制的配置标准比农村略高，城镇教师的编制数量更多一些。这种配置方式一方面体现了城乡学校在学校规模、班级人数、办学条件等方面的差异，另一方面体现了国家在教师供给数量总体不足的情况下优先发展城镇教育、注重城镇发展的政策考量。该文件还对各类学校机构的设置、学校班级规模的控制、教育行政部门不得占用教师编制等做出了严格的规定。

这一时期是教师编制管理制度的形成确立期，是教师编制管理工作的新起点，主要特征是由县级以上的教育行政部门负责管理教师编制，各部门坚持自上而下的工作原则；将班师比作为教师编制配置的指标，并且城乡之间的教师编制标准与当时的国家发展战略相吻合，即坚持以城镇为主的原则，优先保障城市学校教师的供给。

四、我国义务教育教师编制管理制度的调整期（2001—2009 年）

进入 21 世纪以来，我国的政治、经济和文化事业得到进一步发展，各方面的改革也进一步加深。在教育领域，我国的教育事业取得了重大成就，基本普及九年义务教育和基本扫除青壮年文盲的目标已基本实现，但基础教育城乡发展不均衡的问题依然很突出，教育事业面临着新的挑战和任务。为此，2001 年，《国务院关于基础教育改革与发展的决定》印发，其中明确指出，要"加强中小学教师编制管理。中央编制部门要会同教育、财政部门制定科学合理的中小学教职工编制标准。省级人民政府要按照国家有关规定和编制标准，根据本地实际情况，制定本地区的实施办法"。同年，《国务院办公厅转发中央编办、教育部、财政部关于制定中小学教职工编制标准意见的通知》发布，该文件规定中小学教职工编制的核定应遵循精简、高效和因地制宜等原则，中小学教职工编制根据高中、初中、小学等不同教育层次和城市、县镇、农村等不同地域，按照学生数的一定比例核定（表 2.3）。九年制学校分别按初中、小学编制标准核定。农村教学点的编制计算在乡镇中心小学内。

表 2.3　中小学教职工编制标准（2001 年）

学校类别		教职工与学生比
高中	城市	1：12.5
	县镇	1：13
	农村	1：13.5

学校类别		教职工与学生比
初中	城市	1∶13.5
	县镇	1∶16
	农村	1∶18
小学	城市	1∶19
	县镇	1∶21
	农村	1∶23

注:"城市"指省辖市以上大中城市市区;"县镇"指县(市)政府所在地城区

相比1984年制定的中小学教职工编制标准而言,该编制标准根据学校所在地的经济发展水平和交通状况等条件将学校类别扩展为城市、县镇和农村三个层次,核编标准由之前的班师比改为生师比,要求全国各地在具体实施时可根据具体情况进行灵活调节。从以上规定可以看出,2001年制定的中小学教职工编制标准更加科学合理、细致灵活和切合实际。此外,《国务院办公厅转发中央编办、教育部、财政部关于制定中小学教职工编制标准意见的通知》还进一步加强和规范了中小学教职工编制管理工作。但我们可以从表2.3中看出,城乡之间的教职工编制标准仍然存在很大的差距,长此以往可能不利于农村中小学教师队伍的建设。

2002年,为完善农村义务教育管理体制,贯彻落实《国务院关于基础教育改革与发展的决定》,国务院办公厅出台了《国务院办公厅关于完善农村义务教育管理体制的通知》,明确提出要严格管理农村中小学教师编制,省级机构编制部门要根据国家下达的编制标准,会同同级教育、财政部门,尽快研究下达本省、自治区、直辖市农村中小学编制核定和管理的具体实施办法,农村中小学编制总量应当根据教育事业发展规划、生源变化和学校布局调整等情况定期调整,实行动态管理。该文件对农村中小学教师编制的管理工作做出了详细安排,明确了省级、地(市)级、县级和乡(镇)人民政府的责任,教育行政部门要根据学校规模、班级学生数额等合理分配中小学教职工编制,严惩各种形式占用农村中小学教职工编制的行为,健全监督机制,严格追究违反编制管理规定的人员的责任。

2002年,为进一步加强中小学教师编制管理工作,教育部出台了《关于贯彻〈国务院办公厅转发中央编办、教育部、财政部关于制定中小学教职工编制标准意见的通知〉的实施意见》,督促各级教育行政部门要加紧落实好中小学教职工编制的核定和分配工作,并根据《国务院办公厅转发中央编办、教育部、财政部关于制定中小学教职工编制标准意见的通知》中的编制标准表折算出了每班教职工的配备标准数，农村小学每班可配备的教职工数可由各省（区、市）根据实际情况确定。该文件中还要求教育行政部门长远考虑，统筹规划，要充分考虑近几年中小学生源变化和中小学布局结构调整情况，有针对性地提出具体定编方案；中小学教职工编制要定期调整，实行动态管理；教育行政部门要积极稳妥地做好中小学教职工人员分流工作，引导教职工从城镇和超编学校向农村和缺编学校流动。这些规定不仅注重教师编制数量的供给，而且注重教师队伍整体素质的提升，以为基础教育的进一步发展提供充足优质的师资队伍。

为贯彻落实党的十七大和党的十七届三中全会精神，加强农村中小学教师队伍建设，推进城乡义务教育均衡发展，2009 年，中央编办等下发了《关于进一步落实〈国务院办公厅转发中央编办、教育部、财政部关于制定中小学教职工编制标准意见的通知〉有关问题的通知》，提出要切实加强中小学教职工编制的总量调控与统筹使用，按照总量控制、城乡统筹、结构调整、有增有减的原则，合理配置教师资源，进一步改进农村中小学教职工编制核定工作。该文件着重提到流动学龄人口对教师编制配置的影响，提出妥善协调农村中小学特别是农村寄宿制等学校教职工的编制问题，优先满足急需编制的学校的合理诉求，切实保障编制紧张学校教职工的工作和生活需求。

这一时期是我国教师编制管理制度的调整期，中小学教师编制标准由班师比调整为生师比，相对而言可以更好地适应由学龄人口变动带来的学校班级规模的变化，适切性更强。此外，该时期城乡的教师编制标准依然存在明显差异，具有明显的"向城取向"。

五、我国义务教育教师编制管理制度的统筹完善期（2010 年至今）

强国必先强教，强教必先强师。建设教育强国必须把教师队伍的培养和建设摆在优先位置。目前，我国教育发展的短板在农村，而制约农村教育发展的关键在于乡村教师队伍。因此，2010 年至今，为建设乡村教师队伍，缩小城乡教师差距，党和国家出台了一系列方针和政策。

2010 年，《国家中长期教育改革和发展规划纲要（2010—2020 年）》提出，逐步实行城乡统一的中小学编制标准，对农村边远地区实行倾斜政策；城镇中小学教师在评聘高级职务（职称）时，原则上要有一年以上在农村学校或薄弱学校任教经历；加强教师管理，完善教师退出机制。该文件进一步强调农村学校尤其是农村边远地区学校教师编制紧张问题，推动教师人事管理机制创新，如教师流动机制、教师退出机制等，从而为缓解教师编制紧缺问题创造空间。

为全面提高教育教学质量，合理配置教师资源，结合省内实际情况，2011 年，山东省编委办公室等三部门发布了《关于调整中小学教职工编制标准的意见》，明确规定"中小学教职工实行城乡统一的编制标准，其中：高中教职工与学生比为 1∶12.5，初中教职工与学生比为 1∶13.5，小学教职工与学生比为 1∶19"①。山东省是较早响应《国家中长期教育改革和发展规划纲要（2010—2020 年）》中提出的"逐步实行城乡统一的中小学编制标准"政策的省份之一，全省执行城乡无差别化的中小学教师编制标准，切实加强全省教职工队伍建设。

2012 年，《国务院关于深入推进义务教育均衡发展的意见》中进一步明确："各地逐步实行城乡统一的中小学编制标准，并对村小学和教学点予以倾斜。"教师是保证学校教育教学质量的关键，中小学教师编制标准向农村倾斜的政策体现出国家高度重视农村义务教育发展，注重教育公平，推动城乡义务教育均衡发展的初衷。该文件的颁布也从侧面体现了国家对山东省实行的教师编制管理政策的支持和认可。

2014 年，为贯彻落实党的十八大和党的十八届三中全会精神，统筹城乡教师资源均衡配置，《中央编办 教育部 财政部关于统一城乡中小学教职工编制标准的通知》发布，其中明确提出"统一编制标准，促进城乡中小学教育资源均衡配置……将县镇、农村中小学教职工编制标准统一到城市标准，即高中教职工与学生比为 1∶12.5、初中为 1∶13.5、小学为 1∶19"。至此，城市和农村开始采用统一的教师编制标准，这实际上提高了县镇和农村中小学教职工的编制标准，在一定程度上缓解了农村教师编制短缺的问题，改变了多年以来教师编制制度向城市偏重的状况，教师编制管理制度逐步呈现出城乡统筹一体化的特征。

2013 年，李克强总理在地方政府职能转变和机构改革工作电视电话会议上强调，"要严控机构编制总量。这次改革要把握住两条硬杠杠：一是对地方政府机构设置实行总额限制，控制政府规模。二是确保财政供养人员只减不增"②。由此，全国教师编制的供给受到很大影响，2014 年发布的《中央编办 教育部 财政部关于统一城乡中小学教职工编制标准的通知》中就有明显体现。该通知提到，要坚持从严从紧，严格控制编制总量，确保核定后的中小学教职工编制不突破现有编制总量；

---

① 关于调整中小学教职工编制标准的意见[EB/OL].（2011-09-05）. http://edu.shandong.gov.cn/art/2011/9/5/art_107055_7734713.html[2024-08-01].

② 李克强在地方政府职能转变和机构改革工作会议上的讲话[EB/OL].（2013-11-01）. https://www.gov.cn/guowuyuan/2013-11-08/content_2591026.htm[2024-08-01].

进一步完善中小学教职工编制动态管理机制，根据学校布局结构调整、不同学段学生规模变化等情况进行动态调整，提高编制使用效益；各地要按照中央改进政府提供公共服务方式、加大购买服务力度有关要求，继续深化中小学校后勤服务社会化改革，逐步压缩非教学人员编制。此外，该文件中还涉及对教师编制管理的监督检查工作，提出各地要严禁挤占、挪用和截留中小学教职工编制，严禁在有合格教师来源的情况下"有编不补"、长期聘用代课教师，严禁以各种形式"吃空饷"，严禁管理部门与中小学校混编混岗占用教职工编制。各级机构编制、教育、财政等部门要加强督查，采取多种方式，定期开展编制清理专项工作，定期督查各地中小学编制管理政策落实情况。该文件虽然从各方面对教师编制管理工作提出了督查要求，但并未明确到具体的督查部门，责任主体尚不明确。

为深入推进"四个全面"战略布局、明显缩小城乡师资水平差距等，国务院办公厅于 2015 年印发《乡村教师支持计划（2015—2020 年）》。该文件进一步强调统一城乡教职工编制标准，通过调剂编制、加强人员配备等方式进一步向人口稀少的教学点、村小学倾斜，重点解决教师全覆盖问题，确保乡村学校开足开齐国家规定课程。受城乡经济发展不均衡、交通不便、生活设施不健全、学校办学条件差等因素的影响，乡村教师存在职业吸引力不强、教师数量不足、师资结构不合理、整体素质偏低、职业认同感缺失等问题，而教师编制向乡村学校倾斜的政策及教师交流轮岗制度将有利于解决以上问题，保证师资供应，确保乡村学校的正常运行。此外，该文件提出，全面推进义务教育教师队伍"县管校聘"管理体制改革，各地要采取定期交流、跨校竞聘、学区一体化管理、学校联盟、对口支援、乡镇中心学校教师走教等多种途径和方式，重点引导优秀校长和骨干教师向乡村学校流动，保持乡村优秀教师相对稳定。该文件规定，严禁在有合格教师来源的情况下"有编不补"、长期使用临聘人员，严禁任何部门和单位以任何理由、任何形式占用或变相占用乡村中小学教职工编制。

随着中国特色社会主义进入新时代，我国的教育事业也开启了新阶段。为加快教育现代化，建设教育强国，造就党和人民满意的高素质专业化创新型教师队伍，2018 年，《中共中央 国务院关于全面深化新时代教师队伍建设改革的意见》发布。该意见对中小学教师编制的配备与管理提出了新的规定和要求，提出要适应加快推进教育现代化的紧迫需求和城乡教育一体化发展改革的新形势，充分考虑新型城镇化、全面二孩政策及高考改革等带来的新情况，根据教育发展需要，在现有编制总量内，统筹考虑、合理核定教职工编制，盘活事业编制存量，优化编制结构，向教师队伍倾斜，采取多种形式增加教师总量，优先保障教育发展需要。该意见还提到，创新编制管理，加大教职工编制统筹配置和跨区域调整力度，省级统筹、市域调剂、以县为主，动态调配。2020 年，教育部等六部门印发《关于加强新时代乡村教师队伍建设的意见》发布，其中指出，充分考虑新型城镇化、全面二孩政策、新课程改革、教育扶贫等情况，落实城乡统一的中小学教职工编制标准，科学合理核定教职工编制，向乡村小规模学校适当倾斜，按照班师比与生师比相结合的方式核定；加大教职工编制统筹配置和跨市县调整力度，原则上以省为单位，每 2—3 年调整一次，市县根据生源变化情况可随时调整。①因此，针对城镇化建设带来的学龄人口跨区域流动的问题，我们可以通过建立多层次的教师编制扩充与统筹机制，形成多层级的教师编制调剂体系，实现教师编制的跨区域调剂，以缓解教师编制盈缺失衡的状况。

这一时期的教师编制管理制度逐步走向协调和完善，相比前几个时期更具科学性和规范性。这一时期，国家出台的相关政策高度重视教育公平和城乡教育的一体化发展，给予了农村学校尤其是农村师资供给更多的关注，乡村教师队伍建设逐步向良好的方向发展。

第二节　我国义务教育教师编制的属性和功能

一、学校依附性

在我国，"编制"是一个本土概念，源于计划经济时期的编制制度，是基于当时国际冲突不断、缺乏稳定的经济社会环境，用编制体系之网将人、财、物等资源固定在每一个单位网格之中。②如此安排，既能保证各部门依据已核定的编制数量合理分配各种资源，也能防止事业单位中各类人才的随意流动。在编制管理体制下，机构设置与人员编制是一体的，教师编制具有机构性特点，教师编制是核定给学校的，虽然人调走了，但编制是无法"随人走"的，即教师编制具有事业单位机构属

---

① 教育部等六部门关于加强新时代乡村教师队伍建设的意见[EB/OL].（2020-08-28）. http://www.moe.gov.cn/srcsite/A10/s3735/202009/t20200903_484941.html[2024-08-01].

② 杨卫安，袁媛. 义务教育教师编制"市域调剂"的障碍与改革思路[J]. 中国教育学刊，2019（8）：35-38.

性。①在这种情境下，一方面，教师编制调动缺乏灵活性，教师编制的分布出现盈缺失衡的现象；另一方面，部分地区或学校可能会对有限的编制产生强烈的自我保护意识，在教师编制跨区域调剂的过程中出现抵触情绪。

二、福利保障性

编制不是一个简单的概念，它代表着一种利益关系，其背后隐含着国家和政府给予单位员工的一系列福利和保障。编制管理与人事管理、财政管理密切相关。"各级编制管理部门一旦确定人员编制数额后，各级组织人事部门便根据编制数额来配置人员，各级财政部门也据此拨款，形成俗称的'人头费'，一个编制额就意味着一个'人头费'，而且也相应的（地——笔者注）意味着具有了一般由国家财政开支的其它（他——笔者注）相应的福利待遇等。"②实际工作中，编制内外的教师在工资待遇、社会福利、养老保险和职业发展等方面存在明显差异，并且这种差异是普遍存在的。现实中常常存在这种现象，一些临聘教师拿着较低的工资，却承担着更多的教学工作量，并且还面临着被辞退的风险。因此，教师编制的福利保障性也是催生人们产生"编制情结"的一个重要原因。

三、计划工具属性

在我国社会早期发展阶段，各项社会事业尚处于发展初期，且国家对各项资源与事业发展都要进行计划，因此，当时的事业编制更多的是作为一种管理工具，其重要功能之一就是控制财政供养人员数量和各项事业的发展规模。③计划经济时期，政府采用"以编控人"的方式，将固定数量的人限制在固定的单位和岗位上，通过编制数量控制各类事业单位的发展规模，以保障最大限度地发挥资源利用效率，达到国家各类事业单位按照政府计划发展的目的。从 2011 年开始，国家相关部门陆续出台文件，以严格控制机构编制总量，2013 年，李克强总理又曾强调该届政府任

---

① 邬志辉，陈昌盛. 我国义务教育阶段教师编制供求矛盾及改革思路[J]. 教育研究，2018，39（8）：88-100.

② 刘霞. "编内""编外"：一样工作两样人生？[J]. 人民论坛，2010（3）：32-33.

③ 陈昌盛. 城镇化背景下城市义务教育供给侧结构性改革研究——基于土地、教师和经费的调查分析[D]. 长春：东北师范大学，2017.

期内财政供养人员只减不增。①国家对财政供养人员和机构编制总量的限制自然也会影响到我国中小学教师编制的供给数量，进而制约我国中小学校的发展规模。

四、身份确认属性

在早期阶段，编制源于"国家干部"这一概念，它是不同时代的人在择业和就业时都会考量的重要指标，代表着一种身份、一种地位。事业编制具有身份属性的特征，这个身份的背后是一种不同利益的组合体，包括"只上不下，只进不出"的工作终身性所带来的稳定的心理预期，以及同工不同酬背后所暗含的工资待遇差异等物质收益。②编制内和编制外的教师不仅拿到的福利待遇不同，还存在很大的身份地位差异，编外教师常常被区别对待，专业提升和职业发展的机会有限，自身的职业认同感和成就感相对较低。另外，教师编制具有稳定性特点。编制、岗位和人员是一体的，教师一旦获得了编制岗位，教师这一职业就成了"铁饭碗"，除非教师自己放弃编制，或者触及某些法律和道德底线条款，否则不会被调整出教育系统。因此，尽管我国在逐步推行事业单位人事聘用制改革，但人们的"编制"意识并未完全淡化，教师编制仍然是教育部门和学校招聘的吸引点。

第三节　我国义务教育教师编制管理制度的演进特征与发展趋势

一、数量控制：由规模扩张到从严管理

我国的教师编制管理制度在数量控制方面经历了一个由规模扩张到从严管理的过程。1955 年，随着国民经济的恢复和大规模经济建设的需要，国家开始有计划地新办一批事业单位，并在同年举行的国务院编制工资管理委员会第一次会议的纪要中明确提出了"管行政编制，也管事业编制"的说法，这是新中国历史上第一次

---

① 李克强：政府职能转变和机构改革是一场自我革命[EB/OL].（2013-11-10）. http://www.banyuetan. org/chcontent/szqh/gctgg/2013112/84058.shtml[2024-08-20].

② 陈昌盛. 城镇化背景下城市义务教育供给侧结构性改革研究——基于土地、教师和经费的调查分析[D]. 长春：东北师范大学，2017.

正式提出"事业编制"的概念。①1964 年和 1965 年,国家编制委员会同其他部门发布了《关于中央各部门报送直属事业单位的机构编制方案和工资总额计划的联合通知》《关于一九六五年的劳动工资计划和编制管理的联合通知》,表明国家编制委员会开始对国家所属事业单位的机构编制进行集中管理。同时,这一时期地方政府也在不同程度上加强了对各类学校教师编制的管理。"文化大革命"期间,我国教师编制的管理工作处于停滞状态。改革开放后,国内各项事业迅速地恢复和发展,机构单位和人员的数量也以前所未有的速度不断增加,为此,严格控制机构编制增长成为历届政府的重要目标。1988 年,国家机构编制委员会成立,对全国机构编制实行宏观控制,审核机构设置和人员编制总额。1990 年,《国务院关于进一步加强机构编制管理的通知》发布,对编制管理进行治理整顿,要求"各地区、各部门必须进一步加强机构编制管理"②。1991 年,中央机构编制委员会成立,负责对全国机构编制工作的领导,严格控制机构编制膨胀。进入 21 世纪以来,国家更加重视机构编制管理工作。2007 年,《中共中央办公厅、国务院办公厅关于进一步加强和完善机构编制管理严格控制机构编制的通知》发布,指出"一些地方和部门仍然存在擅自增设机构、在机关使用事业编制、超编制配备人员、超职数配备领导干部等问题"③,该通知致力于解决相关问题。2011 年,《中共中央办公厅、国务院办公厅关于严格控制机构编制的通知》发布,提出"加强和规范事业单位机构编制管理,严格事业编制使用范围,合理控制总量,着力优化结构,强化检查监督","用好用活现有编制资源"。④党的十八大以后,国家继续执行严格控制编制总量政策,并明确表示财政供养人口只减不增。⑤国家的整体编制政策对教师编制供给产生了重要影响,我国逐步加强对教师编制管理工作的控制,走向从严管理。例如,2014 年,《中央编办、教育部、财政部关于统一城乡中小学教职工编制标准的通知》中指出,"要坚决贯彻中央严格控制机构编制和本届政府财政供养人员只减不增有关精神……实行总量控制,确保核定后的中小学教职工编制不突破现有编制总量"。2018 年,《中共中央 国务院关于全面深化新时代教师队伍建设改革的意见》同样指出,

---

① 韦之. 三、事业单位机构编制管理的历史沿革[J]. 经济研究参考,1992(Z6):55-59.

② 国务院关于进一步加强机构编制管理的通知[EB/OL].(1990-02-20). https://www.mas.gov.cn/xxgk/openness/detail/content/63620ee067bbc721b5d4f3b3.html[2024-08-04].

③ 中共中央办公厅、国务院办公厅关于进一步加强和完善机构编制管理严格控制机构编制的通知[EB/OL].(2007-03-15). https://www.qinfeng.gov.cn/info/1964/61400.htm[2024-08-04].

④ 中共中央办公厅、国务院办公厅关于严格控制机构编制的通知[EB/OL].(2011-12-30). https://www.hebjgbz.gov.cn/xinhua/jdjc/101577764016497.html[2024-08-04].

⑤ 中共中央关于全面深化改革若干重大问题的决定[N]. 中国青年报,2013-11-16(004).

"在现有编制总量内，统筹考虑、合理核定教职工编制"。教师编制配置是在国家整体编制管理的框架下进行的，随着国家严格控制编制总量政策的不断推进，教师编制也走向从严管理。

二、制度取向：由城镇优先到城乡一体化

从我国教师编制管理制度的历史演进过程来看，我国中小学教师编制政策经历了 1984 年、2001 年和 2014 年三个重要的发展节点，其调整发展过程与我国的经济社会发展战略紧密联系。从整体上来分析，前两次的教师编制政策偏重城市教育的发展，尤其是 2001 年城乡倒挂的编制政策更是体现了我国城乡二元结构下的城市中心取向，这虽然是在特定历史时期为适应全国事业单位改革、精简机构编制以提高编制使用效率而做出的稳妥选择，但也在一定程度上不符合教育公平的原则，拉大了我国城乡教育发展之间的差距，不利于我国义务教育的整体发展和人力资源强国的建设。我国从 2014 年开始实行城乡统一的教师编制标准，并在《中央编办 教育部 财政部关于统一城乡中小学教职工编制标准的通知》这一文件中提到，重点对学生规模较小的村小、教学点，按照教职工与学生比例和教职工与班级比例相结合的方式核定教职工编制。2015 年，国务院办公厅印发《乡村教师支持计划（2015—2020 年）》，进一步加强了对乡村教师的支援和扶持，提出全面提升乡村教师信息技术应用能力，积极利用远程教学、数字化课程等信息技术手段，破解乡村优质教学资源不足的难题；到 2020 年，努力造就一支素质优良、甘于奉献、扎根乡村的教师队伍。未来，在推动城乡一体化发展的背景下，我国的教师编制管理制度将进一步关注城乡教师队伍的协调发展，并不断实现城乡教育的一体化建设。

三、编制标准：由单一化到多元化

我国的教师编制标准经历了 1984 年的班师比到 2001 年城乡有别的生师比，再到 2014 年城乡统一的生师比三个重要的演进过程，目前我国中小学教师编制的配置一直采用 2014 年颁布的教师编制标准，主要以单一的生师比进行核编，这种核编方式在学校间班级规模相差不大的情况下，可以较为合理地分配区域内的教师数量，但在城镇化推动下生源变少、班级规模变小，尤其是农村将长期存在大量小规模学校的情况下，这种核编方式便难以满足学校对学科教师、生活教师、高水平教师等的实际需求，导致农村教师队伍出现"超编性缺人"和"结构性失衡"的现象。

并且，农村地区经济发展水平低、交通不便、学校办学条件差等导致乡村教师职业吸引力低且留不住人，在城乡一致的编制标准下，农村学校仍处于不利地位，应采取适当地提高农村学校的编制标准或向农村倾斜的政策，才能在一定程度上弥补城乡之间的师资差距。基于此，国家颁布的相关政策文件中对农村地区教师编制的核定方式做出了重要调整，如 2014 年发布的《中央编办　教育部　财政部关于统一城乡中小学教职工编制标准的通知》、2015 年颁布的《乡村教师支持计划（2015—2020年）》和 2018 年出台的《中共中央　国务院关于全面深化新时代教师队伍建设改革的意见》中都提到，教师编制要向乡村小规模学校倾斜，并按照班师比与生师比相结合的方式进行核定。另外，一些学者也针对此问题进行了调查研究并提出了自己的观点和主张，例如，韩小雨等主张建立国家中小学教师"新双轨制"模式，即城市和县城地区按生师比配编，乡镇地区根据学校实际规模分别采取生师比或班师比配编，而乡镇以下规模小的学校和教学点则采取班师比配编，并适当增加农村中小学教师的编制数量。[1]周兆海和邬志辉则提出，以教师工作量来配置教师数量的方式更符合编制本义，也能切实解决农村小规模学校教师配置所出现的问题。[2]由此可以看出，未来我国教师编制标准的设计将向更加科学、更加合理、更加多元的方向发展。

四、监督制度：由简单粗略到具体规范

教师编制管理的监督制度是保证我国教师编制管理政策得到有效落实的重要条件，我国历届的政策文件都对教师编制管理的监督制度做出了相关规定。1984年，教育部发布的《关于中等师范学校和全日制中小学教职工编制标准的意见》提出，其他部门和教育行政部门，都不应占用教育事业编制，已经占用的要尽快纠正或办理调转手续。[3]该文件仅用一句话对占用教师编制的行为提出了纠正的要求，没有提出相应的惩罚措施，较为简略。2001 年，《国务院办公厅转发中央编办、教育部、财政部关于制定中小学教职工编制标准意见的通知》规定，"各级机构编制主管部门和教育、财政部门要加强中小学编制工作的监督、检查。对违反编制管理规定的单位，应当责令其纠正，并视情节轻重对有关责任者给予处分"。该文件虽

① 韩小雨，庞丽娟，谢云丽. 中小学教师编制标准和编制管理制度研究——基于全国及部分省区现行相关政策的分析[J]. 教育发展研究，2010，30（8）：15-19.

② 周兆海，邬志辉. 工作量视角下义务教育教师编制标准研究——以农村小规模学校为例[J]. 中国教育学刊，2014（9）：1-6.

③ 刘英杰. 中国教育大事典（1949—1990）（上）[M]. 杭州：浙江教育出版社，1993：120.

然对教师编制工作提出了监督检查的要求，但并未规定具体的监督项目和指标体系。2014 年出台的《中央编办 教育部 财政部关于统一城乡中小学教职工编制标准的通知》进一步提出了对教师编制的督查监管工作，明确规定"各级机构编制、教育、财政等部门要加强督查，采取多种方式，定期开展编制清理专项工作，定期督查各地中小学编制管理政策落实情况，对违反编制管理规定的单位和责任人，依法依规严肃处理"，还提出各地要严禁挤占、挪用和截留中小学教职工编制，严禁以各种形式"吃空饷"等。2015 年，《乡村教师支持计划（2015—2020 年）》规定，严禁"严禁在有合格教师来源的情况下"有编不补"、长期使用临聘人员，严禁任何部门和单位以任何理由、任何形式占用或变相占用乡村中小学教职工编制"。总之，我国的教师编制管理的监督制度逐年推进，由粗放走向精细，但仍有待完善之处，如督查要求仍较为笼统，缺少具体的操作指标，主要监督部门也不明确等，容易导致实际工作中出现监督不力、推卸责任的现象。未来，我国教师编制管理监督制度仍需不断改进和完善。

第三章　城镇化背景下我国义务教育教师编制配置问题调查研究

城镇化所引起的学龄人口空间分布的变化给城乡义务教育教师资源配置带来了巨大挑战，无论是城镇还是农村，义务教育教师编制供需都存在一些矛盾。摸清目前我国城镇化背景下义务教育教师编制供需的现状、面临的挑战、存在的问题以及背后的复杂原因与内在机制，对于后续研究制定符合城乡实际的中小学教师编制标准、建立和完善教师编制管理新模式具有基础性作用。

第一节　调研样本的选取与基本情况

一、样本选取的依据

随着城镇化的快速发展，大量农村人口和学龄儿童转移到了城镇，在某些地区，流动儿童数量已超过了当地儿童的数量。①农村人口向城市快速、大量聚集，造成农村学龄人口的急剧减少和城市教育人口的迅速增加，这使得农村教育和城市教育的问题形态呈现出极不相同的状况。对于农村来讲，其教育最大的问题就是学龄人口的"过疏化"导致的教育萎缩；而城市地区教育的最大问题恰恰是学龄人口急剧膨胀所导致的"过密化"问题，以及由此带来的城市教育资源承载力不足的状况。一方面，这直接导致城镇学校缺编，不少学校不得不招聘临时"代课教师"以应急。有些公办学校代课教师数量甚至超过了公办教师的数量。这些代课人员待遇低、流动性强，其职业素养、社会保障、专业发展等都值得忧虑。另一方面，伴随城镇化进程，农村学龄人口的主动流出与自然减少，小规模学校大量出现，导致一些农村学校教师与学生比例失调。许多农村地区教师出现绝对数量富余但又结构性缺编的现象。②城市教师编制不足，农村教师超编缺员，这越来越成为城镇化背景下教师编制配置的两难问题。③因此，城镇化背景下义务教育教师编制供需矛盾突出集中在两个方面：一个是人口净流出较多的农村地区，这部分地区教师编制面临的主要矛盾是超编缺员；另一个是人口净流入较多的城镇地区，这部分地区教师编制面临的主要矛盾是编制紧张。一般来说，东部地区多属于人口净流入地，西部地区多属于人口净流出地，中部地区介于两者之间。同时，在义务教育阶段，小学教师编制

---

① 邵泽斌. 流动儿童就学引发的城市代课教师问题解析[J]. 教育发展研究，2016，36（20）：1-7.

② 褚宏启. 新型城镇化引发的基础教育变革[J]. 人民教育，2016（12）：14-21.

③ 阳锡叶. 教师编制随生源流动是否可行[J]. 辽宁教育，2016（10X）：11-13.

问题比初中教师编制问题更为突出。中部地区代表了我国义务教育教师编制供需矛盾及配置问题的中间状态，如果中部地区这一问题突出的话，就意味着东部和西部地区的相关问题会更为严重。基于上述考虑，笔者所在课题组选取中部地区部分县市作为调研地，以小学为调研对象。

二、调研样本的基本情况

本研究探讨了中部地区县域内小学教师编制配置问题，所使用的数据和访谈资料主要来自东北师范大学中国农村教育发展研究院的相关调研。该调研在综合考虑了城镇化发展水平、人均国内生产总值（GDP）、地理环境、人口规模与分布密度以及学生和学校的变化状况等因素后，选择了能够代表中部地区状况的四个省，并进一步选择能够代表某省平均发展水平且具有该省特点的一个县，在此基础上采用分层抽样的方法将县域内的学校分为县城、乡镇、村屯等类，选择其中具有代表性的学校作为调研对象。

本研究以学校为单位展开调研，共包括来自河南省 G 县、湖北省 D 县、湖南省 L 县和江西省 L 县等四个地区的 39 所学校。河南省 G 县是河南省人口大县，2018 年，全县总人口为 170 万人，是河南省的省级直管县级市。归属于该县的样本小学共 12 所，其中县城小学 2 所，乡镇小学 3 所，村小（即乡村小学）和教学点 7 所。湖北省 D 县位于湖北省东北部，全县总人口为 65 万人。归属该县的样本小学共 9 所，其中县城小学 2 所，乡镇小学 3 所，村小和教学点 4 所。湖南省 L 县位于湖南省东南部，是湖南省面积较大的一个县级市，同时也是湖南省国土资源厅省直管县经济体制改革试点县（市），全县总人口为 143 万人。归属该县的样本小学共 8 所，其中县城小学 2 所，乡镇小学 1 所，村小和教学点 5 所。江西省 L 县位于江西省西部，全县总人口为 31 万人，归属该县的样本学校共 10 所小学，其中县城小学 2 所，乡镇小学 2 所，村小和教学点 6 所。具体情况如表 3.1 所示。

表 3.1　调研样本县各类学校分布情况（单位：所）

类别	河南省 G 县	湖北省 D 县	湖南省 L 县	江西省 L 县
县城小学	2	2	2	2
乡镇小学	3	3	1	2
村小和教学点	7	4	5	6
总计	12	9	8	10

第二节 县域内小学教师编制配置的现状与问题

对县域内小学教师编制配置情况的客观认识和分析是本研究的基础，笔者通过分析调研数据发现，中部地区县域内小学教师编制配置问题的表现形态是多方面的，对县域内小学教师编制配置问题形成整体认识成为本研究的起点。

一、县域小学教师编制配置不均衡

衡量县域内教师编制配置是否均衡应包含两重指标：一重指标为核定的教师编制数是否符合国家的编制标准；另一重指标则为核定的教师编制数能否满足学校教育教学的现实需求。而县域内教师编制配置的理想状态则是县域内所有学校的教师编制都能满足实际的教育教学需求。生师比是依照国家的编制标准进行核定的，可以检测学校的教师编制是否符合国家编制标准，师班比（专任教师数与班级数的比值）则可以用来检测学校的教师编制是否满足实际的教育教学需求。因此，本研究从生师比和师班比两方面来分析中部地区县域内各学校的教师编制配置状况。

生师比指的是学校的学生人数和学校的教职工人数之间的比例关系，也就是指学校内每个教师负担的学生数。国家会制定相关的政策来规定这一生师比，从而依据这一标准来下达学校内的教师编制数，超过这一规定比例的称为人员超编，而未达到这一规定比例的称为人员缺编。不同的国家和同一国家在不同的历史发展时期，因经济发展水平、教育发展水平及国家体制不同，对生师比的要求也有所不同。此外，有着不同培养目标、教学手段和内容的各级各类学校，生师比自然也就不同。通常意义上来说，如果生师比较小，虽然每位教师教授的学生数量减少，任务量会减轻，但师资的利用率会变低；相反，如果生师比较大，就意味着每个教师所教授的学生数量增多，任务变重，但学校的师资利用率会提高。根据 2018 年中部地区四个县域内各学校的班级数、在编教师数和在校学生数等调研数据，笔者绘制出各县域内各类小学的生师比和师班比对比图，具体如图 3.1—图 3.4 所示，以更为直观地进行分析和对比，发现教师编制配置过程中存在的问题。

分析图 3.1—图 3.4 可以发现，中部地区四个县域的小学存在教师编制配置不均衡的问题。首先，县域内不同类型小学之间的生师比差距较大，存在教师编制配置不均衡的问题。国家现在实行的是城乡统一的教师编制标准，要求县域内各级各类小学要按照 19 : 1 的比例来配置教师编制。按照现行的教师编制标准计算，从单个学校来看，各省份的大多数县城小学和部分乡镇小学的生师比明显高于 19，既高于国家生师比标准，又高于各省当年所定生师比，其中县城小学更为明显，其他的村小和教学点的生师比则在 10 附近上下浮动。也就是说，从城乡对比的角度来看，县城小学和部分乡镇小学的生师比要明显高于村小，生师比整体呈现出县城小学大于乡镇小学、乡镇小学大于村小的趋势。再者，县域内同类学校之间教师编制配置

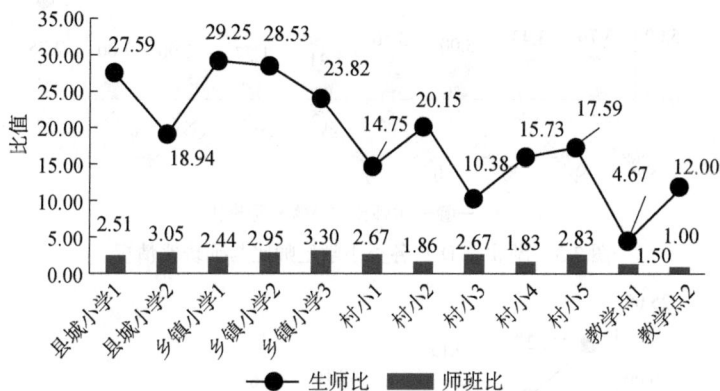

图 3.1　河南省 G 县各类小学生师比与师班比情况

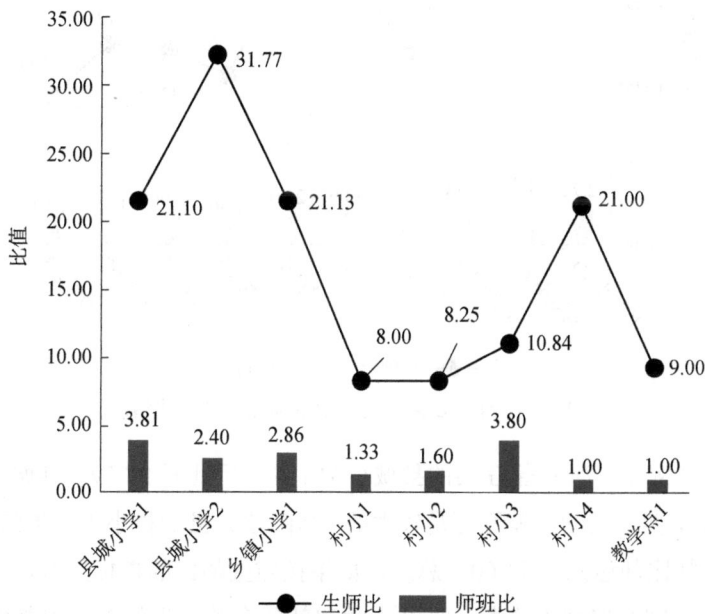

图 3.2　湖南省 L 县各类小学生师比与师班比情况

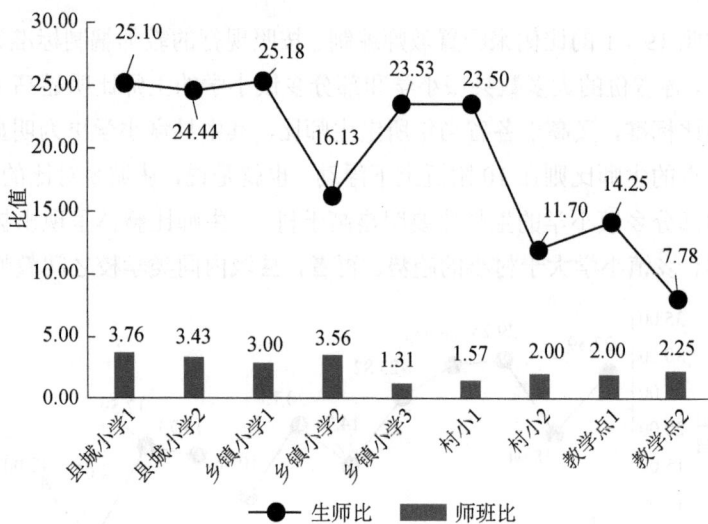

图 3.3　湖北省 D 县各类小学生师比与师班比情况

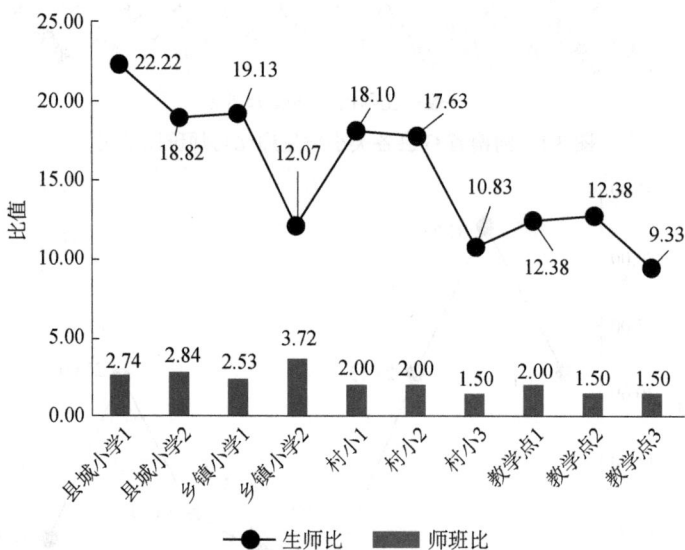

图 3.4　江西省 L 县各类小学生师比与师班比情况

差距也较大。例如，河南省 G 县的县城小学 1 的生师比是 27.59，县城小学 2 的生师比是 18.94，两者之间的差距还是较大的；湖南省 L 县的村小 1 的生师比为 8.00，村小 4 的生师比却达到了 21.00。总之，如果按照生师比的指标来看，县域内各类小学的教师编制配置并不均衡，县城小学和部分乡镇小学的教师编制资源比较紧缺，而村小的教师编制则是足够的，生师比超过现行的标准。

现行生师比的使用前提是班级规模要达到一定程度,这就导致这种配置方式对于小规模学校很不适用。对于农村的小规模学校,尤其是特别小规模的学校来说,按照国家现行的生师比编制标准去配置教师,原则上都会超编,但是从实际的教学需求来看,国家要求各类学校要开齐开全课程,这对小规模学校来说无疑是一个巨大的压力。参照师班比的数据,各县域的小规模学校师班比只在 2 左右,而县域其他学校的师班比却能达到 3 左右,如湖北省 D 县的村小 1 的师班比为 1.57,县城小学 1 的师班比则达到了 3.76。编制的配置最终是要落实到每一所学校,因此应当以具体学校的不同情况为切入点配置教师编制,农村小规模学校实际上是处于"表面超编,实际缺编"的局面。①按照现有编制配置方式,这类"麻雀学校"要维持正常的教学秩序,学校教师就要一人承担多门学科和多个年级的教学任务,这在农村的小规模学校是较为常见的现象。比如,江西省 L 县的一所小学,调研时该校共有 3 个班级,全校学生总数为 27 人,在编教师总数为 3 人。按照生师比的国家编制核定标准,这所学校的生师比已经达到了 9,明显处于超编状态,但实际上,仅有 3 名教师对于这所学校来说是远远不够用的。在访谈的过程中,这 3 名教师都反映工作很累,因为他们既要负责学校的日常管理工作,又要担负起 3 个年级将近 30 门课程的教学工作,这无疑加重了他们的教学负担,而县域内像这所学校一样规模较小的小班小校并不在少数。对于那些无论采用师班比还是生师比的方式来看都与标准相脱离的学校,显然在教师编制配置上存在更大的问题。比如,湖北省 D 县的乡镇小学 3 的生师比为 23.53,师班比为 1.31,这一类学校需要引起县级政府的重视。

二、县域小学教师编制数量不充足

县域小学教师编制数量不充足有多种表现形态,上文所述的较高生师比就在某种程度上反映出教师编制数量不充足的问题。调研还发现,县域内的学校会采用一些不合理的方式来改变教师编制数量不充足的现状。

(一)采用"大班额"隐藏编制紧张问题

我国规定小学应当采用班级授课的方式展开教学活动,并规定了正常的班级规模为 40—45 人,学生人数在 46—55 人为偏大班额,学生人数在 56—65 人为大班额,学生人数超过 66 人为超大班额。②笔者调研时发现,县域内学校的班级规模存

---

① 雷万鹏,张雪艳. 农村小规模学校师资配置政策研究[J]. 教育研究与实验,2012(6):8-12.
② 教育部就消除义务教育超大班额工作约谈个别省市负责人[EB/OL].(2018-07-13). http://www.moe.gov.cn/jyb_xwfb/gzdt_gzdt/s5987/201807/t20180713_342942.html[2024-08-07].

在两个极端：一个是学生人数较少的乡村小规模学校；另一个则是学生人数过多的县镇大班大校。为了更为直接地反映这一问题，根据从 4 个县调研样本学校获得的班级数和在编教师数等数据，笔者绘制出 4 个县各类小学班额情况对比图，具体如图 3.5—图 3.8 所示。

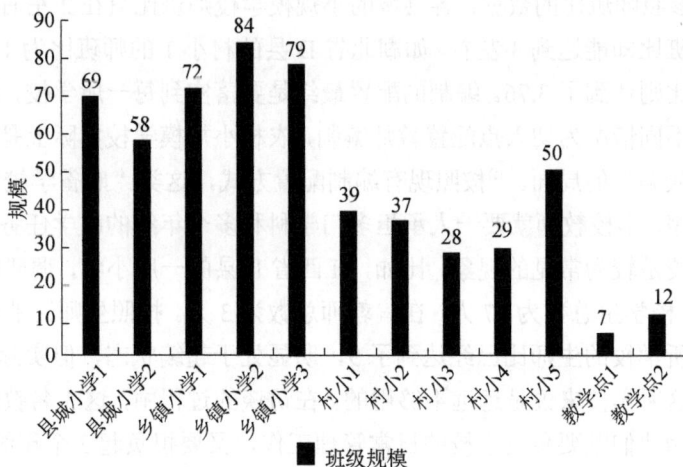

图 3.5 河南省 G 县各类小学班额情况（人）

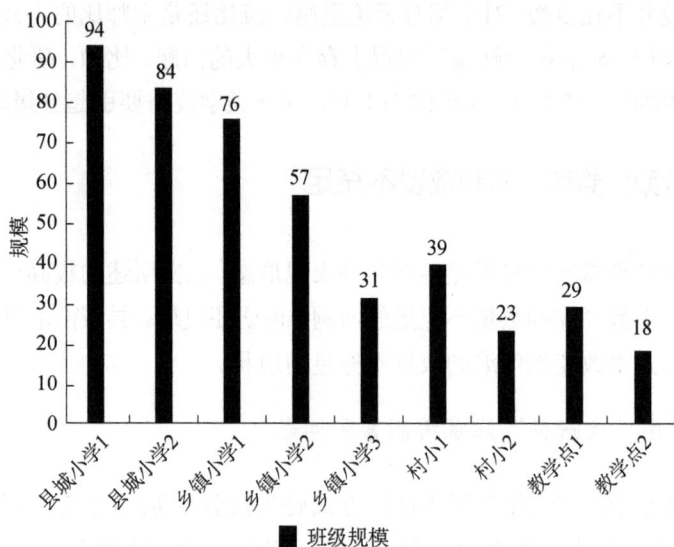

图 3.6 湖北省 D 县各类小学班额情况（人）

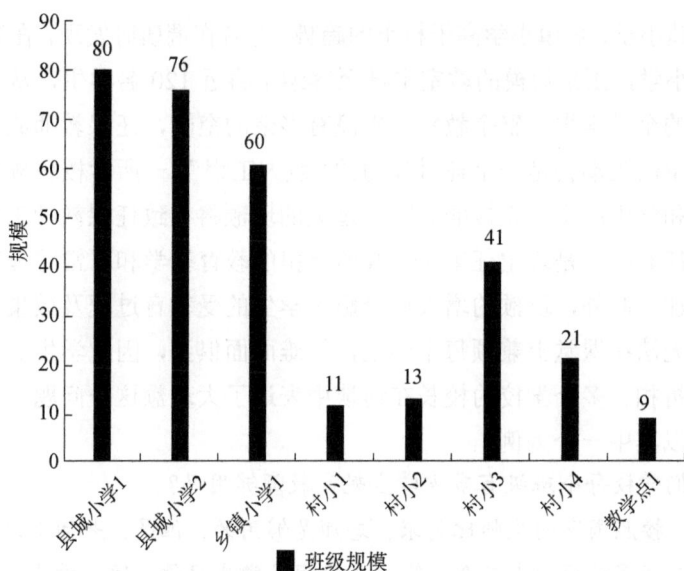

图 3.7　湖南省 L 县各类小学班额情况（人）

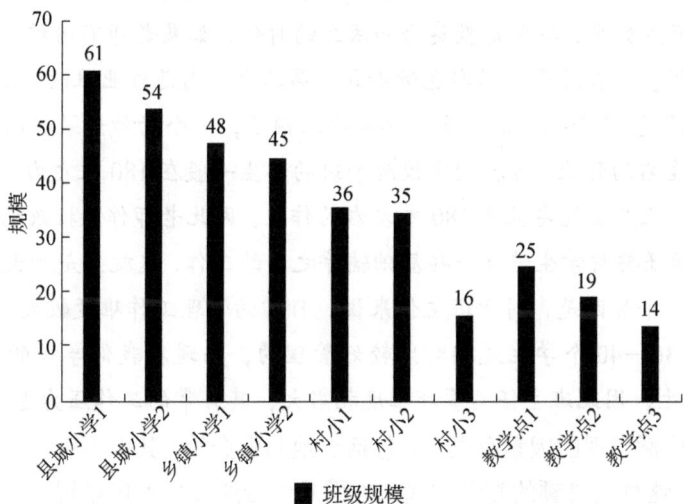

图 3.8　江西省 L 县各类小学班额情况（人）

　　从图 3.5—图 3.8 中四个县的班额数据可以看出，县城小学和乡镇小学的班额基本在 45 人以上，其中，除江西省 L 县的县城小学 2 外，其余县城小学基本处于大班额和超大班额之间，河南省 G 县的最大班额为乡镇小学 2，为 84 人；湖北省 D 县的最大班额为县城小学 1，为 94 人；湖南省 L 县的最大班额为县城小学 1，为 80 人；江西省 L 县的最大班额为县城小学 1，为 61 人。班级规模整体呈现出县城小学高于乡镇小学、乡镇小学高于村小的趋势。笔者在调研时发现，在湖北省 D 县的一个县城小学，正常规模的教室中甚至容纳了将近 120 名学生，从讲台的角度望去黑压压的全是学生，整个教室几乎没有多余的空间，任课教师或者班主任从讲台走到教室的尾端会是一个耗时耗力的"巨大工程"。一所学校班额的增大会对学校的教师和学生产生最直接的影响。过大的班额将导致任课教师工作量增加，无论是对科任教师还是班主任来讲，其所承担的教育教学和日常管理工作都会随之大幅度增加。此外，班额的增大还会影响学生的受教育过程及效果。由于人数太多，教师无法在课堂上兼顾每个学生，很难面面俱到，因此学生的学习效果也会随之大打折扣。多个学校的校长在访谈中表达了大班额这一问题对学校教师的影响，此处以其中一个为例。

问：咱们学校每个班级有多少学生呢？教师够用吗？

答：如果按照国家的生师比要求，老师是够用的，但是，老师上课很累，工作压力很大。老师累的原因有三个。第一个原因是学生难管，因为学生人数太多，一个班级有 85—90 个学生。现在的情况比以前还要好一点，以前是教师拿着扩音器上课，声音有点失真，特别是教英语和语文的时候，如果老师不用扩音器，他们的嗓子就受不了，坐在后面的同学也听不到。第二个原因是作业难改，现在在乡下，一个班级也就是 50 个左右的学生，算是小班额了，一个老师如果教两个班，就要批改 100 本左右的作业。可我们学校两个班的学生一般在 180 人左右，一个老师如果带两个班，基本上就要批改 180 本左右的作业，因此老师作业批改的任务重。除此之外，老师还要对学生进行一些基础辅导之类的工作，这就更是加大了老师的工作负担。第三个原因是，对于班主任来说，日常的管理工作难度较大。按理来说，一个班级有 30—40 个学生是相对比较好管理的，而现在我们学校的一个班级有 80—90 个学生，因此班主任的管理难度相当大，其日常的工作压力也非常大。

导致大班额出现的因素有很多，包括土地和资金等，其中不可忽视的一个因素是教师编制。这种大班额的教学方式一方面是学校通过扩大班级规模的方式来缓解由某些原因导致的专任教师不够用的问题，另一方面是为了避免财政扣减超编人员的人头经费。[①]县域学校采用扩大班额的方式来遮盖专任教师不够用的事实，追其实质应是教育管理体制和教师编制管理存在问题。这一点从县城学校逐渐升高的生师比可以看出，而随着班额的继续增大，即使新建学校的土地和资金问题能够被解决，但国家限制供养财政人口的增长，如果不采取新的教师编制配置措施，势必会

---

① 汪求俊. 超大班教学与农村中小学"并校"潮[J]. 现代教育论丛，2008（12）：71-74.

导致县域内没有多余的教师编制来填补岗位空缺。学校开设课程逐渐丰富，专业教师处于紧缺状态，但是相应的教师编制数量却没有增加，部分学校也就只能通过扩大班级规模这种方式来应对教师编制短缺的局面。在对县城学校的访谈中，诸如"教师够用，但是教师压力太大"这样的表述经常听到。因此，从义务教育长久发展和均衡发展的角度来看，通过增大班级规模这种方式来缓解教师编制紧张的问题是不科学、不可取的。

（二）采用"拆东墙补西墙"的方式缓解编制紧张困境

为了缓解城镇学校师资紧张的问题，部分城镇学校采用"选调政策"这一"拆东墙补西墙"的特殊方式来补充教师。调研的四个县每年以选调形式从农村进入县城学校的教师有 70—100 人，如 2018 年河南省 G 县选调进城的教师有 74 人。这对普通县域内义务教育阶段的学校来说并不算是一个小数字，而且这一数字也只是从乡村地区选调进县城的教师数量，与之相应，各省份同样存在此类选调政策，这也就表明有一批优秀的教师被从乡村学校选拔走。程方生的相关研究指出，长期以来，江西存在一个不成文的惯例，每年补充的新手教师基本上会先在农村中小学任教，县城学校所需的教师则直接从农村学校选调。① 由此，乡村学校中的优质教师被选调到乡镇学校，而乡镇学校中的这类教师又被选拔进入县城的学校，由此进入一个恶性循环的怪圈。在县域内学校教师编制都很紧张的状况下，采用这种形式满足县镇学校的教学需求，其结果就是留在农村小学的教师往往是被筛选下来的教学经验不足的教师或者年龄较大的教师。这种选调政策一般是由县级教育行政部门根据县域学校的编制超缺编状况及其具体需求情况制定而来的，这种从农村调往县城的教师公开选拔考试，本是以促进教师校际动态交流为初衷，可现如今的选调政策却在某种程度上变成了"拆东墙补西墙"的形式，俨然失去了其应有之义。笔者查阅了许多地区教育网站上近几年发布的选调公告，除了与正常教师招聘具有相同的要求，诸如持有对应科目的教师资格证、所学专业符合相应的教师科目要求且体检合格等以外，选调还具有如下要求。

1. 年龄的限制

选调教师的年龄把关一般在 40 周岁以下，高级职称获得者才会放宽至 45 周岁以下，而且一般会要求参与选拔的教师有 3—5 年的工作经验。从对县域内小学教

---

① 程方生. 义务教育阶段农民工子女县城集聚现象剖析——以江西省为例[J]. 中国教育学刊，2008（1）：27-30.

育阶段学校的相关调研中，我们不难发现农村教师队伍存在年龄老化的现象，这也是近年来一直备受社会关注且亟待采取措施加以解决的难题。选调政策对年龄限制的这一要求只会从农村中选拔走青壮年层次的优秀教师，而这无疑会加重农村教师老龄化问题。

2. 择优录取的选拔过程

选调程序一般分为两种。第一种是采取笔试与业务考核相结合的量化积分方法进行选拔，按照总分从高到低的顺序确定选调对象，对各个学科参加考试的教师的总分进行排序，高分教师先选择学校，低分教师后选择学校。一些选调信息甚至明确表明凡是获得过省特级教师、地市级及以上名师、优质课或教学比赛一等奖等荣誉者，可直接参与选调考察。第二种是直接采用笔试和政策加分的方式，根据教师所获得的荣誉称号以及称号的等级进行不同程度的加分。无论以哪种方式进行选拔，显然都是要从农村教师队伍中选拔出优秀教师进入县城学校。

在农村地区的教师数量已表现出表面超编、实为编制不充足这一特点的状况下，每年仍有一批优秀教师从农村选调进入县城。这种选调方式会导致选调教师原归属的农村学校的教师数量更加不足，日常教学管理工作更加繁重。虽然这项政策维护了优秀教师通过公平竞争以获得更好发展环境的自由权利，但因选调政策本身择优录取的竞聘原则，这种"拆东墙补西墙"的做法使乡镇学校优秀教师被逐级选拔走，只留下那些在选拔考试中失利且随时可能离开的教师。这种"抽剥"一级优秀教师的选拔方式不但不能解决县域教师编制不充足的问题，反而会在某种程度上人为导致县域内各类小学之间的师资差距越来越大。在访谈的过程中，很多学校的校长表示对本校教师的发展持有两极矛盾心理：一方面很渴望自己学校的教师得到专业上的发展，因为这样会使学校的教学质量得以直线提升，从而为学生带来更优质的教育；另一方面又担心本校的教师的专业能力得到发展后而成名，被县城的学校选调走，这对学校来说将会是很大的人才损失。这种教师编制调配方式使农村学校在一定程度上成为城镇学校的优秀教师供养地，加剧了农村教师编制短缺的问题。

三、县域小学教师编制调整不及时

一所学校的教师编制数量应当是由县级政府根据国家的编制标准以及学校的具体情况来核定的，因为教师编制的配置关乎一个学校的教育发展情况。因此，每个学校核定的教师编制数都应该是动态变化的，也就是说，一个学校的核定教师编制数与实际在编教师数应随时保持一致，这样政府部门才能更好地管理教师编制资源。然而，从调研所获得的相关数据来看，县域内近半数学校的核定教师编制数与实际在编教师数存在差距，有些学校的差距甚至非常大，具体情况参见表 3.2。

表 3.2　各县域学校核定教师编制数与实际在编教师数对比情况（单位：所）

县域	核定教师编制数>实际在编教师数	核定教师编制数=实际在编教师数	核定教师编制数<实际在编教师数
河南省 G 县	3	9	0
湖北省 D 县	6	3	0
湖南省 L 县	1	6	1
江西省 L 县	1	8	1

　　核定教师编制数与实际在编教师数的差距主要表现在两方面：一方面是核定教师编制数大于实际在编教师数，也就是说，县级政府原本核定的教师编制数没有完全配备到这些学校；另一方面是核定教师编制数小于实际在编教师数，这意味着学校所具有的教师编制数大于县级政府原本核定的教师数。根据所调研四个县域学校的核定教师编制数和实际在编教师数的对比情况，河南省 G 县各类学校中核定教师编制数大于实际在编教师数的学校有 3 所；湖北省 D 县各类学校中核定教师编制数大于实际在编教师数的学校有 6 所；湖南省 L 县各类学校中核定教师编制数大于实际在编教师数的学校和核定教师编制数小于实际在编教师数的学校各有 1 所；江西省 L 县各类学校中核定教师编制数大于实际在编教师数的学校和核定教师编制数小于实际在编教师数的学校各有 1 所。这种现状反映出，县级政府出于某些原因并没有按照原本核定的教师编制数去配备县域内各类学校的教师数。县级政府没有定期核定教师编制，这对县域教师编制配置工作来说应当是一个较为严重的问题，这既不利于县级政府对教师编制的妥善管理，也不利于县域内学校的持续发展。国家在 2014 年已经发布了《中央编办　教育部　财政部关于统一城乡中小学教职工编制标准的通知》这一涉及统一城乡教师编制标准的政策文件，而在实际的调研中，有的县级教育部门并未按照现行国家编制标准去核定教师编制，仍在沿用之前的教师编制标准，如在湖北省 D 县的访谈中，县级教育部门的相关人员就表示，他们县域仍在沿用初中 16.8：1、小学 21.6：1 的编制标准，这就表明新的编制标准在具体实行过程中受到了一定阻碍，某些县级政府未能按照文件规定定期开展教师编

制核定工作。

四、县域小学教师编制配置过程存在的其他突出问题

除了县域小学教师编制配置不均衡、编制数量不充足以及编制调整不及时等问题之外，各县在教师编制的配置过程中还存在其他问题。比如，有学校反映县级政府其他部门占用学校编制，有些学校存在在编不在岗现象，这些情况导致学校的实际在编教师数并没有核定教师编制数那么多。通过相关访谈发现，教师编制配置过程中的附加编制没有完全落实、现行编制配置方式导致教师老龄化严重这两类问题较为突出。

（一）附加编制没有完全落实

国家设置附加编制是为了提高中小学教师编制使用过程中的灵活性，国家在解决学校教育教学中出现的紧急事件时可以机动使用附加编制，附加编制和基本编制在学校编制管理过程中属于相互补充、相互协调运作的关系。2001 年发布的《国务院办公厅转发中央编办、教育部、财政部关于制定中小学教职工编制标准意见的通知》中详细罗列了适当增加编制的情况：内地民族班中小学，城镇普通中学举办民族班的学校和开设双语教学课程的班级，寄宿制中小学，乡镇中心小学，安排教师脱产进修等。我国农村地区学校的布局调整、撤点并校导致县镇小学寄宿学校增多，从而使学校的管理事务增多，日常生活辅助、学习指导和心理辅导等方面的工作都应由专门的教师负责，对于低龄住宿的学生来说更是如此。然而，从调研的结果来看，教育部门并没有为这些学校增加相应的专业人员编制或者是增加相应的经费来聘请专业教师，目前这些工作主要是由学校的科任教师或者班主任兼任的。在问及寄宿制学校是否有专门的生活教师或宿舍管理人员时，我们得到的回答总是否定的，此处详细引述湖北省 D 县某校长的回答，以更为清晰地说明这一问题。

问：咱们学校是寄宿制学校，学校是否安排有专门的生活教师或宿舍管理人员？

答：现在县里还有学校用人都很紧张，很难申请下来编制，有一些课是由学校教师兼任的，不可能有空余编制以招聘专门的生活教师。现在我们学校就是各年级班主任轮流值班，在熄灯之前去宿舍查寝，以免学生出乱子，督促学生按时休息。平时学校也会组织人员查寝，主要目的是保证学生的卫生、安全等。如果学生晚上遇到什么事情，就可以去宿舍楼里的教师值班室找值班老师。所以，当班主任是很辛苦的，现在很多教师都不太乐意去做这方面的工作。他们除了要负责正常的教学

工作之外，还要兼任诸多管理工作，比如，我们这里的很多学生是住校的，学生一天三顿饭都要在学校吃，他们当中有的年龄又太小，因此班主任就要负责组织队伍，以防出差错，基本上是等学生吃过饭后，他们才能去吃。

这所学校虽然是寄宿制学校，但是没有招聘专门的生活教师、心理教师等专职教师，这并不是个别现象。调研发现，存在高年级学生带着自己的弟弟或者妹妹一起住校的现象，学校领导、教师以及访谈的学生都反映并不是由于校内床铺紧张才这样，而是因为没有生活教师负责这些年幼学生的日常生活，只能由年龄并不大的哥哥姐姐照顾年龄更小的弟弟妹妹。如果没有哥哥或者姐姐照顾，年幼的学生就只能自己一个人住。在缺少生活教师和心理教师的情况下，这种低龄住宿对低龄学生个人心理健康的发展和学习生活等均会产生不良影响。除此之外，基于对其他因素考量而制定的附加编制政策也并没有得到很好的执行，比如，女教师请产假和教师参加培训等会带来岗位阶段性空缺问题。很多学校现在仍是"一个萝卜一个坑"式的教师配置模式，一旦有教师因事离开教学岗位，校长就会因无替补人员及时补充教学岗位而焦急。此外，为贯彻落实党的十九大和党的十九届二中、三中、四中、五中全会精神，促进人口长期均衡发展，国家自 2021 年起实施一对夫妻可以生育三个子女政策。小学教师队伍中女教师占有较大的比例，在政策的积极推动下，如果县域学校的女教师出现扎堆生孩子的状况，那么处于孕期和哺乳期的女教师也将会随之增加。如果没有增加一定的附加编制来填补育龄教师带来的岗位空缺，学校正常的教育教学环节将可能受到严重影响，这将制约县域义务教育质量的提升，且不利于教育的均衡发展。

（二）现行编制配置方式导致教师老龄化严重

编制是针对一个学校具体有多少教师来说的，科学的编制配置会使一个学校的教师无论在数量、年龄结构还是职称结构等方面都是合理的。但目前县域的编制管理方式明显表现出重视编制数量而轻视对学校教师结构和质量的管理，其中较为明显的就是教师老龄化问题。2015 年调研时一位校长表示：

我在学校是算年轻的老师，1970 年的，已经有 45 岁了，我们学校 30 岁以下的老师只有 2 个人。城镇老师年龄一般比较大，原因就是城镇学校如果教师编制数量足够，就不能招新老师进来，年轻的特岗老师就到乡下去了。在我们学校，一般 40 多岁的就算是年轻的老师了。

在访谈过程中，像"我们学校最大的问题就是教师年龄偏大，但是又进不来新的、年轻的教师"这样的声音，我们也经常能听到。由于教师编制配置采取的是一进一出的模式，一旦没有教师退出，有些学校就多年不能招聘新教师。学校因教师编制配置模式的限制而持续不能引入年轻教师，就会导致某些年份教师成批次退休，届时学校将要大规模引入新教师。这种做法俨然是不科学的，是不符合教育教学发展规律的，将会影响一所学校教学质量的提升以及今后的持续、健康发展。

综上，调研结果显示，我国中部地区县域内小学阶段教师编制配置的问题表现在多个方面。这既体现了县域内小学教师编制配置工作的难度，又反映出当前应当尽快解决这　问题的迫切性。

第三节　县域内小学教师编制配置问题的成因分析

在国家提出"财政供养人口只减不增"的政策要求之后，各地政府必须正视教师编制配置过程中存在的各种问题，不应再用之前那种看似在处理问题实际上是在回避问题的方式来应对。俗话说"对症下药"，只有找到导致教师编制配置问题产生的原因，才能提出具有针对性的建议。城镇化进程使中部地区县域小学教育阶段的教师编制配置日益复杂化，目前县域内教师编制配置出现问题的原因，既有历史遗留下来的因素，也有随着城镇化发展而产生的影响。

一、学龄人口变动影响教师编制的有效配置

我国教师编制的数量主要是以生师比为标准来核定的，也就是根据县域内的学生人数来决定教师编制数量，学龄人口数的变化将直接决定所需教师编制的数量。一方面，学龄人口数会受到生育政策变化的影响；另一方面，由于城镇化的快速发展，人口流动也将是现在及未来一段时间对县域内学龄人口数影响较大的因素。

（一）生育政策的影响

1. 生育政策变化会导致学龄人口的"延时性"变化

新中国成立以来，我国先后实行了多种生育政策，以在不同时期采取不同的政策来控制出生人口的变化。新中国成立初期，我国社会初步稳定，国家采取放任人口增长的政策，直到 20 世纪 80 年代逐步限制人口增长，正式开始实施计划生育政策，提倡"一对夫妻只生一个孩子"。第六次全国人口普查数据显示，我国人口表

现出结构性矛盾、老龄化程度严重并在加速的现状，这使我国开始意识到需要尽快改变生育政策。为了提高人口出生率，从 2014 年开始，全国各地陆续实行"单独二孩"政策，2015 年公布一对夫妻可生育两个孩子的政策，2016 年我国施行 2015 年修订的《中华人民共和国人口与计划生育法》，提倡"一对夫妻生育两个子女"，"全面二孩"政策开始在全国各地实施。2015 年 11 月 9 日，《21 世纪经济报道》关于"全面二孩放开后，一孩家庭生育意愿调查"的资料显示，目前大中城市出于对住房和生育成本、教育成本、医疗成本等的考虑，生育二孩的意愿不是很强烈。但是一些处于三、四线的城市，尤其是在县城和乡镇等地，那些类似于国家机关、企事业单位的干部和职工的"非农业"人口，以及过去被要求不能生二孩的育龄夫妇，在"全面二孩"政策实施后表现出比较强的生育二孩的欲望。[①]2021 年，《中共中央国务院关于优化生育政策促进人口长期均衡发展的决定》提出，"依法实施三孩生育政策。修改《中华人民共和国人口与计划生育法》，提倡适龄婚育、优生优育，实施三孩生育政策"。

国家生育政策的这些变化直接促使我国人口出生率发生相应变化，出生政策变化带来的人口出生率的上下浮动会进一步导致学龄人口发生相应变化。人口出生的周期性变化会使在校学生数呈现出高峰与低谷的交替状态。[②]也就是说，人口出生率处于周期性变化的高峰时，学龄人口数也会随之增至高峰；人口出生率处于周期性变化的低谷时，学龄人口数也会随之降至低谷。但应当注意到的是，生育政策对学龄人口的影响具有一定的延时性，也就是说，在人口出生率较高的时间段过后几年才能表现出小学学龄人口的增加，当人口出生率降低时，小学学龄人口的减少也是表现在几年之后。因此，人口出生率的高峰和低谷与学龄人口的高峰和低谷出现的年份并不是一一对应的，后者相比于前者往往表现出一定年限的延迟。

2. 生育政策变化对教师编制的影响

生育政策变化带来的人口出生率和学龄人口数的这种周期性变化，使县域学校对教师数量的需求也发生相应变化，这种变化会直接影响所需教师编制的基数以及教师编制的使用效率。在学龄人口增多的时期，学校对教师数量的需求就会增加，教师编制也就应当相应增加；而在学龄人口减少的时期，学校需要的教师数也将会随之减少，所要配置的教师编制也就应当相应减少。因此，我们所制定的小学阶段的教师编制配置模式应该随着人口出生周期的变化做出相应的调整，只有这样才能

---

① 转引自张贵付. 城镇化进程中的县城教育重要性显现[N]. 中国县域经济报，2017-01-05（003）.

② 叶菁. 中小学教师编制城乡一体化的影响因素与政策建议[D]. 芜湖：安徽师范大学，2016.

使小学教育阶段的教师编制既能够满足教育教学发展的需要，又不会造成教师资源的浪费。但现在的编制配置途径是相对僵化的，这就导致教师数量不能随着生育政策的变化而及时调整，学校教师的编制表现为一些年份超编、一些年份又缺编的情况。在超编时，教师编制数超出学校教学实际所需，教师作为人力资源的利用率就会下降；在缺编时，教师编制数低于学校实际用人需要，教师的教育教学工作压力又会增大。未来，学龄人口将在迎来短暂高峰期后开启下降趋势。目前，我国人口出生率较低。但由于生育政策发生了新的变化，在政策干预下，人口可能再出现上升[①]，这就使得人口出生率和学龄人口数更具变动性，县域内各小学的教师编制配置工作将将面临更大的挑战。出生人口变动以及人口总量变化要求优化包括教师编制资源在内的教育资源配置。正因为此，更有必要及时对学龄人口的信息进行科学预测，如果不采取措施，小学教育阶段教师编制配置工作可能面临更大的困境。

（二）人口流动的影响

1. 学龄人口流动导致县域学生分布变化

随着我国在经济和社会等方面的不断发展，人口流动仍是不可避免的趋势。根据推拉理论的观点，人口迁入地和人口迁出地之间同时存在两种相反的力，即推力和拉力。人口迁出地的"推力"构成致使人口流动的消极因素，将人们从原来的居住地推出，如相对落后的经济发展水平、低就业环境等；而人口迁出地的"拉力"则构成促使人口流动的积极因素，将流出原居住地的人口拉回，如归属感、长时间积累的社会关系等。[②]在当前的新型城镇化建设过程中，县城是连接城乡一体化的关键点，既要积极引导周边经济因素的汇集，又要带动区域内的乡镇发展经济。[③]这就表明，县城在城镇化的发展进程中发挥着重要作用，尤其是当前提倡的就地城镇化，更使县城成为流动人口的有利选择。河南省人民政府办公厅发布的《关于印发河南省人口发展规划（2016—2030 年）的通知》中就提出，要突出县城作为吸纳农业人口转移的重要载体作用，要响应国家的相关政策，根据各县城基础条件、发展潜力和经济实力的不同制定不同的人口发展规划，更加积极地形成合理的体制机制，促进新型城镇化的持续健康发展。[④]

---

① 薛二勇. 人口变动对教育资源配置的影响与对策[J]. 人民论坛，2023（15）：42-47.

② 马侠. 人口迁移的理论和模式[J]. 人口与经济，1992（3）：38-46.

③ 刘国斌. 论县域经济"亚核心"发展的实现途径[J]. 学术交流，2009（8）：74-80.

④ 河南省人民政府办公厅关于印发河南省人口发展规划（2016—2030 年）的通知[EB/OL].（2017-05-05）. http://www.henan.gov.cn/zwgk/system/2017/05/25/010721328.shtml[2024-08-01].

当前导致县域学龄人口向城镇流动的原因主要有两个方面。

一是"随迁子女",也就是跟随家长进城读书的学生。随着经济社会的发展和城镇化进程的加快,城镇具有更加优良的生活环境并能提供更多的就业机会,大量农村劳动人口出于对经济因素的考量,为了谋求更好的生存和发展机遇,更愿意选择去相对发达的城镇。访谈时一位校长这样说:

现在来城里的家长越来越多,他们愿意进城,不愿意在农村种田,更愿意在城里做一点小生意,比如摩托车出租、卖菜、换水等,城里的生活总要比农村好一点。

过去,外出务工的家长倾向于将子女放在家中,但随着城镇化的逐步发展,越来越多的家长出于对孩子的关心以及对子女教育问题的重视等多重因素的考量,更愿意将子女带在身边。学生的学习地点也就会因父母工作地点的变化而发生变化,父母选择在县城或乡镇工作,子女也就跟随父母去县城或乡镇读书。

二是"教育移民",也就是说,学龄人口为获得优质的教育而流动到城镇读书。一方面,由于受到农村学校布局调整的影响,部分农村学校合并为中心校,学校数量逐渐减少,学生的上学距离变远,越来越多的农村学生选择或者是被迫选择在城镇学校就读。另一方面,县域内的教育资源并不是均衡分布的,与农村学校相比,城镇学校在硬件设施和师资队伍等方面都更胜一筹,重视子女教育的农村家长更希望自己的子女接受优质的教育,望子成龙、望女成凤的心态使他们选择送子女到城镇学校读书。而相比于城市,部分县城在执行义务教育划片入学管理制度的过程中存在其他情况,如受熟人社会的作用机制影响或者是超出承载能力进行全员接收。学生在县城就读主要有两种方式:第一种是跟着在县城工作的父母一起住;第二种是由父母一方或者是家中老人陪读。这两种方式都会使学生家长产生租房子或者购买房子的需求。就各地政府来说,学龄人口选择到县城学校就读这一行为有利于加速当地的城镇化进程,带动县域内的经济发展。因此,针对学龄人口到县城学校读书这一问题,各地政府大多选择支持的态度,有些地方甚至会要求所有学校不能设立任何条件,要接纳所有愿意进城读书的学生。这些因素使得县域内的学龄人口分布状况发生了变化,农村学校的学生越来越少,城镇学校的学生则越来越多。

由于学龄人口不断向城镇聚集,这种流动使教育的城镇化速度快于常住人口的城镇化速度。以国家统计部门公布的相关数据为例,2015年,全国的小学在校生数为96 921 831人,其中城镇的在校生数为67 262 846人,小学阶段教育的城镇化率达到了69.40%,而2015年,我国的城镇常住人口为77 116万人,城镇化率为

56.1%，也就是说，小学阶段教育的城镇化率高于常住人口的城镇化率。和 2011 年相比，2015 年我国小学阶段教育的城镇化率提升了 10.35 个百分点，足见小学阶段学龄人口的城镇化速度远快于全国人口的城镇化速度。①从中部地区的部分省份来看，截至 2015 年末，河南省总人口数为 10 722 万人，其中城镇人口数为 5023 万人，城镇化率为 46.85%。小学阶段的在校生总数为 9 370 543 人，其中城镇小学的在校学生数为 5 530 168 人，小学阶段教育的城镇化率为 59.01%，小学阶段的教育城镇化率要高于常住人口的城镇化率。截至 2015 年末，江西省的总人口数为 45 656 316 人，其中城镇人口数为 23 567 790 人，常住人口的城镇化率为 51.62%。小学阶段的在校生数 4 223 124 人，其中城镇小学的在校生数为 2 818 208 人，小学阶段的教育城镇化率为 66.73%，也高于常住人口的城镇化率。湖北省 2015 年底共有人口 5851.50 万人，城镇总人口数为 3326.58 人，常住人口的城镇化率为 56.85%。小学阶段的在校学生数 3 358 095 人，城镇小学的学生数为 2 484 446 人，小学阶段的教育城镇化率为 73.98%，小学阶段的教育城镇化率要高于常住人口的城镇化率。②由此可以看出，中部地区学龄人口向城镇流动的速度已经显著快于常住人口的城镇化速度。随着我国户籍政策以及高考政策改革的相继推行，人口流动所受到的束缚将会进一步减少，这势必也会影响学龄人口流动的速度。

2. 人口流动对教师编制的影响

城乡之间的这种人口流动是不可阻挡的一个趋势，是我们国家经济发展和城镇化水平到达一定程度后需要经历的阶段，并且这种趋势可能还会持续很长一段时间，由此产生的学龄人口流动现象也将会持续存在。城镇化的发展使学龄人口的流动增加了多样性，既包括县内学龄人口的流动，又包括县外甚至省外等外来学龄人口的流动。我国对这类流动人群采取的是"两为主"政策，也就是说，县域政府要引导县域内的公办学校积极应对这种学龄人口的变动。而当前这种学龄人口的流动已使我国县域内学校的教育形态发生了变化，农村地区的小规模学校比较多，寄宿制学校比较多，县城内的大班额学校增多。③这种教育形态的变化使县城的教育资源逐渐紧张，其中比较突出的就是教师编制紧张。无论政府采取在县城新建学校还

① 邬志辉，秦玉友等. 中国农村教育发展报告 2016[M]. 北京：北京师范大学出版社，2017：40.
② 数据来源于各省份公布的人口抽样调查数据公报、各省份公布的教育事业统计公报，如"2015 年河南省人口抽样调查主要数据公报"（https://www.henan.gov.cn/2019/12-30/1150444.html）。
③ 邬志辉，秦玉友等. 中国农村教育发展报告 2016[M]. 北京：北京师范大学出版社，2017：46.

是改扩建学校的方式接收这些流动学龄人口,都会面临教师编制紧张的窘境,而造成这种局面的原因就是学龄人口的流动性与教师编制的相对固定性之间存在冲突。县域教师配置统筹协调工作受到教师编制和岗位职级设置均以学校为单位核定的影响,因为以学校为单位的岗位职级设置工作一旦完成,教师便相对固定下来,这使得引进和流动到其他学校的教师很难有机会获得适合的职位。对于超编学校,需要分流的教师也面临着接收学校缺人但是无法提供相应岗位的问题。再加上县级政府所具有的编制统筹协调权和动态管理能力相对较弱,这使得在县域内整体优化师资配置存在难度,在学龄人口流动的趋势下,就会出现学龄人口流动而教师编制无法调动的棘手局面,县域内学校的编制处于超编和缺编并存的矛盾状态,编制合理配置困难重重。

二、核定方式不科学增加教师编制配置难度

前文已提及,县域内小学的教师编制是县级政府及相关部门根据国家教师编制标准的相关政策进行核定和配置的。在我国社会发展的不同历史时期,出于对国家经济发展水平、教育战略定位以及教育的发展水平等的综合考虑,教师编制标准呈现出不同的样态,这也就促使我国曾先后确立过几种不同的教师编制标准。

(一)我国教师编制标准的历史沿革

本书以几个标志性的编制标准政策为线索,对我国小学的教师编制政策的变化历程进行梳理,以了解我国教师编制标准政策的发展情况以及不同历史时期的政策取向。

1.1984年确立的师班比两级差别的编制政策

早在1962年,国家就发布了《关于全国国家举办的各级学校人员编制标准暂行规定(试行草案)》,并在同年发布了《关于进一步调整教育事业和精简学校教职工的报告》,这些可以称作中华人民共和国成立以来中小学教师编制管理的雏形建立。[①]《关于进一步调整教育事业和精简学校教职工的报告》对学校教职工的编制标准给予了相应规定,将师班比作为学校配备教师编制的一个标准,以此来为学校配置教职工。这个文件中最为突出的是,将学校划分为重点学校与普通学校,且两者的师班比是不一样的,重点学校的师班比要高于普通学校的师班比。这就为各地

---

① 叶菁. 中小学教师编制城乡一体化的影响因素与政策建议[D]. 芜湖:安徽师范大学,2016.

区的师资配置向重点学校倾斜提供了正当理由，各地区纷纷致力于建设重点学校，导致师资在校际的差别日益增大。

20世纪80年代，我国的政治、经济和社会慢慢复苏并逐步迈入正轨，顺应这一趋势，我国的教育事业和学校编制等相关的管理工作也在慢慢恢复及发展。教育部于1984年发布了《关于中等师范学校和全日制中小学教职工编制标准的意见》，这一文件中仍然将师班比作为分配教师的标准，但不存在重点学校与非重点学校的差别，而是采取城镇和农村两级差别的编制政策，也就是说，城镇和农村的学校采用不同的编制标准，在附件中给出了具体的中小学教职工编制标准①，见表2.2。各地区根据这个文件并针对自身的实际情况来开展编制管理工作，制定相应的编制标准。这一政策规定的城镇小学和农村小学教职工编制配置标准差异较大，由这一标准可以看出，当时小学教育的发展明显倾向于城镇学校，因此城镇小学的编制标准明显高于农村小学。

2. 2001年确立的师生比三级递减的编制政策

20世纪80年代中后期以来，我国长期实行的计划经济体制使科学、教育、文化、体育和卫生等活动都相继归到了事业机构，由于对人员数量和质量的监管重视不足，事业单位出现了诸多问题，如人员编制急剧膨胀、办事效率低等。中央政府相关部门及一些地方政府对事业单位的管理体制进行了探索，以此来实现对各级政府职能部门人员的精简。作为事业单位必不可少的组成部分，教育部门也加入此次改革。在这一全国事业单位改革的大背景下，2001年，《国务院办公厅转发中央编办、教育部、财政部关于制定中小学教职工编制标准意见的通知》发布，该文件对核定中小学教职工编制的原则、标准以及具体的要求都做出了详细的规定，并于第二年出台了具体的实施方案，其中明确了"力求精简和高效"的核定原则，并在这一原则的基础上提出了按照城市、县镇和农村三级递减的编制标准，小学阶段的师生比分别为：城市1:19，县镇1:21，农村1:23，具体参见表2.3。

2001年的编制政策与1984年的编制政策的不同主要体现在两个方面：首先，采用师生比，而不再采用班师比；其次，将原来的"城镇"分为"城市"和"县镇"。2001年的编制标准按照城市、县镇、农村的顺序越来越低，呈现出三级递减的趋势。也就是说，2001年的编制标准是"城乡倒挂"的，将1984年规定的"城镇一体"分开为"城市"和"县镇"，明显地表现为城市取向的发展实质，使得城市和县镇、县镇和农村在师资配置上都有很大的差异。此后，县镇在很长一段时间都执

---

① 刘英杰. 中国教育大事典（1949—1990）（上）[M]. 杭州：浙江教育出版社，1993：120.

行着更高的师生比标准，导致县镇和城市的师资存在较大的差异，这种差异的根源在于执行的是两种不同的师资配置标准。[①]

3. 2014 年确立的师生比城乡统一的编制政策

2001 年的编制政策颁布后，在很长一段时间内，县域内的小学都按照这一编制标准配置教师。由各种原因导致的城乡教育差距越来越大，我国各领域学者逐渐关注这一城乡教育差距问题，2001 年的编制政策也逐渐显露出与现实情况的不适应性，农村学校的编制矛盾日益突出，成为人们关注的焦点，这种"城乡倒挂"、以精简为原则的编制标准不再满足我国日益发展的教育需求。为促进义务教育均衡发展，2009 年，中央编办等下发了《关于进一步落实〈国务院办公厅转发中央编办、教育部、财政部关于制定中小学教职工编制标准意见的通知〉有关问题的通知》，这一文件的发布使编制配置走向统筹阶段，意味着我国中小学在教师编制城乡一体化配置方面更加具体化了。[②]2014 年，《中央编办、教育部、财政部关于统一城乡中小学教职工编制标准的通知》发布，这一文件的发布标志着统一城乡教师编制标准有了指示文件，落实了城乡发展一体化和公共服务均等化的精神。根据 2001 年和 2009 年的相应文件，该文件对城乡教师编制标准进行了新的调整，将县镇和农村小学的教职工编制标准统一起来，教职工与学生比为 1∶19。由此可以看出，国家已经意识到并着手解决之前不合理的编制标准以及长期对农村教育投入不足所带来的问题，这一政策的颁布对于促进义务教育的公平发展和均衡配置城乡教师资源都具有重大意义。

（二）教师编制核定方式不适用于现实需求

1. 教师编制核定方式与学校实际情况不匹配

教师编制的核定方式与学校实际的需要不匹配是制约我国县域内教师队伍建设和义务教育均衡发展的重要因素。单一以生师比为标准核定每所学校教师编制的方式已经不符合规模各异的学校的教育教学发展需要。国家主要是以生师比为指标对教师进行配置，有一个很重要的前提是学校办学规模要处在正常范围内，这样才能采用这一指标配置教师。而在编制配置的实行过程中，各地相关部门大多采用"一刀切"的模式，然而现在农村的小规模学校和县城的大规模学校并不符合这种

---

① 秦玉友. 城乡义务教育师资配置均衡化：巩固成就与跨越陷阱[J]. 教育与经济，2016（6）：30-35.

② 叶菁. 中小学教师编制城乡一体化的影响因素与政策建议[D]. 芜湖：安徽师范大学，2016.

班级规模的要求，自然也就不适合这种核定方式。我国于 2014 年提出了统一城乡教师编制的措施，但是农村小规模学校"超编缺员"和城镇大规模学校"缺编"的状态并不是通过统一城乡教师编制标准就能够解决的问题，最主要的是改变不同学校教师编制的核对方式。对于规模很小的学校，假设一所学校只有 2 个学生，按照国家现行以生师比为标准的核定方式，配备一名教师都属于超编，实际上这一名教师要承担所有学科的教学工作且还需要担任学校的管理人员，压力很大。在农村调研的时候，这种"一师一校"的情况并不罕见。访谈中的一位教师说道：

这些学生都是早上来，然后中午在这吃饭，我的宿舍就是厨房，我给他们做饭，然后他们下午再回家。如果一个学生头疼发热，需要送去医院，那班级的其他学生就会处于无人看管的状态。

对于县城的大班大校来说，忽略教师实际工作情况的编制核定方式也势必会加大教师的工作压力。

2. 编制核定方式没有考虑教育改革和发展的现实需要

我国深化课程改革和"核心素养"的提出都使各个学校需要更多的教师来完成教育教学工作。教育部提出"核心素养"这一概念，并将它与深化课程改革紧密联系。这标志着国家义务教育的学生培养模式正在改变，这无疑对师资提出了更严峻的要求。2014 年，教育部颁布了《关于全面深化课程改革落实立德树人根本任务的意见》，规定了新课程改革的要点，主要包括调整和改革基础教育课程体系、结构、内容等方面。新课程改革使课程标准和课程设置发生了很大变化，在小学阶段，语文和数学课程的课时比重有所降低，科学、艺术和体育等课程的课时比重有所升高。也就是说，随着新课程改革的实施，学校的课程门类将会增加，如关于自我安全保护、社会安全知识、书法艺术等的课程，具有地方特色的课程等。目前我国教师的编制核算方法主要是依据生师比，也就是要依据学生的人数计算教师的编制数量，但教育部门要求各级各类学校要"开齐开足"每一门课程，"开齐开足"这些课程与多少学生并无关系，即使只有一个学生，学校也仍然需要开设相应的课程。调研资料显示，很多学校的教师要兼任多门课程，一方面，这导致教师工作压力过大，身心疲惫，甚至丧失对工作的热情；另一方面，这导致教师教学的专业化水平出现问题，教师没有参加过与这些科目相关的专门培训，他们授课的准确性会存在问题，甚至有时会因为繁多的课程而耽误自身主授课程的培训。因此，采用单一按照生师比的方式核定教师编制显然不符合现在教育教学发展的真正需要。

三、管理体制弊端牵制教师编制配置进程

合理的教育管理体制和教师编制管理体制会使编制配置工作运行更加畅通，但中部地区县域现在实行的管理体制在一定程度上牵制甚至阻碍了小学教师编制配置的进程。

（一）小学教育阶段财政体制导致编制经费不足

1. 中央政府和省级政府的经费支持力度偏低

我国实行的是"在国务院领导下，由地方政府负责、分级管理、以县为主"的义务教育管理体制，这表明县级政府是义务教育经费的承担主体，也说明我国义务教育阶段的经费来源依赖于地方经济的增长。地方县级政府要承担的财政责任相对较大，而国家和省级政府要承担的财政责任相对较小，省级政府没有合理地承担筹措和分配义务教育经费的责任，且省级政府在解决本省义务教育问题时的积极性和主动性也有待加强。此外，我国省际差距较大，中部地区的省份人口相对较多，教育需求更大，这些地区的教育财政负担也就更大。当省际教育发展差距过大时，我国采用中央政府转移支付的方式来承担部门项目的教育经费，以此来缩小差距，如公用经费和危房改造等。但现在实行的转移支付制度并不利于中部地区。一方面，如果将中部地区与东部地区相比较，东部地区的经济比较发达，县级政府具有较高的财政收入，这也就表明东部地区的地方政府有解决教育发展所需财力问题的能力；而在中部地区，由于县级政府的财政收入较低，县级政府对于解决教育发展所需的财力问题感到有心而无力。另一方面，相对于西部地区，中部地区所获得的中央财政支持较少，特别是在实施西部大开发战略之后，国家采取了一系列支持措施来促进西部地区的教育发展，但中部地区的获益相对有限。

2. 县级政府对小学教师编制经费投入的积极性偏低

县级教育部门获得编制的多少，主要取决于地方县级政府的财政能力、县级政府对当地教育事业的重视程度以及上级部门颁布的编制政策等三个方面。[①]这种管理体制对中部地区的县级政府来说不太有利。东中西部县域的发展水平不同，对教育的投入也就不同。中部地区不像东部地区那么发达，无论是从人均 GDP 还是从县域内的产业结构方面来讲，中部地区都与东部地区尤其是东部发达地区的差距较

---

① 刘善槐. 我国农村教师编制结构优化研究[J]. 教育研究，2016，37（4）：81-88.

大。但是，中部地区又不像西部地区那样得到国家和社会多方面的关注以及经济上的支持。国家并没有太多的财政资金来设立专项资金用以转移支付，地方义务教育的大部分财政支出最终还是要落在县级政府的身上。为教师发放工资属于县级政府的责任，属于县级政府重要的财政支出，这一责任导致财政能力本就微弱的中部地区县级政府要想凭借不充沛的经济实力来办好教育，注定困难重重，因此只能通过减少开支等方式来维持教育系统的日常运转。当一个县的财政能力有限时，县级政府并不会选择优先发展教育这一投入产出比不明晰、回报时间线较长的事业，这也就导致部分县级政府有时会根据自身的财政能力和发展需要而非教育的实际需求情况来核定县域内的教师编制数量。从这个角度来说，导致附加编制难以落实的一个原因就是县级政府没有能力填充这一部分经费，地方政府的财力相对较弱，已经承担了很大的压力，上级政府部门又没有为附加编制提供专项拨款，需要地方政府自行承担这笔费用，这就导致附加编制难以落实。

（二）小学教育阶段编制管理体制存在问题

1. 编制管理事权主体不明确

我国现行的编制管理体制是由多部门共同参与的，主要涉及编制管理办公室、教育部门、财政部门和人社部门等。首先，国家和省级的编办联合教育部门和财政部门确定我国的教师编制标准；其次，县级政府根据国家制定的编制标准，由人社部门根据县级政府财政能力核定县域的教师编制；最后，教育部门根据核定的教师编制总量在县域内进行配置，下发到各个学校。这种管理体制也就相应划定了教育部门、财政部门和编制管理办公室在编制配置上的责任、权限与相应利益。县级编制主管部门和财政部门具有县域教师编制数量的决定权，而教育部门只具有分配权，这实际上是一种人权、财权和事权相互分离的体制。有学者指出，我国在编制管理上更多地遵循行政管理逻辑而非教育发展逻辑，这导致我国的编制管理过程中存在教师编制的核定滞后、编制存量调整困难以及编制管理失范等问题。[①]也就是说，我国的编制管理过程更多地受行政管理体制的影响，缺少动态调整，各部门在这一过程中相互独立，缺少相互协调和衔接，导致编制配置过程的有效性不足，难以形成有效的运行机制。一旦编制配置过程中出现问题，三方互相推诿，也就导致责任主体不明。这种编制管理体制会造成县域内教职工编制被行政部门占用、核编

得不到及时调整等问题，有的地区多年来未重新核定编制，没有形成对编制管理过程进行监督的机制等，致使编制配置过程中存在一些不科学的行为。

2. 编制配置过程存在"向城取向"

财政能力有限的县级政府在教师资源配置观念上有着比较明显的向城倾向，这是编制配置过程所体现的一种偏重。之前出于各方面的考量，国家政策规定使得县镇学校的教师编制标准高于县域其他类型学校的教师编制标准，但由此形成的差距并不是通过统一教师编制标准就能很快消除的。公共选择理论认为，政府会按照个人偏好的效用函数进行决策，这一函数中包括工资、权力、声誉、变革难度等诸多变量。①这些变量影响着决策者，作为一个理性人，其会出于对自己的个人利益和部门政绩的考虑而做出决策。因此，县级政府也会采用同样的价值判断来配置县域内的小学教师编制。教育本来就不能像其他事业那样能够达到立竿见影的效果，它是一个成效缓慢的事业。因此，在城镇学校和农村学校之间，在发达地区学校和不发达地区学校之间，县级政府往往会倾向于优先选择前者，良好的基础使前者的效益会更为明显。县域内所有的小学生本应有权利享受同等的教育，然而，我国县域内各学校之间的教育资源分配并不是均衡的，县级政府对县域内城镇学校的投入程度要高于县域内其他类型的学校，社会各界对县域内城镇学校的关注也明显多于县域内其他类型的学校。由于长期以来的城乡差距，发展县城教育更能取得有显示度的业绩，农村教育则长期处于劣势状态，因此，在对农村教师进行配置的时候，县级政府更多的是考虑其数量，而无太多精力去关注其质量，选调优质教师进入县城的政策就是最直接的证明。这种重数量、轻质量的方式使部分农村学校呈现只要有足够数量的教师能维持日常的教学工作就可以的状况，而县级政府对留在农村学校的教师质量给予的关注则相对较少。

3. 教师出口机制尚未健全

长期以来，能够拥有教师编制被认为拥有了"铁饭碗"，这主要是因其事业单位的身份而带来的稳定性及相关权益。在我国，获得教师编制这一身份意味着个体获得了一份稳定的工作，而这主要"得益于"编制只进不出的管理体制。亚当·斯密在《国富论》中把市场比作一只无形的手，能够无意识地推进其目的的实现。②也就是说，市场就像是一个具有过滤功能的筛子，能够选拔出最优质的人才，并筛

---

① 刘小强. 贫困地区农村教师配置问题研究：基于川南 H 县的田野考察[D]. 重庆：西南大学，2014.

② 〔英〕亚当·斯密. 国富论[M]. 胡长明译. 重庆：重庆出版社，2015：456.

出不合适的人选，使整个系统始终处于充满生机的局面。但教师管理系统中却没有这样的过滤环节，教师编制成为教师的一个"保护套"，教师拥有编制后没有特殊情况不会轻易退出，这使一部分不能完成本职工作者、不能提高学校教育教学质量者、因年龄因素不能适应当代教育发展的教师都能够被容纳在这一"宽容"的体制内。按照编制管理的规定，教师编制具体分配到了每一所学校，学校内的教师数量要符合编制标准，要采用"一进一出"的模式。如果一个学校处于超编或者满编的状况，那么该所学校是不能招聘教师的，除非有教师退休或者是调出。目前，我国尚未健全针对不合格教师和老龄化教师的退出制度，学校无法得到新教师的补充，这就导致教师老龄化现象严重，而这对学校教师队伍质量的提升非常不利。

马克思主义哲学的矛盾观告诉我们，在分析问题的时候应面面俱到，应从多视角、多维度综合性地分析导致某一问题产生的原因。导致中部地区县域义务教育编制存在问题的原因是多方面的，城镇化的进程致使县域教师编制配置问题更加复杂，笔者试图针对这些原因寻找具体的对策。

第四章　教师补充政策与乡村教师编制增量改革

　　教师是影响教育发展的核心要素。农村教师资源配置普遍面临优秀教师"进不来、留不住"和不合格教师"退不出、辞不掉"的体制弊端。因此，只有从"进、留、退"三个环节系统设计教师编制综合改革方案，才有可能最终解决农村教师"下不去、留不住、教不好、退不出"等问题，实现农村教师资源在数量、质量、结构、活力、效益等方面的最优配置。教师补充政策作为教师人事管理中进、管、出三个环节中的首要部分，影响着教师队伍的数量、质量以及结构，对乡村学校发展意义重大。新中国成立70多年来，针对不同时期面临的主要矛盾和问题，我国乡村小学①教师补充政策一直在积极探索与锐意改革，教师补充方式推陈出新、与时俱进，每次调整都取得了重大成就。但是，任何改革都不可能一劳永逸，受历史和现实等多种因素的影响，我国乡村小学教师补充仍面临数量不足、质量不高、专门培养机构少、经费不足等难题，需要在新时代背景下继续深化改革来加以解决。

第一节　新中国成立以来乡村小学教师补充政策变迁

一、公办与民办教师并举的补充阶段（1949—1977年）

　　新中国成立后，我国在各方面的资源相对缺乏。在此状况下，如何组织师资、筹集经费来发展教育，就成为党和政府必须解决的重要问题。随着国家提出逐步普及初等教育，大批小学迅速建立，各类院校培养的正规教师无法满足急速增长的师资需求，教师匮乏问题日益加剧。②当时我国的城镇化率还很低，乡村是人口的主要聚集地，也是初等教育普及的重点区域。在当时城市优先发展的大背景下，正规师资也被用于优先满足城市教育发展的需要。因此，乡村地区师资缺乏问题尤其严重，国家不得不通过招收大量的民办教师来解决师资短缺问题。

　　有关数据显示③，从1949年到我国民办教师数量达到顶峰的1977年，我国小学在校生数由2439.1万人增加到14 617.6万人，增长了499.30%，与此同时，我国

---

　　①　从2011年起，《中国教育统计年鉴》采用新的城乡划分标准，将原来的城市、县镇、农村调整为城区、镇区、乡村。城区包括主城区和城乡接合部，镇区包括镇中心区和镇乡结合区、特殊区域，乡村包括乡中心区和村庄。本书中出现的"乡村"与"城镇"（即"城区+镇区"）相对应，"农村"是指"镇区＋乡村"，与"城市"（即"城区"）相对应。乡村小学指的是全国乡中心区和村庄的小学（包括教学点）。

　　②　车丽娜，徐继存.民办教师及其对乡村社会的影响[J].教育研究与实验，2014（5）：45-51.

　　③　本段数据根据教育部于1979年9月编印的《三十年全国教育统计资料（1949—1978年）》中的相关数据计算得出。

的小学教师数由 83.6 万人增加到 522.6 万人，增长了 525.12%。但是，1949—1977 年，我国中等师范学校毕业生总计仅为 174.56 万人，即使都补充到小学教师队伍当中，也还有 348.04 万人的缺口。在这种状况下，没有经过专门师范教育的非正规师资，即民办教师开始大量出现。这一时期大体可以分为三个阶段：1949—1951 年为快速增长阶段，民办教师比例由 10% 左右上升到超过 30%；1952—1957 年为初步整顿阶段，民办教师比例低于 10%；1958 年之后为跌宕起伏与快速发展阶段，其间虽有压缩和调整，但民办教师比例一直保持在 15% 以上。1965 年，乡村小学民办教师的比例超过 50%，此后比例逐渐提高，到了 1977 年，全国共有民办小学教师 343.9 万人，其中乡村小学民办教师数为 334.35 万人，占 97.22%。也就是说，当时的小学民办教师主要集中在乡村地区。同样是 1977 年，乡村小学教师总数为 456.62 万人，其中民办教师占到了 73.22%，民办教师占了大多数。总体来说，这一时期为公办与民办教师并举的补充阶段，20 世纪 60 年代中期之后，尤其是到了 70 年代，民办教师成为乡村小学教师的补充主体。

二、以中师生毕业分配为主、代课教师为辅的补充阶段（1978—2000 年）

民办教师对于迅速扩大教师规模、促进初等教育普及做出了巨大贡献。但大部分民办教师没有接受过专门的师范教育，再加上招聘过程中把关不严，教师质量参差不齐。1978 年之后，国家开始对乡村民办教师补充政策进行调整。1978 年，国务院批转教育部《关于加强中小学教师队伍管理工作的意见》，将民办教师的管理权限上调至县级教育行政部门。[1]1981 年，教育部转发《河北省关于整顿民办教师队伍经验的通知》，对合格民办教师发放合格证书，不合格者予以辞退。[2]随着各级师范教育秩序的恢复和招生规模的扩大，正规教师的培养数量逐渐增加。[3]1986 年，国家教委等多部门联合下发《关于下达一九八六年从中小学民办教师中选招公办教师专项劳动指标的通知》，指出今后各地一律不得再吸收新民办教师。[4]

1978—2000 年，我国乡村小学学生数一直保持在一个较大的规模，对教师数量始终有较高的需求。民办教师补充政策体系取消后，全国不仅停止了吸收民办教师，

---

① 何东昌. 中华人民共和国重要教育文献（1949—1997）[M]. 海口：海南出版社，1998：1590.
② 转引自杨卫安. 乡村小学教师补充政策演变：70 年回顾与展望[J]. 教育研究，2019，40（7）：16-25.
③ 转引自杨卫安. 乡村小学教师补充政策演变：70 年回顾与展望[J]. 教育研究，2019，40（7）：16-25.
④ 何东昌. 中华人民共和国重要教育文献（1976—1990）[M]. 海口：海南出版社，1998：2537.

还通过师范学校定向招生、"民转公"、辞退等方式对已经存在的民办教师进行治理。到 2000 年，全国乡村 332.93 万名小学民办教师（1978 年数据）问题基本得到解决，其中通过各种方式转为公办教师的有 200 万人左右，辞退和因为各种原因离开乡村小学教师队伍的有 100 多万人。[①]为了弥补这 100 多万名乡村小学民办教师退出带来的缺额以及其他公办教师退休等带来的缺额，国家补充乡村教师的主要方式开始由招收民办教师向中等师范学校毕业生分配转变。从 20 世纪 80 年代中后期开始，中等师范学校毕业生的规模开始逐渐增大，基本上维持在每年 20 多万人的数量，到 90 年代后期超过了 30 万人[②]，成为乡村小学师资补充的主要来源。虽然中师毕业生规模越来越大，并被源源不断地补充到乡村小学教师队伍当中，但是仍然难以满足乡村小学对师资的需求，乡村学校只能通过其他渠道来解决师资问题，代课教师成为这一时期教师补充的重要来源。新中国成立后，代课教师长期存在，20 世纪 80 年代以后，代课教师数量不断增加，并在 20 世纪 90 年代有了迅猛发展。20 世纪 80 年代，乡村小学代课教师占乡村小学教师总数的比例为 5%—7%，90 年代，这一比例迅速超过 10%，1997 年乡村小学代课教师人数达到顶峰，为 73.02 万人，占乡村小学教师总数的 19.39%[③]，成为除中师生毕业分配之外乡村小学教师补充的重要来源。

三、公开招考与专项项目并存的补充阶段（2001 年至今）

进入 21 世纪，我国中等师范教育被大大削弱，以师范院校为主体，其他高等学校共同参与的教师教育体系逐步形成，教师教育机构的办学层次也由"中专、专科、本科"旧三级向"专科、本科、研究生"新三级过渡。伴随着高等院校扩招和教师教育体系的改革，具有教师资格的高校毕业学生人数逐年增加，再加上事业单位改革的不断深化，探索多年的教师招考制度开始实施。2003 年，人事部、教育部印发《关于深化中小学人事制度改革的实施意见》。2005 年，人事部发布了《事业单位公开招聘人员暂行规定》，教育部人事司也研究起草了中小学新任教师公开招聘的文件，中小学教师公开招聘"凡进必考"的制度得到确立。至此，乡村小学教师补充从中师毕业生分配为主转向了统一招考为主。

---

① 根据历年教育事业发展统计公报中的"民办教师数量及所占比例"及历年《教育统计年鉴》计算得出。

② 根据历年教育部等有关部门统计数据中"中等师范学校学生数"计算得出。

③ 根据历年《教育统计年鉴》计算得出。

然而，伴随着乡村教师职业吸引力逐步降低，在小学教师补充方面，单一依靠公开招聘的方式仍无法满足乡村学校教育教学的需要。同时，由于代课教师过多，不利于乡村小学教师队伍的正规化、优质化建设，21世纪初，国家开始有意识地减少代课教师的数量。2001年，《国务院关于基础教育改革与发展的决定》中提出，"坚决辞退不具备教师资格的人员，逐步清退代课人员"。2006年，教育部提出进一步加快清退中小学代课人员工作。①此后，乡村小学代课教师数量急剧减少，由最高峰时期（即1977年）的73.02万人减少到2017年的7.32万人，比例也由19.39%下降到4.13%。②面对此种情况，为吸引更多优秀人才到乡村任教，国家制定了多项专门政策或计划，为乡村小学教师的补充开辟了新渠道，主要有四个：2006年，中组部等启动"三支一扶"计划，支教是重要的组成部分；2006年，教育部等联合启动实施"特岗计划"；2007年，教育部等部门制定部属师范大学"免费师范生计划"，之后，各省属师范院校招收免费师范生；2010年，教育部扩大农村"硕师计划"招生范围，乡村小学教师也被包括在内。笔者基于教育部发布的数据和历年的招生计划数进行统计，发现2006—2018年我国累计招收特岗教师74万人，免费师范生10多万人，再加上"三支一扶"以及"硕师计划"招收人数，总计约100万人，专项计划成为乡村小学教师补充的主要途径之一。

第二节 当前乡村小学教师补充存在的难题

一、编制总量从严控制与乡村小学教师补充的数量难题

目前，我国义务教育已实现由规模普及向质量提高的战略转移，但这并不意味着乡村小学对教师的数量需求会越来越低。事实上，未来一段时间我国乡村小学教师面临较大的数量补充需求，主要有以下三方面原因。其一，短期内学龄人口增加以及"全面三孩"政策的影响。因短期内的学龄人口增长与育龄教师产假造成的减员，我国新增小学教师的补充需求是以10万计的。其二，城镇化推进对乡村小学教师数量的新需求。随着城镇化的快速发展，大量乡村人口和学龄儿童转移到城镇。伴随乡村学龄人口的大规模流出与自然减少，小规模学校大量出现。小规模学

---

① 教育部召开新闻发布会介绍近期教育改革发展情况[EB/OL].（2006-03-27）. https://www.gov.cn/xwfb/2006-03/27/content_237660.htm[2024-08-10].

② 杨卫安. 乡村小学教师补充政策演变：70年回顾与展望[J]. 教育研究，2019，40（7）：16-25.

校虽然学生人数较少，但同样要完成国家规定的课程计划，对教师的配置数量不能按学生规模同等比例地减少。有研究指出，许多乡村地区小学教师出现绝对数量富余，但又结构性缺编的现象。其三，新课程改革的影响。国家持续进行的课程改革不断将新的课程纳入义务教育课程体系，如不相应增加教师，教学任务的完成就会有困难。[①]

虽然未来我国对乡村小学教师的数量需求会继续增加，但是由于国家财政供养人员只减不增和编制总量从严控制等政策的影响，乡村小学新增教师补充较为困难。2017 年，若按师生比来看，乡村小学为 1∶15.66，远高于城区和镇区的 1∶21.67 和 1∶20.16，表明乡村小学的教师数量相对比较充足。但若按师班比来看，乡村小学仅为 1.75∶1，远低于城区和镇区的 2.09∶1 和 2.11∶1，表明乡村小学的教师数量又很缺乏。[②]虽然国家也提出教师编制向乡村小规模学校倾斜，按照师班比与师生比相结合的方式核定，但实际上受教职工编制总量控制的影响，这些政策实施效果并不明显。据调查，有 82.51%的乡村小规模学校教师"标准上超编"，有的地方已经近十年没有补充新教师。[③]编制部门遵循"编制总量只减不增"的原则，限制了教育部门的教师补充自主权。即使部分地区的财政完全有能力负担额外补充教师所需的人员经费，但在编制总量的严格限制下，仍无法按照乡村小规模学校的实际需求补充教师。[④]新的教师补充不进来，会引发现有教师工作负担过重、音体美等课程难以开设、教师老龄化严重等一系列问题，对教育教学质量产生诸多负面影响，也不利于乡村教师队伍的长期稳定建设。

二、职业吸引力低与乡村小学教师补充的质量难题

乡村学校教师职业吸引力低会影响教师，特别是优秀教师选择乡村教师岗位。调研发现，乡村教师生活环境差、待遇低、工作量大和职业发展困难是造成乡村学校教师职业吸引力不高的主要原因。[⑤]乡村教师职业吸引力不足会直接影响优秀大

① 邬志辉，陈昌盛. 我国义务教育阶段教师编制供求矛盾及改革思路[J]. 教育研究，2018，39（8）：88-100.

② 根据教育部发布的 2017 年全国教育统计数据中的"小学学校教职工数""小学学生数""小学校数、教学点数及班数"（http://www.moe.gov.cn/jyb_sjzl/moe_560/jytjsj_2017/qg/index_3.html）计算得出。

③ 杨卫安，岳丹丹. 乡村小规模学校课程"开齐开足开好"的师资难题及其治理——基于共享发展的思路[J]. 教育学报，2022，18（3）：82-92.

④ 刘善槐，王爽，武芳. 我国农村小规模学校教师队伍建设研究[J]. 教育研究，2017，38（9）：106-115.

⑤ 秦玉友. 不让农村教育成为中国未来发展的短板[J]. 教育与经济，2018（1）：13-18.

学生和城镇教师补充到乡村教师队伍当中。调查结果显示：第一，在师范生方面，有 80.2% 的师范院校大学生"愿意当教师"，但"愿意去农村当教师"的仅有 38.0%。并且，能力水平越高的师范大学生到农村任教的意愿越低。"211"师范院校、省属重点师范院校、省属一般师范院校三类师范院校学生愿意到农村当教师的比例分别为 31.7%、33.2%、43.7%。第二，城镇教师不愿意到乡村交流，现职教师的向上流动率为 67.3%，向下流动率为 4.5%，平行流动率为 28.2%。有 77% 的城镇教师"不愿意"到边远艰苦地区的乡村学校进行交流，即使提高他们的工资，仍然有 52.4% 的城镇教师不愿意交流。第三，由于职业吸引力较低，大批优秀乡村教师流入城镇，给乡村教师补充带来挑战。数据显示，在农村教师中，有 21.5% 的人愿意留守，36.7% 的人"想要离开"，65.2% 的人有过流动经历。在县城教师、乡镇教师、村屯教师中，被初次配置到现在岗位上的教师占全部教师的比例分别为 35.4%、56.1%、51.2%，但绝大部分二次配置的有经验教师被补充进了县城和乡镇学校。县城学校中有过流动经历的教师，有 89% 的人来自乡镇、村屯学校。[①]不能吸引优秀人才到乡村小学任教和已有乡村小学优秀教师的流失，使乡村小学教师质量整体难以提高，乡村小学教师补充遭遇质量难题。

三、有效供给不足与乡村小学教师补充的专门化难题

由于乡村社会和教育的独特性，需要专门准备或培养到乡村小学任教的教师已成为各国的广泛共识。无论是在招募或培养对象上，还是在培养内容和方式上，乡村小学教师的培养都必须保持相应的特殊性，这对于引导更多学生到乡村小学任教具有积极作用。[②]从教师的总体供需情况来看，目前我国教师队伍储备较为丰富，出现供给远远大于需求的局面。统计显示，在 2006 年之后的十年时间里，我国每年师范生毕业总数平均为 70.16 万人，而被教育机构录用人数平均仅为 19.57 万人，只占总数的 27.89%。这意味着，有 70% 以上的师范生毕业后并不在教育领域从教。[③]以 2014 年为例，普通院校师范类毕业生总计 61.78 万人，而全国中小学基础教育师资的需求只有 25 万人，供给量远超需求量。[④]

① 邬志辉，秦玉友. 中国农村教育发展报告 2013—2014[M]. 北京：北京师范大学出版社，2015：277-288.

② 李静美，邬志辉. 乡村教师补充策略的国际经验与启示[J]. 比较教育研究，2018，40（5）：3-12.

③ 解艳华. 教师教育亟须进行"供给侧改革"[J]. 教师博览（上旬刊），2017（1）：17-19.

④ 中国每年 40 万师范生过剩，中小学新招教师 1/4 非师范毕业[EB/OL].（2015-10-14）. https://m.thepaper.cn/newsDetail_forward_1384902[2024-08-12].

虽然全国出现中小学教师供大于求的状况，但对于乡村小学教师来说，却出现有效供给不足的状况，集中体现为乡村真正需要的小学教师培养数量不足，具体表现在以下方面。第一，面向乡村地区的小学教师培养供给不足。当前我国教师培养的数量虽然很多，但向城性倾向严重，真正热爱乡村、了解乡村，有志于扎根乡村的小学教师培养的数量很少。目前，我国乡村地区小学的存在形态发生了很大改变，小规模学校与寄宿制学校并存，再加上大量留守儿童的存在，这些都对乡村教师培养提出了专门化的要求。但是，面对这种变化，我国专门培养乡村小学教师的学校相对稀缺。第二，高质量的乡村小学教师培养供给不足。当前高水平师范大学和教师教育机构培养出来的教师基本上被位于城市的"好学校"招聘去了，进入乡村地区任教的教师很少。乡村地区不管是公开招考的教师，还是通过各种专项项目补充教师，总体来说能力素质相对较低。第三，乡村小学教师供给的结构性失衡。目前我国乡村小学中，诸如语文、数学等主科的教师供给相对富余，诸如音、体、美、科学、信息技术、综合实践课程等副科的教师供给严重不足；年轻女教师的供给相对充足，年轻男教师的供给较为缺乏。"供非所求"，面向乡村地区的小学教师培养机构缺乏，导致乡村小学教师补充的专门化、定向培养难题。

四、县级政府财力有限与乡村小学教师补充的经费难题

对于县级政府来说，各事业单位所能获得编制的数量主要取决于其对全县财政供养人口的核定与分配。小学教师工资属于县级政府的支出责任，在以编设岗和编制与财政投入挂钩的教师补充框架下，县级政府补充教师的积极性主要取决于县级政府的财政能力、县级政府对当地教育事业的重视程度两个方面。税制改革之后，我国县级政府财力整体较弱，大部分县级政府处于财权与事权不对等的状态。县级政府要想凭借薄弱的财政能力办好教育，不得已只能通过减少教育支出来维持收支平衡。对县级政府而言，教育支出在公共财政中的占比过高是普遍现象。在课题组所调查的 12 个县中，教育支出占公共财政支出比例最低的为 17.21%，最高的达到29.52%。为缓解财政压力，县级政府不再偏向于增加教育部门的人员经费。[①]此外，面临着众多的支出选项，在财政能力有限的情况下，县级政府可能不会倾向于优先发展教育这一投入产出比不明晰、回报时间线较长的事业。这导致部分县级政府会根据自身的财政能力而非教育教学的实际需求情况来核定县域内的教师编制数量。

---

① 刘善槐. 我国农村教师编制结构优化研究[J]. 教育研究，2016，37（4）：81-88.

许多地方存在的有编不补、附加编制落实不到位，就是县级政府财政压力较大、不愿补充更多教师的直观体现。

五、"三区三州"①等地区乡村小学教师补充面临特殊困难

"三区三州"等地区由于自然环境恶劣、基础设施落后、民族情况复杂、工作条件艰苦，是当前我国乡村教育振兴的最难点，也是教师队伍建设最薄弱的区域，需要加以特别关注。有调研发现，"三区三州"的乡村教师补充面临着艰巨挑战。首先，"三区三州"教师队伍建设高度依赖国家特殊支持政策。"三区三州"各级政府的财力非常薄弱，自给能力很低，举债办教育现象普遍存在。这些地区超过90%的教育支出来自中央转移支付，包括教师补充在内的师资队伍建设严重依赖中央的特殊支持政策。其次，教师缺编问题尤其严重。"三区三州"许多乡村地区地广人稀，地形复杂，学校布局分散，往往需要配备更多教师来满足"开足开齐"课程的需要，这在很大程度上加剧了编制紧张问题。例如，根据2019年人民政协网的报道，四川的凉山州、阿坝州、甘孜州教师缺编数量分别达到了10 000个、4042个和4298个。最后，教师数量短缺且整体素质偏低。由于自然环境恶劣，工作条件极其艰苦，"三区三州"吸引和留住乡村优秀教师比较困难，造成乡村教师补充数量和质量的双重难题。例如，2019年，四川甘孜州教师中第一学历是本科的教师仅占7.8%。②这些地区乡村小学教师补充面临着特殊困难，需要国家通过制定专门的支持政策来解决。

第三节　新时代乡村小学教师补充政策的未来展望

在新时代背景下，着眼于我国社会主要矛盾的变化以及城乡教育均衡发展的需要，针对当前乡村小学教师补充存在的主要问题，未来乡村小学教师补充需要在提升教师职业吸引力、主要在编制框架内进行改革、加强教师培养供给侧结构性改革、完善多元化的补充渠道等方面进行突破。

---

① "三区三州"中的"三区"是指西藏、四省藏区和新疆南疆四地州；"三州"是指四川省凉山彝族自治州、云南省怒江傈僳族自治州、甘肃省临夏回族自治州。

② 别让师资短缺成为"三区三州"的痛[EB/OL].（2019-03-12）. http://www.rmzxb.com.cn/c/2019-03-12/2309203.shtml[2024-08-01].

一、通过优化外部环境和加强内部支持提升乡村小学教师职业吸引力

只有提升乡村小学教师职业吸引力，才能从根本上吸引优秀人才加入乡村小学教师队伍。提升乡村小学教师职业吸引力，可以从教育外部和内部两个方面展开。

从教育外部来说，就是要积极实施乡村振兴战略，改善乡村整体生活环境。乡村教师职业吸引力较低，在很大程度上并不是教师职业本身没有吸引力，恰恰相反，是学校所坐落的社会空间没有吸引力的结果。正是由于空间与职业的结合，才出现了同样的职业在不同的空间地理区域的吸引力差别很大的情况。①研究显示，不管是长期在乡村地区工作和生活的教师，还是城镇地区的教师，或者是没有毕业的师范生，整体上都对乡村特别是艰苦偏远地区乡村的整体生活环境持负面印象，有些甚至是非常负面的印象，这显著影响了教师或师范生到乡村地区任教的意愿。②要改善乡村整体的生活环境，必须坚持贯彻党的二十大报告提出的全面推进乡村振兴战略，统筹推进农村经济建设、政治建设、文化建设、社会建设、生态文明建设和党的建设，最终实现农业强、农村美、农民富。乡村振兴战略的提出以及乡村振兴目标的分阶段实现，会使乡村地区的居住环境得到明显改善，使乡村地区对人才的吸引力逐步提升，由此也会吸引越来越多的优秀教师到乡村小学任教。

从教育内部来说，就是要贯彻执行《乡村教师支持计划（2015—2020 年）》，提升乡村教师职业地位。该计划主要从乡村教师的思想政治素质和师德水平、补充渠道、生活待遇、编制标准、职称（职务）评聘、交流轮岗、能力素质、荣誉制度八个方面来提高乡村教师待遇，解决乡村教育薄弱问题。该计划实施以后，乡村教师的职业吸引力得以大大提高，乡村教师补充来源更加多元化，为乡村学校注入了新的活力③，乡村教师"下得去、留得住、教得好"的局面基本形成④。但是，该计划在实施过程中还存在一些问题，包括各地落实乡村教师支持计划进度不一，一些地方政策知晓率不高，乡村教师补充数量依然不足且质量难以满足实际需要，城镇教

① 邬志辉，秦玉友. 中国农村教育发展报告 2013—2014[M]. 北京：北京师范大学出版社，2015：311.

② 邬志辉. 如何提高乡村教师职业吸引力[N]. 光明日报，2014-09-02（011）.

③ 付卫东，范先佐.《乡村教师支持计划》实施的成效、问题及对策——基于中西部 6 省 12 县（区）120 余所农村中小学的调查[J]. 华中师范大学学报（人文社会科学版），2018，57（1）：163-173.

④ 陈鹏. 乡村教师支持计划实施两年多，乡村教师下得去留得住教得好[N]. 光明日报，2017-09-16（005）.

师向乡村学校流动不畅等方面。[1]因此，未来还应加大乡村教师支持计划的实施力度。一是进一步加大政策宣讲，让更多的乡村教师知道和了解中央的这一惠民、惠教政策。二是各地严格按照自定的乡村教师支持计划实施方案中的路线图、时间表和责任人，协调各种教育资源，确保经费保障。三是加强政策评估督导。各地区会同第三方机构定期开展对乡村教师支持计划实施情况的评估督导，评估督导情况要及时向社会反馈和公布，对政策落实不到位、成效不明显的地区，严格追究相关负责人的领导责任。

二、主要在编制框架内解决乡村小学教师补充问题

在国家编制严控政策之下，乡村小学教师数量补充受到限制。但迫于教师数量刚性需求的现实，各地政府进行了一系列编外师资补充改革，包括政府直接购买教师服务、劳务派遣、教师聘用制、"两自一包"等做法。这些改革在一定程度上解决了教师编制总量控制政策下乡村小学教师补充不足的问题，但同时也带来了教师合同有风险、教师权益难保障、教师队伍不稳定、编外改革难持续等问题。[2]未来到底是在编制框架内还是在编制框架外解决乡村小学教师补充问题，成为一个必须认真对待的重要问题。根据 2011 年发布的《中共中央　国务院关于分类推进事业单位改革的指导意见》，承担义务教育服务的单位属于公益一类事业单位，要强化其公益属性，国家财政给予经费保障，不能或不宜由市场配置资源。同年，国务院办公厅发布《关于创新事业单位机构编制管理的意见》，更加明确地提出对公益一类事业单位继续实行机构编制审批制，完善管理制度。根据近些年国家事业单位改革趋势，我们可以判断未来包括乡村小学在内的义务教育教师人事管理将继续在编制框架内进行。在这一体制框架下，未来要解决乡村小学教师数量补充困境，需要从以下几个方面进行改革。

首先，建立中央、省与县级政府教育人员经费分担机制。编制数量与财政支出紧密挂钩，因此财政能力是增加编制数量的基础。当前，我国教育人员经费主要由县级负责，一些县级政府财政能力较弱，维持充足的师资配置水平显得"捉襟见肘"。有些地方迫于财政压力没有满额使用教师编制，出现有编不补现象。为此，

---

①　付卫东，范先佐.《乡村教师支持计划》实施的成效、问题及对策——基于中西部 6 省 12 县（区）120 余所农村中小学的调查[J]. 华中师范大学学报（人文社会科学版），2018，57（1）：163-173.

②　邬志辉，陈昌盛. 我国义务教育阶段教师编制供求矛盾及改革思路[J]. 教育研究，2018，39（8）：88-100.

需要提升教育人员经费的统筹级别，客观评估县级财政的教育支出承受能力，根据不同地区财政能力的强弱，建立中央、省与县级政府教育人员经费分地区、按比例分担的机制。①财政收入越薄弱的地区，中央和省级政府越要给予更多的财政倾斜，承担更大的教育人员经费比例。

其次，科学核定教师编制。科学核定教师编制是教师足量供应的基础。在核定县域内的教师编制时应当考虑到如下因素：第一，编制配置向教师队伍倾斜。根据2018年颁布的《中共中央 国务院关于全面深化新时代教师队伍建设改革的意见》中的有关规定，要切实采取措施，优化编制结构，向教师队伍倾斜，采取多种形式增加教师总量。可利用政府精简压缩和"事改企"回收的编制，设立中小学教师临时周转编制专户，来增加县域内教师编制总量。第二，要实施城乡校际差异化的核编方式。在确保能够落实城乡统一的教职工编制标准的基础上，照顾到乡村学校的特殊性，如乡村小规模学校、寄宿制学校等，并对其给予适当倾斜。对于乡村小规模学校，按照生师比与班师比相结合的方式核定编制；对于寄宿制学校，应根据教学、管理实际需要，通过统筹现有编制资源、加大调剂力度等方式适当增加编制。第三，贯彻落实基本编制和附加编制相结合的双轨道配置模式。教师需要有一定的时间参加培训和交流来提升自身的专业知识和技能。随着"全面三孩"政策的推行，小学教师群体中为数众多的女教师也可能因扎堆生育而大规模请产假。还有其他许多不可预料的病假、事假等，都有可能导致乡村小学教师临时缺位，这些因特殊情况造成的岗位空缺需要通过设置附加编制来解决。

最后，健全编制管理与监督制度。一项政策如果没有严格的管理与监督制度，就容易流于形式，不能得到很好的实施。目前，我国教师编制管理与监督制度还存在一些有待健全的地方，例如，一些地方政府根据自身财力而非教育实际需要核定使用教师编制，导致"有编不补"或大量使用代课教师等情况；在编不在岗人员挤占教师编制；附加编制执行不到位，失去应有的调节功能；教师编制核定滞后、周期过长、随意性大等。这些做法使教师编制资源不能得到充分、合理的利用，也影响了教师的及时补充。因此，应建立各级政府的编制管理工作报告、督查与问责制度，成立省、市、县三级编制管理与督察小组，采取定时检查和不定时抽查相结合的方式了解各县教师编制的使用情况，及时发现不符合编制配置制度的行为，防止在编不在岗、有编不补以及挤占挪用教师编制等行为的发生，并追究相关负责单位和人员的责任，严肃处理。

---

① 刘善槐. 我国农村教师编制结构优化研究[J]. 教育研究，2016，37（4）：81-88.

三、教师培养供给侧结构性改革将成为乡村小学教师补充的重要方向

"供给侧结构性改革"最先是在经济学领域使用的概念，意指从供给侧入手针对需求侧诉求而推行的改革。当前我国教师培养存在"产能过剩"与有效供给不足并存的问题，教师教育机构很难为乡村小学提供扎根乡村、安心从教的高质量、专门化教师。2018年，《中共中央　国务院关于全面深化新时代教师队伍建设改革的意见》明确提出，要推进教师培养供给侧结构性改革；鼓励地方政府和相关院校因地制宜采取定向招生、定向培养、定期服务等方式，为乡村学校及教学点培养"一专多能"教师，优先满足老少边穷地区教师补充需要。根据这一精神，我国乡村小学教师培养与补充要在定向招生与分配、定向培养，以及"一专多能"、多学科培养等方面下功夫。

第一，定向招生与分配。研究表明，只有那些来自乡村或者对乡村教育感兴趣的人才会积极选择到乡村地区任教。[①]中国有安土重迁的传统，乡村地区一般待遇和条件较差，如果再加上离土离乡，远离亲人，很容易摧毁乡村教师坚守乡村的信念。乡村教师培养采取"从哪来到哪去"的定向招生与分配方法，有利于乡村小学教师候选人长期服务乡村、扎根乡村。在具体操作上，每年可由县（区）教育局会同财政部门、人社部门、编制部门等，根据当地乡村小学用人需求和教师编制情况，提出本县（区）下一年的需求计划，然后逐级上报，最后由省（区、市）教育主管部门会同省（区、市）财政部门、人社部门、编制部门等共同审核，下达各设岗县（区）的定向招生配额。设岗县（区）对当年报名参加中考或高考的学生进行资格审查和面试初选。通过初选的考生与设岗县（区）政府和拟录取的定点院校共同签订定向培养和定向就业协议，承诺毕业后到设岗县（区）乡村小学服务若干年。[②]考生上学期间的学费由政府承担，并能享受一定数额的生活补助，考生毕业到岗后获得国家事业编制。

第二，定向培养。教育总是在某种场域内发生的，需要特定的经验基础，不能脱离学生已有的经验而独立开展。因此，定向培养不只是就业意义上的"去向培养"，更是教学意义上的"本土培养"。"本土培养"要基于当地乡村的人文、自然、产业优势，实施"场地"本位的教师教育，针对本地存在的具体教育问题，培养能

---

① Roberts P. Staffing an Empty Schoolhouse: Attracting and Retaining Teachers in Rural, Remote and Isolated Communities[R]. Sydney: NSW Teachers Federation.

② 庞丽娟，金志峰，吕武. 全科教师本土化定向培养——乡村小学教师补充的现实路径探析[J]. 教师教育研究，2017，29（6）：41-46.

够适应当地环境的教师。因为本土环境不仅蕴含着当地儿童的已有经验，更是儿童新经验生成的生活源泉和社会基础。①许多城市优秀教师到乡村任教出现"水土不服"的现象说明了本土培养的重要性。基于此，师资培养定点院校要设置一定比例的乡土知识和乡村文化方面的课程，并开展地方全方位体验活动，为教师更好地融入乡村社会和乡村小学，开展高质量教学奠定良好基础。

第三，"一专多能"，多学科培养。分科好还是多科好不能一概而论。对于低龄儿童来说，他们的世界更多地是整体的和未分化的，并具有发展的无限可能性。因此，对于小学特别是小学低年级段，多科综合教学比分科教学对学生发展更有利。除此之外，乡村小规模学校的大量存在，也使得多学科教学比完全的分科教学更能节约教师数量，减轻政府的财政供养压力。在以县级政府为主承担教师工资的财政体制下，过多地为县级乡村小学配置教师较难实现。为保证满足国家规定的课程"开齐开足开好"的要求，实施多科教学成为一种最佳选择。"一专多能"的多学科教师培养，要求在大学的课程设计方面，针对乡村学校的实际需求和学生的兴趣特点，探索"语文+社会+艺术""数学+科学+体育""语文+数学+X"等多组合的学科模块课程，同时加强"班主任工作+儿童心理学+课程教学论"等教育必修课程②，使学生在"专"与"多能"方面更具多样性和灵活性，以更好满足乡村小学的多元化需求，同时也能满足小学高年级阶段相对分科的教学需求，从而更有利于学生从小学向初中的过渡。

四、完善多元化的补充渠道

（一）编制内与编制外相结合

未来乡村小学教师补充主要在编制体制框架内进行，主要是为了保障义务教育的公益属性和公办中小学教师的公共属性，但这并不意味着所有的教师补充都必须通过编制来解决。如果通过编制调节仍不能满足乡村小学教师的补充需求，应该适度发挥市场和社会力量在教师资源配置中的作用，并将其作为乡村小学教师补充的辅助手段。这些编制外的辅助手段包括如下几种：购买学校工勤服务，腾出工勤人员所占编制以补充专任教师；采用岗位聘任制的方式招聘非在编教师；邀请公益人士开设特色课程；扶持民办教育，以补充公办学校教师的不足；等等。

---

① 邬志辉. 小学多科教师培养势在必行[N]. 中国教育报，2015-11-17（005）.
② 邬志辉. 小学多科教师培养势在必行[N]. 中国教育报，2015-11-17（005）.

（二）增量补充与存量补充相结合

2018 年颁布的《中共中央 国务院关于全面深化新时代教师队伍建设改革的意见》提出，要"根据教育发展需要，在现有编制总量内，统筹考虑、合理核定教职工编制，盘活事业编制存量，优化编制结构，向教师队伍倾斜，采取多种形式增加教师总量，优先保障教育发展需要"。这体现了国家事业编制向教师队伍倾斜的"增量"思维，是中小学教师编制管理具有划时代意义的重大进步。[①]但是在国家严控编制总量的总基调下，乡村小学教师增量补充数量毕竟有限。因此，还需要盘活教师编制存量，实行教职工编制城乡、区域统筹和动态管理等存量方面的改革；将教师"县管校聘"政策与编制配置制度妥善结合，形成县域大编制氛围；采取区域一体化管理、定期交流、跨校竞聘、教师走教支教、返聘优秀退休教师等多种途径，引导在职和退休优秀教师到乡村学校任教。这样可以有效缓解乡村学校优秀教师不足和艺体等部分学科教师缺乏的问题。

（三）定向培养（分配）与公开招考、专项项目相结合

进入 21 世纪以来，我国已建立起公开招考与专项项目并存的乡村教师补充体系。但是，乡村小学教师补充数量不足、能力欠缺、人员不稳、结构失衡问题依然没有得到根本解决。考虑到职业吸引力不足和乡村小学规模普遍偏小的现实，未来乡村小学教师补充应该优化和完善本土化多学科教师定向培养（分配）政策，并将其作为乡村小学教师补充的主要渠道[②]，同时，还应该完善已有的公开招考制度和各专项项目，采取多种途径吸引优秀人才到乡村小学任教。

五、"三区三州"乡村小学教师补充的特殊支持政策

对于"三区三州"等地区来说，应全面考虑民族地区特殊情况、教育脱贫攻坚和人口政策等因素的影响，统筹考虑、科学核定教职工编制，采取多种补充形式来满足乡村小学教师的需求。[③]除上述所谈到的改革思路和措施以外，还应从以下几个方面着力。第一，继续加大中央统筹安排力度。针对"三区三州"地区经济社会

---

① 邬志辉，陈昌盛. 我国义务教育阶段教师编制供求矛盾及改革思路[J]. 教育研究，2018，39（8）：88-100.

② 庞丽娟，金志峰，吕武. 全科教师本土化定向培养——乡村小学教师补充的现实路径探析[J]. 教师教育研究，2017，29（6）：41-46.

③ 李廷洲，郅庭瑾. 大力加强"三区三州"教师队伍建设[N]. 人民日报，2018-11-04（005）.

发展水平不高、财政自给能力有限的情况，应通过中央强有力的转移支付来保障"三区三州"乡村教师补充数量和质量的双重改观。第二，坚持把本土化教师培养和招聘作为乡村小学教师补充的主要方式。教师补充的本土化对于"三区三州"乡村小学教师数量稳定和质量提高尤为重要。一方面，要扩大"三区三州"乡村小学教师定向培养规模，特别要加大民族地区双语教师定向培养力度。另一方面，中央乡村教师"特岗计划"名额分配要更多地向"三区三州"倾斜，鼓励开展地方乡村教师"特岗计划"，为"三区三州"乡村小学提供更多师资。第三，在生活和医疗上，要特别加强对乡村小学教师的关怀与保护。针对"三区三州"环境恶劣、生活条件艰苦、高原地区教师易患高原性疾病等情况，应与当地医疗机构合作，选派优秀医生到学校出诊，为乡村教师提供必要的医疗支持。实施高海拔地区乡村学校供氧工程，为学校提供充足的供氧设备，减少教师高原性疾病的发生。同时，在海拔相对较低、条件相对较好的县（市），集中建设从高海拔到低海拔的过渡性教师居所，以保证这部分教师退休后能安享晚年。

第五章 教师管理政策与城乡教师编制存量改革

在国家严格控制编制总量和财政供养人口只减不增这一政策的要求下，通过增量改革来解决城乡教师编制"双短缺"问题的制度空间不大。因此，教师编制供需矛盾问题不能只从补充政策，即入口出发来解决，还要着眼于教师入职后管理这一环节，通过盘活存量，采取教师交流轮岗、跨区域调剂教师编制等措施来实现教师资源的最优化配置。

第一节 "县管校聘"体制下教师交流轮岗的机制建构

良好的制度设计既需要体制依托，也需要机制支撑。体制是工作框架，机制是工作方法。2014 年，教育部、财政部等部门发布《关于推进县（区）域内义务教育学校校长教师交流轮岗的意见》，提出力争用 3—5 年时间实现县（区）域内校长教师交流轮岗的制度化、常态化。为了打破教师交流轮岗的管理体制障碍，该文件明确了"县管校聘"的改革方向。2020 年的中央一号文件，即《中共中央 国务院关于抓好"三农"领域重点工作确保如期实现全面小康的意见》又提出，要全面推行义务教育阶段教师"县管校聘"，有计划安排县城学校教师到乡村支教。"县管校聘"作为教师交流轮岗的体制框架，还有许多机制问题需要解决，如"县管"怎么管、交流轮岗教师人选如何确定、教师交流轮岗的积极性如何提高、交流轮岗教师如何高效开展工作等。只有重视后续的机制建设，才能切实推动县域内教师交流轮岗政策的实施。

一、"县管"怎么管？——部门横向协调机制

（一）传统"校管"体制下协调主体的缺失

为了与将要全面推行的"县管"体制相区别，我们习惯把传统的中小学教师管理模式称为"校管"模式。虽然称为"校管"模式，但是学校只是对教师的日常工作和业务进行管理，并不具有真正完整地管理教师的权力。每所学校教师的编制、岗位、工资等实际管理权限都掌握在县级编办、人社局和财政局等部门。即使教师在教育系统内部不同学校之间调动，教育部门也无此权限，必须经县级编办、人社局、财政局等部门审核同意才能实行。因此，教师"校管"模式只是传统"单位制"

管理制度在学校的体现，是县级编办、人社局、财政局等部门依托单位制"在学校"而非"由学校"的管理。正是因为这个原因，有文章提到，在"以县为主"的义务教育管理体制下，各地对教师的管理已经是"县管校用"，县里相关部门负责教师的人事档案和人员调动等事务，学校则对教师的日常工作进行考核和管理。因此，国家提出的"县管校聘"政策和以往相比并没有什么本质不同。①这种观点虽然不完全正确，却指出了一个非常重要的问题，那就是教师交流轮岗县级各部门的横向协调非常重要，如果不注意解决这个问题，"校管"体制下遇到阻碍的教师交流轮岗制度在"县管"体制下同样也会遇到阻碍。

（二）"县管"体制下各部门如何横向协调

中小学教师管理涉及多个部门，教师编制、工资、人事、教育教学等方面的管理职能分布在县级编办、财政局、人社局和教育局等多个不同的行政机构。"县管校聘"作为未来教师交流轮岗的体制框架，就是要改变以往教师交流轮岗中人动而编制、人事、工资关系等继续保留在原学校不动的情况，实行县级层面的统一管理。因此，"县管"体制下教师交流轮岗需要对这些不同职能部门的工作业务进行协调。这不仅涉及各县级相关职能部门对教师管理的分工协作，还涉及各职能部门内部对教师的管理业务和对其他事务的管理业务之间关系的协调。一般来说，机构管理分工和职责划分同时也伴随着权力和资源的分配，对各部门及部门内部机构而言都非常重要。也就是说，不同部门及其内部机构之间都有着各自不同的职责和利益立场，这种职责和利益立场的不同必然会带来不同部门及其内部机构之间的协调困难，导致改革协调成本的增加。如果不能很好地进行机制设计，各部门、机构有可能缺乏大局观，产生各自为政甚至互相推诿的现象。

从"县管校聘"改革实际来看，"县管"这一政策表述本身也比较笼统，没有说明"县"包括哪些部门，即谁来管，也没有清楚说明各自管什么，更没有明确怎么通过协调，实现各部门、机构的横向一体化管理。改革和政策表述的模糊性使得各部门、机构之间的协调工作开展起来较为困难，如果不重视这个问题并进行恰当的机制设计，"县管校聘"制度改革将会遇到很大困难。

根据教育部、财政部等部门发布的《关于推进县（区）域内义务教育学校校长教师交流轮岗的意见》，县教育局主要负责校长、教师交流轮岗实施办法的制定，并对相关工作进行指导和协调。然而，义务教育教师交流轮岗是一项系统工作，涉

① 郑茵中. 福建省义务教育教师"县管校用"政策实施情况的调研报告[J]. 福建教育学院学报，2010，11（4）：57-62.

及周转房、编制管理、岗位设置、职称评聘、交流补贴、人事关系挂靠等许多方面，相关的"县管"部门则包括县级编办、发展改革委、住房和城乡建设局、财政局、人社局等。虽然国家规定教育部门为指导和协调主体，但在其他主要职能部门都有各自部门职责和利益的情况下，教育局作为平级单位很难对他们进行指导和协调，由此造成工作效率较低，完成这项工作任务举步维艰。①怎样才能解决平级部门之间的工作协调问题呢？有学者经过研究发现，县教育局在开展相关工作时，如果能有上级部门或领导，如县长、主管副县长等牵头作为协调人，将大大有助于工作的顺利开展。②有鉴于此，各地区可根据国家相关政策，在明确县级各部门职责的前提下，成立由县级编办、教育局、人社局、财政局等部门联合组成的教师管理服务中心，统一负责本县教师交流轮岗的各项工作。为了便于统筹、协调，该中心可附设在县教育局当中，县长或主管副县长担任主任，县教育局局长担任副主任，负责该中心日常事务的管理。具体来说，教师管理服务中心的工作包括如下方面：在编制部门核拨的教师编制总量内，统一配置和使用全县教师资源，并会同其他部门，在编制及增人计划内招聘新教师；根据岗位结构比例和设置标准，在县级层面统一考核、统一聘用，兑现相应待遇；完善能进能退、定期流动的教师集中管理制度，激发教师工作活力，达到县域内学校间师资配置的大体均衡；针对乡村学校音乐、美术等部分学科教师缺乏的现象，考虑各种实际情况，在县域范围内统一调配解决。

二、交流轮岗教师人选如何确定？——科学合理的遴选机制

（一）交流轮岗教师遴选须考虑的两个方面

对于教师交流轮岗人选的确定，必须考虑两个方面：一是遴选出来的教师是否有助于教师交流轮岗政策目标的实现；二是遴选程序是否公平公正。这两个方面是紧密联系的，前者是遴选的直接目的，后者是遴选的主要途径。

从第一个方面来看，根据教育部、财政部等部门发布的《关于推进县（区）域内义务教育学校校长教师交流轮岗的意见》，校长教师交流轮岗是加强农村学校、薄弱学校校长教师补充配备，破解择校难题，促进教育公平，推进义务教育均衡发展的重要举措。因此，交流轮岗教师的遴选不是随机的，应该有一定数量、质量、学科等方面的要求。但从现实情况来看，教师的遴选原则较为笼统，只是

---

① 李潮海，徐文娜. 校长教师交流的困境分析与实践建构[J]. 中国教育学刊，2015（1）：16-19.

② 姜超. 教师交流政策执行嵌入在什么关系中？——基于天增县的田野考察[J]. 教育学术月刊，2019（5）：54-62.

对城镇学校、优质学校的教师交流比例和骨干教师的交流比例有一定要求，很少综合考虑教师的学科、知识、能力、经验、性格、年龄等因素。由于标准模糊和选派的随机性，交流轮岗教师并不一定是接收学校所需要和认可的教师。中国教育科学研究院对 11 867 位校长的调查结果显示，有 72.7% 的校长认为交流来的教师并非所需，甚至还有 22.9% 的校长认为教师交流扰乱了学校正常的教学活动。①

从第二个方面来看，对大部分教师来说，交流轮岗意味着工作距离变化，交通、时间等方面成本增加，交流轮岗并不是优先或自愿选项。根据以往的调查数据，部分地区有 37.8% 的教师几乎没有交流轮岗意愿，累计 80.7% 的教师的交流轮岗意愿强度在中等以下。②基于此，交流轮岗教师的遴选程序必须是公平、公正、公开的，否则就会让教师产生不公平感，进而影响教师交流轮岗政策的执行和实施效果。从现实情况来看，当前交流轮岗教师的遴选权在学校。一般程序是学校根据县教育局下发的任务，由本校校长来确定参加交流轮岗教师的人选。在这种情况下，派出学校从自身利益着想，经常会挑选那些教学水平低或不满意的教师，即让"校聘"落选的教师参加交流轮岗。即使有一部分自愿申请交流轮岗的教师，也可能是基于功利性目的，或者因为交流学校的工作量较少，工作压力小，或者是为了获得交流经历以尽快评上职称等。出于这种目的而遴选出的交流轮岗教师可能无法满足接收学校的需求。③更有甚者，一些地区的教师交流轮岗制度竟演变成某些学校惩罚教师的手段，当一些教师的工作和行为不被学校认可或达不到学校的要求时，学校就将他们交流到其他学校，以此进行警示和惩罚。④这不仅达不到政策设计的初衷，还会让部分教师对交流轮岗制度产生怀疑。

（二）交流轮岗教师遴选机制的建构

针对交流轮岗教师遴选的第一个方面，即遴选出来的教师是否有助于教师交流轮岗政策目标的实现，除了需要考虑数量和交流比例等因素，各地教育部门还需要根据派出学校和接收学校的情况审慎地开展遴选工作，确保遴选出的交流轮岗教师能发挥应有的政策效力。为此，遴选出的交流轮岗教师应至少具备以下条件：有足够的专业知识、专业技能；具备一定的领导能力；有奉献精神，能为促进教育公平

①　李凌，阳锡叶，宋晓敏. 教师交流制度化要跨几道坎[N]. 中国教育报，2014-01-20（003）.
②　王艳玲. 云南省县域内教师交流轮岗意愿调查：基于3115 份数据的分析[J]. 教师教育研究，2020，32（2）：95-101.
③　王海纳. 教师"县管校用"政策执行研究——以 S 省 P 县为例[D]. 长春：东北师范大学，2016.
④　叶飞. 城乡教师交流的"异化"及其对策分析[J]. 中国教育学刊，2012（6）：17-20.

做出贡献。①同时，为了破解择校难题，促进教育公平，推进城乡义务教育均衡发展，各地教育部门还应让城镇优质学校多派出优秀骨干教师支援乡村学校。同时，针对乡村学校尤其是小规模学校教师"超编缺员"问题，为了满足乡村学校课程"开齐开足开好"的需求，选派交流轮岗教师时还需要考虑教师的学科结构。

针对交流轮岗教师遴选的第二个方面，即遴选程序是否公平公正，具体的遴选机制和程序应满足以下几个方面的要求。第一，强调全员交流轮岗。古语有云，"不患寡而患不均"（《论语·季民》），如果只是部分教师参与交流轮岗，有可能使得交流轮岗教师产生不公平感，从而加重这些教师的抵触心理，也可能让尚未参加交流轮岗的教师产生侥幸心理和投机心理，想尽办法逃避交流轮岗，这将给交流轮岗政策带来非常大的负面影响，加大这一政策的执行阻力。全员交流轮岗可以最大限度地增强教师的公平感，减少教师个体的观望、侥幸心理和抵触情绪。即使不是全体教师同时进行而是分批进行交流轮岗，管理部门和学校也要把相关精神传达到位并严格实行。第二，确定遴选执行主体。目前，大部分地区的做法是由学校作为交流轮岗教师的遴选主体，这种情况很难彻底打破学校本位的体制框架，与"县管校聘"的本意是不符合的。在以往教师属于"学校人"时期，《中华人民共和国教师法》规定，由学校和教师签订聘任合同，学校对教师进行自主管理。但在"系统人"框架下，需要重新厘定县（区）教育部门和学校对教师的管理权限，切实做到"县管校聘"。具体来说，由县（区）教育部门而非学校同教师签订聘任合同，确定各自的责任和权利，教师依据合同规定完成教育教学、交流等职责；学校作为承担教育教学任务的专业组织，在"县管校聘"改革实践中，主要对教师进行教育教学方面的业务管理。学校通过日常管理和专业评价获得教师在教育教学方面的表现资料，县（区）教育部门通过这些信息对教师进行人事管理，决定教师的升职、交流、轮岗、转岗或辞退。②因此，"县管校聘"在一定意义上也可以称为"县聘校管"，即县级教育主管部门是教师交流轮岗的决策统筹主体，学校是具体的辅助执行主体。第三，明确遴选标准与程序。目前，在交流轮岗教师的遴选标准方面，根据国家政策规定，在同一所学校连续任教达到地方教育行政部门规定年限的专任教师均应轮岗，并且骨干教师交流轮岗应不低于交流总数的20%。③显然，只以在同一学校连

① 叶菊艳，卢乃桂．"能量理论"视域下校长教师轮岗交流政策实施的思考[J]．教育研究，2016，37（1）：55-62．

② 操太圣，卢乃桂．"县管校聘"模式下的轮岗教师管理审思[J]．教育研究，2018，39（2）：58-63．

③ 教育部等三部委就印发校长教师交流轮岗文件答问[EB/OL]．（2014-09-02）．https://www.gov.cn/xinwen/2014/09/02/content_2743993.htm[2024-08-10]．

续任教年限和骨干教师比例作为遴选标准是不够的。因此，在"县管校聘"体制下，县级教育主管部门要根据教师交流轮岗政策的目标，在尊重学校、教师意愿和需求的基础上，按照地域靠近、人岗相适、专业接近等原则，综合考虑学科、职称、年龄、性别等因素，把握好每年教师交流轮岗的"流量"和"流向"，在全县范围内对教师进行科学调配和合理安排。①通过教师队伍在空间上的重新安排与优化组合，达到以交流促发展、以交流增活力、以交流保均衡的目标，实现相关利益主体的多方共赢。

三、教师交流轮岗的积极性如何提高？——补偿激励机制

（一）教师交流轮岗需要考虑教师的积极性

从理想的制度设计来看，城乡教师交流轮岗制度应以教师的自愿性为基本原则。②如果教师交流轮岗是基于强制而非自愿的，必然或多或少地会影响教师的心态和工作积极性，从而影响交流轮岗的效果。按照福利经济学的观点，城乡教师交流轮岗政策的直接目标是让师资配置从初始的市场均衡状态转变为以公平为导向的新均衡状态，进而通过师资配置的均衡来达到教育公平提升的政策效益。与政策效益相伴而生的是政策成本，从微观视角来看，教师是交流轮岗政策的最终执行者，受政策的影响最大、最直接。对于多数教师来说，交流轮岗意味着工作地点的变化，这可能对教师的工作、家庭生活甚至工资福利等产生负面影响。③教师是通过竞争的劳动力市场进入教育行业的，是具有独立利益的市场主体。在政策成本由教师个体承担的情况下，教师可能不会主动选择到其他学校进行交流轮岗。因此，政策的制定和执行应以教师利益为基础，其实施应以教师意愿为原则。④为了做到这一点，政府需要主动承担相应的政策成本，通过建立教师交流轮岗的补偿激励机制，提高教师交流轮岗的积极性。

虽然许多研究指出教师交流轮岗制度中补偿激励机制的重要性⑤，但是，在我

---

① 操太圣，卢乃桂."县管校聘"模式下的轮岗教师管理审思[J]. 教育研究，2018，39（2）：58-63.

② 叶飞. 城乡教师交流的"异化"及其对策分析[J]. 中国教育学刊，2012（6）：17-20.

③ 全世文. 教师交流轮岗制度的政策成本估算——基于对河南省城镇教师的调查[J]. 教育与经济，2018（5）：73-81.

④ 范文卿. 县管校聘教师流动政策的实施困境与破解路径[J]. 教学与管理，2020（1）：9-11.

⑤ 司晓宏，杨令平. 西部县域校长教师交流轮岗政策执行中的问题与对策[J]. 教育研究，2015，36（8）：74-80.

国城乡教师交流轮岗的实践中，教师需求和利益在一定程度上未受到充分重视。各地普遍采用行政指令的方式设计相关政策，较少考虑教师的实际情况和主体意愿；更多强调教师交流轮岗的道德责任，忽略对教师内外在动力的激发；采用"一刀切"的方式推行政策，缺乏必要的配套和保障措施。[①]交流轮岗教师因行政命令被迫参与流动，较少获得物质和专业发展方面的补偿，因而教师对交流轮岗的积极性及交流轮岗的最终效果会受到影响。已有研究显示，教师面对交流轮岗所带来的损失有一个最低受偿意愿，在建立补偿激励机制的过程中，只有补偿标准大于等于这个最低受偿意愿，才能保证教师在政策参与中的积极性。[②]《关于推进县（区）域内义务教育学校校长教师交流轮岗的意见》明确指出，要在编制核定、岗位设置、职务（职称）晋升、聘用管理、业绩考核、培养培训、评优表彰等方面制定优惠政策，激发校长和教师参与交流轮岗的积极性与主动性。但是，根据相关研究，一些地区乡村教师补助标准大幅低于城镇教师到乡村学校交流轮岗的平均受偿意愿数额，这导致多数城镇教师不愿意到乡村学校交流轮岗。对于乡村教师来说，如果交流轮岗不能带来诸如离家更近、上班更方便等方面的便利，他们往往会特别关注交流轮岗补偿数额的多少。职称晋升和评优表彰等专业或荣誉方面的激励虽然可以降低教师参与交流轮岗的期待补助数额，却不能完全替代货币补助。[③]

（二）补偿激励机制的建构

交流轮岗教师的补偿标准应该考虑两个方面的因素：一是交流轮岗所导致的各方面成本的上升；二是交流轮岗所引起的教师显性或隐性福利的减少。具体包括如下因素：学校地点变化所引起的工作、交通、生活等方面成本的上升；学校经济社会资源不同而导致的收入水平（不仅限于工资收入）的下降；学校知名度和品牌的差异所引起的社会声誉的下降等。[④]基于此，建立教师交流轮岗的补偿激励机制时，要根据轮岗学校的艰苦偏远程度，综合考虑教师的损益情况，给予教师相应的交流轮岗补助。建议采用差异化的激励原则，即交流轮岗学校或地区越艰苦，工作和生活成本越高，教师的损失越大，对教师的补偿也应该相应增加。同时，还应以职称

① 张源源，刘善槐. 县域内教师交流的机制梗阻与政策重建[J]. 中国教育学刊，2016（10）：97-102.

② 全世文. 教师交流轮岗制度的政策成本估算——基于对河南省城镇教师的调查[J]. 教育与经济，2018（5）：73-81.

③ 全世文. 教师交流轮岗制度的政策成本估算——基于对河南省城镇教师的调查[J]. 教育与经济，2018（5）：73-81.

④ 全世文. 教师交流轮岗制度的政策成本估算——基于对河南省城镇教师的调查[J]. 教育与经济，2018（5）：73-81.

晋升和评优表彰等专业或荣誉方面的激励作为经济补偿措施的补充，多管齐下，以提升教师参加交流轮岗的积极性。

在义务教育以县为主的管理体制下，教师的工资福利主要由县级政府承担。因此，县级政府的经济发展水平以及由此决定的财政能力、对教育工作的重视程度决定了交流轮岗教师的补偿经费能否落实到位，进而影响教师交流轮岗政策的实施效果。当前，我国不同地区经济发展水平差距很大，县级政府的财政能力也有很大差别。对于中西部经济发展水平相对较低地区的县级政府，其面临的财政压力较大，在经费支出项目非常多的情况下，教师交流轮岗所需的改革成本和经费难以得到有效保障，因此，在补助资金来源方面，不应由这些地区县级政府完全承担。建议根据不同地区的经济发展水平，准确评估各县级财政的支出能力，遵循积极差异的补偿原则，中央和省级政府按不同比例分担经费。同时，对于政策执行效果好的县（区），中央政府应给予一定数额的奖励资金。

四、交流轮岗教师如何高效开展工作？——工作保障与监督机制

（一）交流轮岗教师的素质发挥有赖于周围环境支持

国家实施"县管校聘"改革，推行教师交流轮岗制度，目的是在县域范围内统筹配置教师资源，达到各校的师资力量相对均衡。但是，这一政策设计暗含了以下前提假设：教师流动一定会伴随着教师素质的流动，教师流动不会带来教师素质的损耗，教师在一所学校的良好业绩同样会在另一所学校兑现。实际上，这一前提假设在政策执行过程中并不一定必然实现。研究证明，教师工作的具体环境会对教师素质发挥及其从事的教育教学活动产生显著影响。[1]教师总是在一定的环境中展开教育教学活动，教师素质在与周围环境的互动过程中形成，同时也在不断影响和塑造着周围环境。因此，教师既是周围环境的创造者，同时也深受周围环境的影响和制约。在某一组织环境中形成的教师素质，到了另一种组织环境是需要调整和重塑的，不然其效率发挥就会打折扣。教师交流轮岗意味着教师工作的场域发生了改变，原来赖以应对组织冲突和问题、保持良好教育教学状态的、熟悉的组织环境发生了改变，教师必然需要一个重新适应和调整的过程。

当前，教师交流轮岗政策设计在一定程度上对周围环境支持对教师素质发展影

---

① 姜超，邬志辉."县管校聘"教师人事制度改革的政策前提与风险[J]. 四川师范大学学报（社会科学版），2015，42（6）：57-62.

响的重视不足，政策着力点更多强调的是教师"身体"和"身份"关系的流动，而较少考虑"教师素质"的同步流动或者在流入校的学校组织环境中的重塑发挥，这可能导致教师交流轮岗政策在落实过程中出现"浅表化"问题。①正因如此，按照现在的政策设计，即使教师能真正流动起来，这些到新的学校任教的教师，特别是骨干教师能否真正融入新学校并发挥领导作用、成为组织变革的积极因子，答案并不确定。②已有研究发现，交流轮岗教师在流入学校素质能量的发挥主要受自身能动性、学校组织环境和区域支持性环境三个方面的影响。③教师主观能动性是教师素质能量能否在流入学校重塑并发挥最大功效的内部因素，教师只有积极主动融入新学校及周边地区的自然、人文环境中，才会主动探索有利于提高新学校教育质量的新知识、新方法、新技巧。从外在因素来看，教师所在学校、教育行政部门也应该创造支持性的环境来促进交流轮岗教师最大限度地发挥其主观能动性，以实现提升区域教育教学质量的目的。为此，教育行政部门和学校须建立促进交流轮岗教师高效开展工作的保障与监督机制，让教育行政部门、学校、教师个人等多方力量形成合力，促使流动教师"人在心也在"，专业素质和能量得以真正在教育系统内顺畅发挥、流动与汇聚。④

（二）完善工作保障与监督机制

在工作保障机制方面，县级有关部门要切实考虑交流轮岗教师可能面临的工作、生活困难，为交流轮岗教师提供周转房，妥善解决交流轮岗教师子女的入学问题等，以消除交流轮岗教师的后顾之忧，让他们安心从教。对于学校来说，要在组织文化、人际关系、专业成长等微观环境方面为交流轮岗教师专心工作与发展提供支持。学校要特别注重文化和能力建设，积极培育开放接纳的学校文化，为交流轮岗教师施展才华提供空间。⑤同时，学校作为专业组织，要强化学习共同体观念，促进交流轮岗教师与学校原有教师的专业合作，共同推动教育教学改革和学校发

---

① 姜超. 教师交流政策执行嵌入在什么关系中？——基于天增县的田野考察[J]. 教育学术月刊，2019（5）：54-62.

② 操太圣，卢乃桂. "县管校聘"模式下的轮岗教师管理审思[J]. 教育研究，2018，39（2）：58-63.

③ 贺文洁，李琼，叶菊艳，等. "人在心也在"：轮岗交流教师的能量发挥效果及其影响因素研究[J]. 教育学报，2019，15（2）：58-65.

④ 贺文洁，李琼，叶菊艳，等. "人在心也在"：轮岗交流教师的能量发挥效果及其影响因素研究[J]. 教育学报，2019，15（2）：58-65.

⑤ 陈贤慧. 教师轮岗交流中问题和改善策略的质性研究——以苏州市直属高中为例[D]. 苏州：苏州大学，2015.

展。①总之，学校层面提供的专业支持和信任有助于促进教师素质能力的发挥，使交流轮岗教师成为流入校可持续发展的重要力量。②具体来说，对于从乡村交流轮岗到城镇学校的教师，接收学校要安排相应的工作岗位，采取多种措施，帮助交流轮岗教师提高业务能力；对于交流轮岗到薄弱学校的优秀教师，接收学校要给予充分信任，帮助他们尽快适应新环境，充分发挥其模范带头作用，以帮助学校获得内在提升。③

　　为了切实保证政府部门和学校把各项保障措施落实到位，同时对教师交流轮岗后的教育教学行为进行评价，还需要加强教师交流轮岗过程及结果的监督机制建设。建议成立由县级教育督导部门牵头、各部门联合开展工作的教师交流轮岗监督评价机构，按照管、办、评分离的原则，制定科学合理的监督评价指标体系，进行全过程、全方位的监测，监测结果主要用于对各部门、学校、个人的奖励和问责。第一，把党政领导干部落实教师交流轮岗工作情况纳入督导考核体系，定期开展对相关工作落实情况的督导检查，督导检查结果作为对党政领导干部奖惩、问责的重要依据。第二，对学校支持交流轮岗教师工作情况进行监督。通过定期调查，了解学校对交流轮岗教师的工作支持情况，并把交流轮岗教师的评价和满意度作为考核所在学校的重要依据。县级政府对教师交流轮岗产生良好效果的学校进行表彰奖励。第三，对教师的教育教学行为进行监督和指导。对交流轮岗教师工作的努力程度和贡献情况给予评价监测，根据交流轮岗教师给所在学校带来的教育教学效益，如改善了课程"开齐开足开好"等状况，给予相应奖励，反之则给予相应处罚。总之，教师交流轮岗政策是一项系统工程，只有政府、学校、教师积极合作、通力配合，才可能把这项工作落实到位，最终实现教育质量均衡发展的目的。

第二节　义务教育教师编制"市域调剂"的障碍与改革思路

　　编制制度是我国义务教育阶段教师人事管理的核心内容之一，直接关系到教师

---

①　操太圣，吴蔚. 从外在支援到内在发展：教师轮岗交流政策的实施重点探析[J]. 全球教育展望，2014，43（2）：95-105.

②　操太圣，卢乃桂. 教师赋权增能：内涵、意义与策略[J]. 课程·教材·教法，2006（10）：78-81.

③　操太圣，卢乃桂. "县管校聘"模式下的轮岗教师管理审思[J]. 教育研究，2018，39（2）：58-63.

配置的数量、质量以及结构，对我国义务教育事业的健康稳定发展具有重要影响。2018 年，《中共中央 国务院关于全面深化新时代教师队伍建设改革的意见》中指出，要"创新编制管理，加大教职工编制统筹配置和跨区域调整力度，省级统筹、市域调剂、以县为主，动态调配"。2019 年，中共中央、国务院印发《中国教育现代化 2035》，强调"加大教职工统筹配置和跨区域调整力度，切实解决教师结构性、阶段性、区域性短缺问题"。因此，必须充分考虑新型城镇化带来的影响，义务教育教师编制制度应在保持管理以县为主的体制框架下，加大省级统筹，进行市域调剂，这成为重要的改革方向。

一、义务教育教师编制"市域调剂"的意义

（一）学龄人口大规模流动的推动

人口流动是城镇化影响城乡义务教育教师编制供需状况的介质。改革开放以来，随着我国城乡经济社会水平差距的拉大，再加上城乡二元分割制度的逐步消解，人口流动越来越频繁，规模也越来越大。进入 20 世纪 90 年代，特别是 21 世纪以来，我国城镇化率迅速提升。在 1999—2023 年这 24 年中，我国的常住人口城镇化率从 30.89%[①]提升到 66.16%[②]，增幅为 35.27 个百分点，平均每年提高超过 1.4 个百分点。按中国 10 多亿的人口基数计算，1.4% 代表的人口在千万级别以上。人口向城镇的不断集聚引发农村过疏化和城镇过密化的人口分布格局，进而对原有的义务教育教师编制配置形成严峻挑战。在农民工随迁子女义务教育"两为主"政策（流入地为主、公办学校为主）的背景下，城镇面临着教育规模扩张的压力，对教师有了更大的需求，受制于地方财力、投资意愿以及国家编制总量只减不增政策等因素的影响，城镇教师编制出现短缺局面；相反，农村由于学龄儿童减少，大量学校被撤并，教师出现富余。但是由于农村小规模学校的普遍存在，课程开足、开齐又成为问题，农村教师出现了超编缺员的现象。

根据教育部历年发布的《全国教育事业发展统计公报》，2010 年之后，全国义务教育阶段在校生中进城务工人员随迁子女每年都在 1000 万人以上。以 2017 年为例，全国义务教育阶段在校生中进城务工人员随迁子女共 1406.63 万人，其中，在

---

① 王萍萍：人口总量有所下降 人口高质量发展取得成效[EB/OL].（2024-01-18）. https://www.stats.gov.cn/xxgk/jd/sjjd2020/202401/t20240118_1946711.html[2024-08-15].

② 国家统计局. 人口数及构成（2-表 1）（1999 年）[EB/OL].（1999-12-09）. https://www.stats.gov.cn/zt_18555/ztsj/hjtjzl/1999/202303/t20230302_1923328.html[2024-08-16].

小学就读 1042.18 万人，在初中就读 364.45 万人。[①]如果按照《中央编办、教育部、财政部关于统一城乡中小学教职工编制标准的通知》中初中 1∶13.5、小学 1∶19 的师生比标准，那么需要城镇地区额外配备将近 82 万名教师。在国家严控编制总量和财政供养人口只减不增这一政策的要求下，想通过编制增量改革来解决这一难题困难巨大，因此，国家开始进行教师编制区域调剂等存量方面的改革。目前，我国在县域内已逐步实行"县管校用"的教师管理制度。面对学龄人口的跨区域流动，如何在更大范围内进行跨县、跨市甚至跨省的教师编制调剂，以解决教师编制供需的"空间错位"问题，成为我国教师编制管理的一大难题。在当前条件下，相较于跨市域和跨省域调剂，进行跨县域的教师编制"市域调剂"更具有可行性。

（二）更高层次教育均衡发展的需要

1986 年，我国开始实行九年义务教育。2000 年，我国初步实现"两基"战略目标，九年义务教育基本得到普及。2011 年，我国全面完成"两基"战略任务，所有省（自治区、直辖市）都通过了国家的"普九"验收。从 1986 年算起，我国用 25 年时间全面普及了城乡义务教育，解决了适龄儿童"有学上"的问题。在学生"有学上"问题得到根本解决以后，义务教育发展面临从"有学上"向"上好学"的战略转型。2010 年，《国家中长期教育改革和发展规划纲要（2010—2020 年）》中指出，均衡发展是义务教育的战略性任务，要率先在县（区）域内实现城乡均衡发展，逐步在更大范围内推进；到 2020 年，全面提高普及水平，全面提高教育质量，基本实现区域内均衡发展。2011 年以后，教育部先后与 31 个省（自治区、直辖市）签订了推进义务教育均衡发展的时间表和路线图，目标是到 2015 年，全国实现义务教育基本均衡发展的县（市、区）所占比例达到 65%；到 2020 年，这一比例提高到 95%。[②]2018 年，根据教育部发布的《2017 年全国义务教育均衡发展督导评估工作报告》，2017 年全国义务教育均衡发展又取得新进展，有 560 个县通过国家督导评估，全国累计数量已达 2379 个县，占全国总数的 81%。[③]也就是说，全国超八成的县（市、区）义务教育发展实现基本均衡。正如《国家中长期教育改革和发展

---

① 2017 年全国教育事业发展统计公报[EB/OL].（2018-07-19）. http://www.moe.gov.cn/jyb_sjzl/sjzl_fztjgb/201807/t20180719_343508.html[2024-08-17].

② 十六大以来教育改革发展成就：义务教育均衡发展[EB/OL].（2012-10-23）. https://www.gov.cn/gzdt/2012-10/23/content_2249668.htm[2024-08-17].

③ 2017 年全国义务教育均衡发展督导评估工作报告[EB/OL].（2018-02-28）. http://www.moe.gov.cn/jyb_xwfb/xw_fbh/moe_2069/xwfbh_2018n/xwfb_20180227/sfcl/201802/t20180227_327990.html[2024-08-17].

规划纲要（2010—2020 年）》中所提出的那样，县（区）域内义务教育均衡发展基本实现以后，要逐步在更大范围内推进。到 2020 年底，全国有 2809 个县通过国家督导认定，占当时全国总县数的 96.8%；到 2021 年底，全国 2895 个县级行政单位均通过了国家督导评估，这是继全面实现"两基"后，我国义务教育发展中的又一重要里程碑。①教师是教育发展的核心要素，此阶段，积极探索义务教育教师编制的跨区域调剂，就成为实现更高层次义务教育均衡发展的现实需求。

（三）规范教师编制管理的需要

目前，我国许多地方教师编制管理与监督制度尚需完善，主要体现在如下方面：为了减少支出，许多地方政府主要根据自身财力而非教育实际需求核定使用教师编制，出现"有编不补"或大量使用代课教师的现象；在编不在岗人员挤占教师岗位，加剧教师编制紧张；附加编制落实不到位，失去应有的调节功能；教师编制核定随意性大，不能如实满足教育需求；等等。教师编制实现"市域调剂"的前提是要摸清全市各区县教师编制使用情况。市级政府可以以此为契机，把对各区县教师编制使用排查工作与教师编制管理、监督制度有机结合起来，及时发现不符合编制配置制度的行为。例如，根据 2019 年的报道，广西壮族自治区全区有超过 60% 的市、县（区）中小学空编率在 5% 以上，其中有 30 个市、县（市、区）的空编率超过 10%。为此，按照"省级统筹、市域调剂、以县为主、动态调配"的基本思路，须在全自治区实行分级统筹调配中小学教职工空余编制机制，以 5% 的空编率为基数，由自治区、市、县三级政府分别对中小学教职工空余编制进行统筹调配。②这些措施将有助于有效遏制有编不补行为的发生，避免教师编制资源浪费。这对于创新和规范教师编制使用和管理、破解编制只减不增与教育事业发展刚性需求之间的矛盾具有重要的现实意义。

二、义务教育教师编制"市域调剂"面临的障碍

（一）编制的"空间性"特征影响教师流动

编制制度是具有中国特色的一种人事制度，是计划经济的产物。1955 年，我国

---

① 全国县域义务教育均衡发展 国家督导评估认定有关情况介绍[EB/OL].（2022-06-21）. http://www.moe.gov.cn/fbh/live/2022/54598/sfcl/202206/t20220621_639114.html[2024-12-01].

② 广西分级统筹调配中小学空余编制[EB/OL].（2019-02-20）. https://www.gov.cn/xinwen/2019-02/20/content_5367153.htm[2024-08-17].

正式提出"事业编制"的概念。①早期的事业编制制度是一种编制、岗位与人员"三位一体"的用人体系，编制一旦使用就意味着单位之中的岗位得到了充实，同时也意味着人的入编入岗。通常情况下，编制不动，人就不能动，编制如果不取消的话，人就可以一直待在本事业单位的岗位上。在此后相当长一段时期内，编制始终是和事业单位捆绑在一起的。编制一经编制部门核定，就一直属于某个事业单位，不会因为人员的变动而变动。换言之，在这样的人事制度下，编制是具有空间性的，或者说是不具有流动性的。②从现阶段义务教育教师编制管理和使用情况来看，教师编制和岗位是核定给学校的，即使调动一名教师，也要申报一次用编进人计划，占一个指标，办一次手续。③因此，从制度上而言，即便城乡或区域之间存在着教师"富余"与"缺乏"并存的空间结构矛盾问题，地方政府也很难通过调整不同区域的义务教育教师编制来实现教师供需的数量平衡。为了打破这种状况，率先在县域内实现义务教育的均衡发展，2015年，教育部在15个省份共设立19个改革示范区，进行义务教育学校教师"县（区）管校聘"试点，并计划于2020年在全国推广。④2018年1月，中共中央、国务院印发《全面深化新时代教师队伍建设改革的意见》，明确提出实行义务教育教师"县管校聘"。"县（区）管校聘"制度将以往固定在学校的教师编制集中到县级有关部门，然后根据全县各所学校对教师数量的不同需求进行统筹调剂。教师编制的"县（区）管校聘"制度，虽然将教职工的身份关系由"学校人"变为"县里人"，但其"空间性"特征并没有完全被打破，只不过是教师职业空间的可调度范围有所扩大。因此，在目前以县为主的教师编制管理体制框架下，"市域调剂"存在制度障碍，需要进一步加大市级政府的教师编制管理权限。

（二）教师编制的"终身性"影响人编分离

为了切实解决进城务工随迁子女的教育问题，在经费投入方面，我国于2015年发布《国务院关于进一步完善城乡义务教育经费保障机制的通知》，规定"两免一补"和生均公用经费基准定额资金随学生流动可携带，即教育经费"钱随生走"原则。那么，教师编制是否也能像教育经费那样实现跟随学生一起流动呢？这就涉及教师编制的"终身性"特征，即人们常说的"铁饭碗"。如前所述，事业编制是

① 韦之. 事业单位机构编制管理的历史沿革[J]. 经济研究参考，1992（Z6）：55-59.
② 陈昌盛. 城镇化背景下城市义务教育供给侧结构性改革研究——基于土地、教师和经费的调查分析[D]. 长春：东北师范大学，2017.
③ 张婷，魏海政. 跳出编制的"框"——山东省教师队伍建设调查[N]. 中国教育报，2017-02-20（001）.
④ 教育部关于确定首批义务教育教师队伍"县管校聘"管理改革示范区的通知[EB/OL].（2015-06-15）. http://www.moe.gov.cn/srcsite/A10/s7151/201507/t20150702_192188.html[2024-08-17].

与岗位、人合为一体、很难分离的，对于单位中的个人来说，一旦获得了编制，除非个人主动放弃或者触及某些底线条款，否则是无法被裁撤的，这就是编制的终身性。[①]所以，在探讨教师编制区域调剂时需要区分两种情况，即富余（空闲）编制和富余教师。在许多农村地区，富余教师比富余（空闲）编制更为普遍，规模也更大。进入 21 世纪以来，由于城镇化的快速推进和人口的自然减少，县级政府进行了大规模的中小学撤并工作。学校撤并的最直接后果是学校数量和班级数量大幅减少，而教师数量保持不变。在此情况下，农村地区中小学的师班比、师校比会发生较大变化。以 3 所体量相同的小规模学校为例，每校都拥有学生 60 名、班级 6 个，为了满足正常的教育教学需求，每校配备 5 名教师。三所学校合并以后，新合并的学校拥有学生 180 名、教师 15 名，班级数量没有变化，还是 6 个。然而新合并的学校教师数量增加了 2 倍，但以班级为单位开展的课堂教学工作量却没有相应增加。因此，按照以前的工作量来分配和使用教师，就会出现很大比例教师富余的现象。[②]在不考虑编制的空间属地性等制约的情况下，在操作上，富余（空闲）教师编制确实可以实现跟随学生一起流动。但现实情况往往是某地区有富余教师但无富余（空闲）编制，在入职教师人编不能分离的情况下，想要实现人编一起跨县域流动几乎不可能。

（三）教师编制的地方保护造成编制调配困难

一方面，编制作为一种十分珍贵的资源，是地方教育部门招聘教师的依据。编制制度源于计划经济时期，是基于当时国际冲突不断、缺乏稳定的经济社会环境，用编制体系之网将人、财、物等资源固定在每一个单位网格之中。早期这样的制度设计与安排在某种意义上阻断了事业单位中各类人才的流动性。也就是说，编制一旦核定并审批完毕，就完全归当地政府支配并管理，在编制核定周期内，任何组织和个人不得擅自调动编制资源。[③]在这种制度的长期实施下，各级地方政府及其所属单位逐渐形成了所核定的编制"属于我"的观念，其他政府及其所属单位是不能随意调用别人的编制资源的。

另一方面，部分区县之所以出现教师编制有编不补或者是空编率过高的情况，

① 陈昌盛. 城镇化背景下城市义务教育供给侧结构性改革研究——基于土地、教师和经费的调查分析[D]. 长春：东北师范大学，2017.

② 赵忠平，秦玉友. 学校布局调整背景下农村富余教师安置政策研究[J]. 四川师范大学学报（社会科学版），2013，40（5）：76-80.

③ 陈昌盛. 城镇化背景下城市义务教育供给侧结构性改革研究——基于土地、教师和经费的调查分析[D]. 长春：东北师范大学，2017.

并不是因为当地教师数量真正充足。因为对于任何地区的教育来说，教师充足都是相对的，很难达到真正意义上的绝对富余。教师空编现象之所以会出现，主要是因为在我国以县为主的义务教育管理体制下，教师工资主要由县级政府来承担，多使用一个编制意味着多增加一份投入。而我国县级政府财力普遍较弱，不得已只能通过减少教育支出来维持收支平衡。部分县级政府往往根据自身的财政能力而非教育教学的实际需求情况来使用县域核定的教师编制，满足于教师够用而非充足。在教师编制"市域调剂"的实施过程中，可能出现这样的问题：对于县级政府来说，编制是核定给他们的，在他们的传统观念里，编制的使用权就属于他们。他们现在不使用教师编制，不意味着以后也不使用，一旦财力允许，他们就会使用教师编制来补充新师资，而且，他们也会以预留机动编制为理由反对教师编制被拿走。在一些教师编制"市域调剂"的试点地区，这一矛盾已经有所显露，教师编制被调出县的教育局明确提出了反对。①

三、义务教育教师编制"市域调剂"的改革思路

（一）改革教师编制管理体制，理清权责

改革教师编制管理体制，理清政府各层级各部门权责是有效实施教师编制"市域调剂"的基础，可以从横向和纵向两个方面展开。从横向来说，就是明确编制部门、教育部门、人社部门、财政部门的职责。编制部门主要负责牵头协调，进行编制分配与调整，编制使用计划审批与教职工实名登记备案等工作；教育部门主要根据国家教职工编制标准科学合理地提出编制使用计划；人社部门主要负责中小学教职工的岗位结构、人员调配、工资审核、养老保险等工作；财政部门主要负责中小学校经费核拨等工作。从纵向来说，就是处理好省、市、县三级政府之间的关系。省级政府及相关部门要从严从紧控制中小学教职工编制总量；市级政府及相关部门统筹管理本区域内的教师编制，按标准将其调剂、分配到各县（市、区）；县级政府及相关部门在本区域内自主使用所核定的中小学教职工编制资源。

（二）科学合理核定各地教师编制，精准掌握教师编制余缺情况

严格落实城乡统一的中小学教职工编制标准，将镇区、乡村中小学教职工编制标准和城市统一，即初中为 $1:13.5$、小学为 $1:19$。各市、县（区）要按照统一的

---

① 阳锡叶. 教师编制随生源流动是否可行[J]. 辽宁教育，2016（10X）：11-13.

教职工编制标准,重新核算本地义务教育教职工编制数,确定本地区教师编制的"短缺"与"富余"情况。核算教师编制时,教师编制要向农村中小学倾斜。对于学生人数较少的村小和教学点,按照班师比与生师比相结合的办法核算教职工编制,确保班均配备教师不少于 1 名,教学点配备教师不少于 2 名。对于农村寄宿制学校,应核定一定数量的生活教师编制。重新核编的目的就是精准掌握各地教师编制的"短缺"与"富余"情况,对"短缺"的地区要给予补充,对"富余"的地区要按照一定比例加以回收,统一纳入市级政府教师编制临时周转专户,由市级政府在全市范围内统筹调剂。

（三）建立教师编制临时周转专户，形成教师编制动态调整机制

学生数量与分布、学校规模和数量都是动态变化的,有时候这种变化非常迅速,因此必须建立市域一体、城乡统筹、余缺调剂、周转使用的中小学教师编制动态调整机制。市级政府编制部门应按学年对全市中小学教职工编制进行动态调整,及时核定和回收空闲编制,利用市级政府教师编制临时周转专户,把闲置不用的空余编制集中起来,及时向缺编区域和学校精准投放,实时调控。可以采取如下途径建立市级政府教师编制临时周转专户。首先,利用省、市、县（区）三级政府精简压缩编制,在保障职工利益的前提下,加快推进经营性事业单位转企改制回收编制,将其纳入市级中小学教师编制临时周转专户。其次,在市级范围内回收辖区内中小学教职工空编率较高县（区）的部分教师编制,并对其进行统筹调配。例如,有些省（自治区、直辖市）规定,空编率在 5%以下的,空余编制由市、县（区）在本级管辖范围内自行统筹调配使用;空编率高于 5%的,高出部分统一划归设区市管理,由设区市根据市本级及所辖县（市、区）中小学校教育教学工作开展需要,在市域范围内跨区域统筹调配使用。[①]各地区可以根据实际情况自行制定回收空编比例。再次,妥善安置富余教师,实现人编分离。针对在职富余教师"人编合一"不能跨区域调动和回收编制的状况,可以在征得教师本人同意的基础上,采取买断、提前退休等方式腾出部分教师编制。最后,采取教师编制配备和购买工勤服务相结合的方式,大力优化编制使用结构。能由社会提供的学校工勤服务等可以采取政府购买服务的方式供给,进一步压缩非教学人员所占编制数量,将宝贵的编制资源更多地用于教师队伍建设。

① 我区试行分级统筹调配中小学教职工空余编制机制[EB/OL].（2019-01-08）. http://www.gxbb.gov.cn/gzdt/t996.html[2024-10-19].

第三节　建立义务教育阶段教师编制"随生流动"制度的构想

近些年，我国城镇化快速推进，学龄人口大规模流动。据统计，2023 年，全国义务教育阶段在校生中进城务工人员随迁子女共 1353.99 万人。①学龄人口空间分布发生重大变化，以传统属地化管理为主的教师编制配置模式面临巨大挑战。在国家严格控制机构编制和政府财政供养人员数量的背景下，盘活编制存量，建立教师编制"随生流动"制度成为重要政策议题。

一、建立教师编制"随生流动"制度的缘起

（一）人口大规模向城流动造成对编制的需求增加

在新型城镇化背景下，受城乡劳动生产率差异、城乡教育发展不均衡及农村学校撤并的影响，大量农村学龄儿童向城镇流动，出现了"城镇教育拥挤化"和"乡村学校稀疏化"并存的"教育布局两极化"问题。在随迁子女义务教育以"流入地政府和公办学校"为主这一政策的背景下，城市教育面临着巨大的教育资源承载压力，需通过增加教育用地、教师资源和教育经费供给、扩大教育规模来满足随迁子女的教育需求。但受政府财政压力和绩效考核的硬性要求，以及中央严格控制编制总量的影响，城镇学校出现教师编制紧张、增编困难的局面。相反，农村地区由于学龄儿童减少，大量学校被撤并，教师出现富余。但由于农村小规模学校长期普遍存在的现实，按照传统的师生比配置教师将无法保证国家规定的课程"开齐开足开好"的要求，农村教师呈现"表面超编、隐性缺人"的现象。

教育部于 2024 年 10 月 24 日发布《全国教育事业发展统计公报》，公报显示 2023 年义务教育阶段在校生中进城务工人员随迁子女 1353.99 万人。其中，在小学就读 952.65 万人，在初中就读 401.34 万人。②若根据《中央编办、教育部、财政部

---

① 2023 年全国教育事业发展统计公报[EB/OL].（2024-10-24）. http://www.moe.gov.cn/jyb_sjzl/sjzl_fztjgb/202410/t20241024_1159002.html[2024-11-09].

② 2023 年全国教育事业发展统计公报[EB/OL].（2024-10-24）. http://www.moe.gov.cn/jyb_sjzl/sjzl_fztjgb/202410/t20241024_1159002.html[2024-11-21].

关于统一城乡中小学教职工编制标准的通知》的要求，按照初中 1：13.5、小学 1：19 的教职工与学生比例标准，则城镇地区需另外配置 29.73 万名初中教师、71.26 万名小学教师，总共有近 100 万名的教师缺口。在国家严格控制机构编制和政府财政供养人员数量的政策背景下，通过增加新的编制数量来填补城镇教师缺口的方法较难实现。另外，目前各地逐步推行的"县管校聘""市域调剂"等教师编制管理制度虽在一定程度上缓解了教师编制盈缺失衡的状况，但适用范围有限，无法实现编制的省际调剂。因此，为实现教师编制更大范围、更高层级的调配，教师编制"随生流动"制度将成为有益的改革尝试。

（二）中央严格控制机构编制和政府财政供养人员数量

财政供养人员是政府的行政之基，依靠财政资金供养的党政干部和事业单位人员是政府有效治理国家、履行各项政府职能的前提和保障。随着我国经济社会发展的转型和政府职能的转变，国家也在逐步调整财政供养人口的规模。2013 年，地方政府职能转变和机构改革工作电视电话会议强调，要严控机构编制总量。这次改革把握住两条硬杠杠：一是对地方政府机构设置实行总额限制，控制政府规模；二是确保财政供养人员只减不增。[①]政府对机构编制和财政供养人员的整体控制，必然影响到义务教育阶段教师编制数量的增加。在此前提下，不少地区对本届政府任期内"财政供养人员只减不增"存在一定的认识误区，导致这些地区相关部门对落实新的编制标准表现出畏难情绪，致使应增加的编制数未能落地，农村学校编制紧张的问题未能得到根本性解决。

同时，在编制配置和经费投放时，地方政府一般坚持效率导向和政绩导向的原则。学校作为一种投入大、见效慢的公益性事业单位则处于劣势地位，可获得的教师编制数量十分有限。此外，地方政府在投放教师编制时更多考虑编制的总量，并未过多考虑具体的编制结构和编制投放效益，未充分重视学校的教育教学实际，对小班化教学、村小和教学点教学等教育内部的规律认识不足，对表面上满编、超编的学校不予投放编制，导致农村教师结构性缺编的问题。

（三）相关教育经费"钱随生走"制度已建立

2006 年以来，我国将义务教育逐步纳入政府公共财政保障范围，基本建立了稳

---

① 李克强在地方政府职能转变和机构改革工作会议上的讲话[EB/OL].（2013-11-01）. https://www.gov.cn/guowuyuan/2013-11/08/content_2591026.htm[2024-10-12].

定增长的义务教育经费保障机制。但随着城乡户籍制度的改革和新型城镇化的不断推进，农村学生大规模向城市流动，传统义务教育经费保障机制的弊端逐渐凸显，经费保障政策不一致、经费可携带性不强等问题日益显现。2015 年以前，国家只制定农村义务教育学校生均公用经费基准定额标准，城市义务教育学校生均公用经费基准定额标准由地方制定。城市义务教育只对低保家庭学生免费提供教科书，农村孩子进城上学后，就不能再享受"两免一补"政策。传统城乡有别的生均公用经费标准阻碍了教育经费的"随生携带"，相关的教育经费保障机制也不利于解决随迁子女在城市上学的问题。

传统意义上，义务教育阶段的师资配置和经费投入主要由当地政府负责，坚持属地化管理的原则，但农村学龄儿童大规模入城后，传统的"属地负责"义务教育财政体制与"人口流动"的义务教育就学格局之间产生了矛盾。学生流出后，相关的教育经费无法实现"随生流动"，而急剧增加的学龄人口又要求城市扩大教育规模，增加学位数量，城市教育面临巨大的财政压力。

为此，2015 年，《国务院关于进一步完善城乡义务教育经费保障机制的通知》中提出，创新义务教育转移支付与学生流动相适应的管理机制，实现"两免一补"和生均公用经费基准定额资金随学生流动可携带，即农村学生随迁到城市后仍然可以享受"两免一补"政策，所获得的补助不低于基准定额标准，该政策也适用于在民办学校就读的农村学生。随迁子女的经费转移支付既减轻了流入地政府的教育财政压力，缓解了农民工子女在城市上学的困境，同时也为教师编制"随生流动"制度的落实提供了可能和保障。

二、当前教师编制统筹和跨区域调剂制度存在的问题

2018 年，《中共中央 国务院关于全面深化新时代教师队伍建设改革的意见》指出，要"创新编制管理，加大教职工编制统筹配置和跨区域调整力度，省级统筹、市域调剂、以县为主，动态调配"。目前，这一制度在具体落实过程中还面临一些现实问题。

（一）当前教师编制核定方式难以做到教师编制动态调整

通常而言，中央、省、市和县级编制部门是以义务教育户籍学龄人口为依据，主要按照师生比标准核定本级政府所辖区域义务教育阶段教师编制总量的。这种以义务教育户籍学龄人口为依据核定教师编制的方式符合计划经济体制下城乡教育

发展相互隔绝的时代背景。计划经济时期，国家通过统购统销、人民公社、户籍管理等制度将人限定在城市和农村两个相对立的空间，城乡人口互不流通，教育领域也采取城乡有别的教育资源供给制度，以户籍学龄人口为依据的教师编制配置方式完全能够满足当时义务教育发展的现实需求。但是，进入 21 世纪之后，随着学龄人口在区域和城乡间的大规模流动，以户籍学龄人口为参照核定教师编制的做法将不能或不愿意在流入地落户的随迁子女排除在外，传统的核编方式难以适应新形势的需要，出现了部分省份和城市义务教育阶段学生数量激增而教师编制供给无法相应增加的矛盾。此外，受父母工作频繁变动的影响，随迁子女转学、辍学和失学的现象较为普遍，这种高流动性导致城市教育部门难以准确判断某一时期学龄人口的入学数量，加之编制部门核编工作的封闭性及教师编制的核编周期过长，造成教师资源供给和教育需求之间的"空间不匹配"，出现教师编制的短缺和浪费现象。

（二）目前省际教师编制无法进行余缺调剂

目前，我国实行的是"省级统筹、市域调剂、以县为主、动态调配"的教师编制管理体制，教职工编制最高只能做到省级统筹。但是，学生的流动很多是跨省域的，特别是一些东部沿海省份。以江苏省为例，2021 年，该省省外流入就读学生达104.28 万人，约占在校生的 12.4%，根据国家中小学教师编制标准应增核教师编制6.59 万个。[①]广东省等地区也存在同样的问题。目前各地针对教师编制紧张、编制管理体制僵化的问题采取了一些改革尝试，如在县域层面，各地逐步推行"县管校聘"的教师管理制度，破除教师"学校人"的身份限制，由县级教育部门统一调配县域内的教师编制，保持县域内各学校间教师数量的供需平衡。在县域、市域和省域层面，建立教师编制临时周转专户，以解决超编、满编学校专任教师严重缺乏的困境，协调城市学校"无编可用"、农村学校"有编不用"的矛盾，实现教师编制的省级统筹、市域调剂。例如，在山东省县域内难以调剂教师编制的，可由涉区市在事业单位编制总量内调剂解决，市域内依然解决不了的，由省机构编制部门协调解决，比如枣庄市台儿庄区就采用这种方式借到了枣庄市的机动编制，莱芜区从山东省借到了急需的编制。但从当前义务教育教师编制的管理体制来看，省际教师编制的调剂无法实现。究其原因，教师编制的核定和调剂过程较为复杂，涉及部门较广。一般情况下，地方教育部门和编制部门独立工作，每年地方教育部门根据本地区学校教育发展的实际需求向地方编制部门提交用编申请和用编计划，最后的审批

---

① 苏雁，刘已粲. 跨省调剂化解教师编制紧缺难题[N]. 光明日报，2021-03-10（009）.

由地方编制部门和财政部门协商确定，由于两个部门工作周期不一致，再加上编制审核周期过长，往往会出现一轮审核工作结束后学校又产生新的编制需求的现象，编制的供需关系难以保持实时同步的状态。而教师编制的省际调剂需要两个省的编办、教育、财政、人事等各部门之间的沟通和协调，涉及用编计划和编制指标的调整、工资待遇和社会保障的落实、人事档案关系的转移等，操作起来相当困难，因而难以实现。

（三）城乡教师编制双短缺使教师编制"随生流动"成为两难问题

农村人口向城市的快速大量聚集，造成农村学龄人口的急剧减少和城市教育人口的迅速增加，出现农村学校小规模化和城市学校大班额化并存，"农村学校师多生少，而城市学校生多师少"的局面。一方面，这直接导致城镇学校教师缺编，不少学校遂招聘临时"代课教师"以应急需，教学质量难以保证；另一方面，这也造成乡村小规模学校的大量增加，许多农村地区教师出现绝对数量富余，但高水平教师、中青年教师、音体美和心理健康教育等学科教师结构性缺编的现象。

城市教师短缺是指大量农村学生进城上学后，生源数量不断增加，城市学校面临扩容压力，按照当前的师生比标准，教师总量相对于学生数量而言普遍不足。农村教师短缺并不是指教师总体数量上的缺乏，而是指在学生数量和班级规模缩减的情况下，按照师生比标准来衡量，农村教师出现"超编性缺人"。一般来说，地方编制部门都是以总量为依据来计算该地区的教师编制的，并不考虑教师编制总量内部的岗位结构、空间结构、学科结构和职称结构，同时未考虑村小和教学点这些特殊的学校形态，造成农村学校教师结构性缺编。此外，即便农村学校的教师在绝对数量上出现富余，他们也多为老教师、主科教师、教学能力偏低的教师，难以满足城市学校教育教学的实际需求，造成教师编制资源的浪费。这种城乡教师"双短缺"的局面，使教师编制很难从生源流出地调剂补充到生源流入地。

三、教师编制"随生流动"制度建立的政策建议

（一）建立以持居住证学龄人口为依据的教师编制动态核定机制

为解决城市义务教育资源供给不足和学龄人口不断增长的教育需求之间的矛盾，科学预测和合理判断流入地学龄人口的数量是前提和基础，可为有效配置义务教育资源提供保障。目前，全国中小学学籍管理平台已实现全国联网，各省份相关

学籍信息变更操作均在学籍管理系统中直接进行，跨区域的学生流动均有据可查，不仅包括学生在城乡之间的流动情况，具体到流入地区、流入数量和流入学校等详细信息，还包括随迁子女在城市内部的流动情况，如转学信息，这是教育经费和教师编制能够做到"随生流动"的技术和数据前提。在学籍管理信息化的大背景下，应建立以持居住证学龄人口数量为依据的教师编制动态核定机制，定期调整教师编制总量和结构，以满足区域和城乡义务教育事业发展的需要，有效解决教师编制供需"空间错位"问题。农村教师出现多少富余，城市教师存在多少空缺，农村能提供多少教师编制"随生流动"等，都基于城乡学龄人口的入学数量来确定。流入地和流出地应在准确判断学龄人口数量的基础上，结合农村教师编制基数和空余编制数，最大限度地提供可"随生流动"的教师编制数量。

（二）建立多层次的教师编制扩充与统筹机制

以持居住证学龄人口为依据核定教师编制，在难以做到人编分离和"生走师退"的情况下，必然会导致教师编制需求总量的增加。因此，需要建立多层次的教师编制扩充与统筹机制，形成全国性的教师编制调剂体系。首先，建议在中央层面设立跨省流动学生专项教师编制库，专项教师编制库由生源流出地的回收富余编制和中央编办新增机动编制构成，用于教师编制的省际统筹。建议每年开展一次统筹调剂工作，由中央编办根据各省份学生跨省学籍变动情况，将专项教师编制库中的编制调剂到生源流入地，调增的编制专项用于补充中小学教师，所需经费由使用地区加以保障。其次，完善省域内教师编制统筹调剂制度。省域内教师编制统筹遵循学生在哪一级行政区域内流动，就在哪一级行政区域统筹调剂的原则。根据学生变动情况，分别设立省级和市级教师编制临时周转专户，把通过精简压缩的编制、事改企回收编制、空编，以及通过妥善安置富余教师和购买工勤服务等方式腾出的编制集中起来，及时向缺编区域和学校精准投放，实时调控。

（三）加大教师编制规范使用和管理的监督力度

做到教师编制"随生流动"，解决教师编制短缺和空间分布不均问题是一项系统工程，需要以教师编制的规范使用为基础和前提。因此，应加大教师编制使用和管理的监督力度，促进教师编制管理和使用水平的全面提升。首先，建立中小学教师编制年度报告制度，贯彻区域协同、部门联动的教师编制动态调整机制，根据各地区的教育事业发展规划、学生数量和学校类型等对教师编制数量进行实时审核和调控，明确各地区教师超编和缺编状况。其次，落实好乡村教师补充专项项目，如"三支一扶"计划、"特岗教师"计划、公费师范生政策等，在保证农村教师基本编制数量和机动预留编制的基础上，根据学龄人口变动状况，合理确定富余编制"随生流动"的原则和指标。最后，完善不合格教师退出机制，分类安排农村富余在编教师，实现教师编制使用的最大效用。对于长期占编、工作懈怠的老教师，在征求其本人同意的基础上，可采取转岗、提前退休等方式进行妥善处理；对于教学水平低的富余教师，可通过教学培训、骨干教师帮扶等方式帮助其成长，并通过竞聘方式合理安排其工作岗位；对于流动到城市学校的富余教师，应在短期内给予培训和指导，使其尽快适应新学校的环境，满足城市学校的教育教学需求；对于工作态度不端正，培训结束后仍然无法胜任教学工作的富余教师，应将其及时清退出教师队伍。各级政府要严格贯彻落实《中共中央 国务院关于全面深化新时代教师队伍建设改革的意见》等有关规定，严禁挤占、挪用、截留中小学教职工编制，杜绝有编不补和空编率过高等违规行为的发生，确保义务教育教职工编制专门用于教师队伍建设。

第六章　在编不合格教师退出政策与教师聘任制改革

在教育普及与数量扩张阶段，我国长期存在中小学教师供不应求的现象。为了解决教师数量短缺问题，一些学校吸纳了大量的民办教师、代课教师，由于缺乏相应的质量保证措施，农村地区出现了一些不合格教师。随着九年义务教育基本普及，我国基础教育发展已经由量的扩张进入质的提升的新阶段。再加上农村学龄人口的大幅减少、农村学校布局调整的快速推进、农村学校规模效益的初步显现，许多农村地区出现了教师老龄化和数量相对"饱和"的现象，农村教师"有数量"而"没有合理结构""没有质量"的问题日益凸显。虽然《中华人民共和国教师法》中早就提出要逐步实行教师聘任制，但是受传统任命制观念的影响和各种现实因素的制约，这一制度在全国范围内并没有得到很好的落实，真正意义上的教师聘任制并没有完全建立起来。这就导致农村教师队伍"能进不能退""能上不能下"，部分不合格教师存在于教师队伍当中，影响了教师工作积极性的发挥和教师队伍整体质量的提高。

第一节　建立不合格教师退出机制的重要性和可行性

教师退出机制是教师人事管理中进、管、出三个环节中的最后一环，既与"进"有密切的联系，又与"管"有一定的关系，退出人员的安置与管理关系到社会的稳定，同时也会对在职人员的情绪和行为产生一定的影响。目前，随着国家"农村教师特岗计划"、公费师范生政策等的实行和"国培""省培"等培训项目的实施，农村义务教育阶段在教师补充、培训等制度设计和实施方面已经取得了明显的成效，但在退出机制的建设方面却相对滞后，影响了年轻、优秀教师的补充，成为制约农村教师队伍建设的因素。本节研究对解决我国农村教师结构性过剩，保持教师流动通道的畅通，退出不合格教师，腾出编制补充年轻、优秀教师有重要的促进作用，同时对部分安于现状、失去继续学习动力的教师具有重要的正向激励作用，对全面提升农村教师整体素质、实现教育均衡发展也具有重要意义。

一、建立不合格教师退出机制的重要性

（一）教师队伍质量提高的需要

教师是教育事业发展的基础，是提高教育质量、办好人民满意的教育的关键。

由于历史和现实的原因，全国尤其是农村地区还存在一定数量的不合格教师。例如，根据东北师范大学农村教育研究所（现为东北师范大学中国农村教育发展研究院）对我国东中西部地区共 12 个省份 246 所县镇及乡村学校教师的调查，有些学校存在为数不少的不合格教师。[①]此外，在现有编制标准下，我国基础教育教师总体数量已经满编甚至处于超编的状态。在这种状况下，一些不合格人员长期占据着教师岗位，导致很难腾出编制以补充新教师，这制约着教师队伍质量的整体提升。

（二）有利于提高教师的工作积极性

教师职业相对稳定，尤其是有编制的教师。虽然教师聘任制已实施了很多年，但大多时候教师职业比较稳定，教师职业依然被人们看作"铁饭碗"，这主要表现在以下几方面。首先，教师能进不能出，能上不能下，失业压力很小。在现实当中，教师被解聘的比例极低，即使考核不合格，也以转岗和提前退休等方式来使其离开原有工作岗位。除了违法乱纪以及师德出现问题，教师因不能胜任工作而被解聘或清退的现象很少出现。其次，干和不干一个样、干多干少一个样、干好干坏一个样等现象还在一定程度上存在着。同等层次的教师，工资福利待遇差别很小，绩效工资制实施效果并不理想。在这种状况下，部分教师安于现状，工作积极性较低，压力较小，工作缺乏动力。建立合理有效的退出机制，能使教师群体增强竞争意识，使教师感受到社会竞争的压力，从而激发其内在动力，提高其工作的积极性，进而激发整个学校的工作活力。

二、建立不合格教师退出机制的可行性

（一）国家总体改革趋势的推动

任何职业都应该有进有退，退出机制本该是一种常态。在竞争日趋激烈的今天，"铁饭碗"越来越少。在企业当中，退出机制早就开始实施，不管是国有企业还是私营企业，抑或外资企业，"能者上、庸者下"早已成为共识。即使被称作改革硬骨头的行政政府单位及相关部门开了辞退的口子，"铁饭碗"已经被打破，公务员如工作不合格，也可能被辞退。作为培养人的事业，教师对学生的影响是巨大且深远的。教师职业应该比其他职业有更高、更严的要求。教师职业理应和其他职业一

---

① 杨卫安，宁洋. 我国义务教育教师合格状况调查报告——基于东、中、西部 12 省 24 个区（县）的实证研究[J]. 现代教育管理，2018（8）：79-85.

样，遵循职业进退的规则，不搞任何"特殊"。

（二）教师补充队伍储备丰富

从教师的需求和供给来看，我国教师补充队伍储备丰富。根据教育的数据，2019 年全国共有举办教师教育院校 605 所，其中高等师范院校 199 所（包括师范大学 50 所，师范学院 71 所，师范专科学校 78 所），举办师范教育的非师范院校有 406 所。①以 2008 年为例，我国师范类毕业生有 76.5 万人（包括本科毕业生 30.3 万人，大专毕业生 24.3 万人，中等学校毕业生 21.9 万人），另外还有 17.1 万名非师范类毕业生通过认证获得教师资格证书，累计达 93.6 万人。而 2008 年基础教育学校录用的新教师只有 25 万人，供给量大大超过需求量。②从 2012 年开始，每年基础教育领域录用的师范类毕业生只有 26%，也就是说，只有不足三成的师范类毕业生进入基础教育领域任职。时间到了 2014 年，我国普通院校师范类毕业生总计 61.78 万人，而全国中小学基础教育师资的需求仍只有 25 万人。③这一变化为教师退出机制的建立奠定了客观基础。

（三）教师职业的吸引力越来越强

教师被称为"太阳底下最光辉的职业"，其崇高性不言而喻。近些年，随着教师专业地位、政治地位的不断提高和工资待遇的不断改善，教师职业吸引力明显增强，越来越受到全社会的尊重。特别是在当前政府机构改革、大中型企业重组改造、的大背景下，人员裁减分流，许多用人单位对人才的需求减少，再加上受宏观经济形势的影响，就业难成为备受关注的社会问题。教师行业以其特有的魅力受到越来越多大中专毕业生的青睐。近年来，不仅有越来越多的人报考师范专业，而且许多非师范专业学生也希望加入教师行业，每年都有数以十万计的非师范类毕业生通过认证获得教师资格证书。据南京师范大学对该校四届毕业生所做的问卷调查，有 94.5% 的师范毕业生依然选择教师作为自己最理想的职业④，而非师范类毕业生中有不少人欲加入师资队伍。教师职业吸引力不断增强，这也保证了不合格教师退出后

---

① 教师教育基本情况介绍[EB/OL].（2015-10-14）. http://www.moe.gov.cn/fbh/live/2019/51106/sfcl/201909/t20190903_397022.html.

② 杨卫安. 教师"铁饭碗"能打破吗[N]. 中国青年报，2016-03-28（010）.

③ 中国每年 40 万师范生过剩，中小学新招教师 1/4 非师范毕业[EB/OL].（2015-10-14）. https://www.thepaper.cn/newsDetail_forward_1384902[2024-11-12].

④ 杨卫安. 教师"铁饭碗"能打破吗[N]. 中国青年报，2016-03-28（010）.

能及时吸引到优秀人才补充到教师队伍，从而为教师退出机制的建立提供了可能性。

第二节　我国义务教育阶段教师合格状况调查

本研究主要采用问卷调查的形式，向 246 所学校共 7463 名义务教育教师发放了问卷。调查的内容包括两个方面：一是教师的背景信息，包括教师的个人信息和工作信息；二是教师的合格状况。教师调查问卷分为 A、B 卷，A、B 卷交叉发放，本研究采用 A 问卷的调查数据，教师样本量为 3722 名。剔除有缺失值的问卷，有效问卷为 3032 份，有效率为 81.46%，不同维度的统计信息见表 6.1。采用 SPSS 21.0 统计分析软件，主要使用均值、标准差、差异系数分析以及方差分析等方法。

表 6.1　教师的基本情况统计表①

统计量		人数（人）	累积百分比（%）
性别	男	1014	33.68
	女	1997	100.00
年龄	25 岁及以下	230	7.93
	26—30 岁	417	22.30
	31—35 岁	682	45.80
	36—40 岁	626	67.37
	41—50 岁	792	94.66
	51 岁及以上	155	100.00
职称	高级教师	247	8.22
	一级教师	1390	54.49
	二级教师	1057	89.68
	三级教师	71	92.04
	未评职称	239	100.00
第一学历	研究生	23	0.76
	本科	780	26.50
	大专	1059	61.45
	中专/中师	1019	95.08

① 因统计时各个维度出现无效信息，表中统计数据为各个维度剔除无效信息后的数据，故存在各个维度统计数据之和不等的现象。

续表

统计量		人数（人）	累积百分比（%）
第一学历	高中	126	99.24
	初中	22	99.97
	小学及以下	1	100.00
教师学校所在地	城市	710	23.42
	县城	785	49.31
	乡镇	1250	90.53
	村屯	287	100.00
教师学校所处地域	东部	943	31.10
	中部	807	57.72
	西部	1282	100.00

一、义务教育阶段教师合格总体状况

教师合格指数的平均得分为 0.78 分，表明义务教育教师合格状况总体达到较好水平。就教师合格指数的各维度合格状况来看，教师在教育理念、专业知识、专业能力、身心健康、职业道德、工作状态六个维度上的均值分别为 0.93、0.74、0.61、0.69、0.95、0.76，均处于中等以上水平（表 6.2）。其中表现最好的是职业道德，而后依次是教育理念、工作状态、专业知识、身心健康、专业能力，其中教师在工作状态、专业能力和身心健康维度上得分的离散程度比较高。

表 6.2　义务教育阶段教师总体合格状况（N=3032）

检验变量	M	SD	变异系数（%）
教师合格指数	0.78	0.08	10.33
教育理念	0.93	0.12	12.94
专业知识	0.74	0.12	15.95
专业能力	0.61	0.19	30.48
身心健康	0.69	0.17	23.88
职业道德	0.95	0.10	11.00
工作状态	0.76	0.19	25.08

教师教育理念的平均得分为 0.93 分，表明教师的教育理念总体接近非常好的水平。就教育理念的各维度情况来看，教师的教育观、教学观、教师观、学生观和

教育质量观五个维度的均值分别为 0.95、0.94、0.90、0.93、0.92，均处于很高的水平；其中表现最好的是教育观，而后依次是教学观、学生观、教育质量观和教师观。

教师专业知识的平均得分为 0.74 分，表明教师的专业知识水平总体良好。调查结果显示，有 98.1%的教师专业知识水平达到中等及以上，只有 1.9%的教师专业知识合格状况处于较差或非常差的水平。

教师专业能力的平均得分为 0.61 分，表明教师的专业能力总体稍高于中等水平。就专业能力的各维度情况来看，教师的管理学生能力和教育教学能力两个维度的均值分别为 0.66 和 0.56。从专业能力两个维度的离散情况来看，它们的离散程度都较高，说明在这两个维度上，教师之间存在较大的差异。调查结果还显示，23.7%的教师教育教学能力处于较差或非常差的水平，10.9%的教师管理学生能力处于较差或非常差的水平。

教师身心健康的平均得分为 0.69 分，表明教师的身心健康状况总体接近较好的水平。但是，教师的身体和心理健康水平表现出不协调的一面，教师身体健康状况的平均得分为 0.60 分，刚超过中等水平；而心理健康状况的平均得分为 0.79 分，处于较好以上水平。调查结果还显示，17.8%的教师身体健康状况处于较差及以下水平，而有 1.6%的教师心理健康状况处于较差或非常差的水平。

教师职业道德的平均得分为 0.95 分，表明教师的职业道德状况处于很好水平。其中，偶尔对学生进行言语侮辱和体罚（变相体罚）的教师分别占 15.1%和 16.6%，有时对学生进行言语侮辱和体罚（变相体罚）的教师分别占 2.5%和 1.9%，经常对学生进行言语侮辱和体罚（变相体罚）的教师分别占 0.3%和 0.2%，总是对学生进行言语侮辱和体罚（变相体罚）的教师均为 0.1%。

教师工作状态的平均得分为 0.76 分，表明教师的工作积极性达到较好的水平。调查结果显示，工作积极性一般的教师占 18.1%，工作状态比较消极的教师占 2.0%，工作状态非常消极的教师占 0.6%。

但是，我国农村义务教育学校不同程度地存在着不合格教师，在被调查学校中，农村义务教育阶段不合格教师数量约占教师总量的 4.8%。其中，37.7%的学校表示不存在不合格教师；39.4%的学校表示不合格教师比例为 0—5%；12.5%的学校表示不合格教师比例为 5%—10%（不含 5%）；2.3%的学校表示不合格教师比例为 10%—15%（不含 10%）；5.1%的学校表示不合格教师比例为 15%—25%（不含 15%）；2.0%的学校表示不合格教师比例为 25%—30%（不含 25%）；还有 1.0%的学校表示不合格教师比例超过了 60%。

二、义务教育学校教师合格状况的多维度差异分析

（一）不同性别教师合格状况的比较分析

性别变量属于独立二分变量，可以使用独立样本 t 检验来考察不同性别教师合格状况的差异。从表 6.3 中可以发现，性别对教师合格指数具有显著影响，男教师的合格指数显著低于女教师（$t=-3.246$，$p<0.01$）。就具体维度而言，在教育理念、专业能力和职业道德方面，女性教师的合格指数显著高于男教师；在专业知识方面，男教师的合格指数显著高于女教师；在身心健康方面，尽管均值比较显示男教师的合格指数高于女教师，但独立样本 t 检验发现这种差异并不显著；在工作状态方面，尽管均值比较显示女教师的合格指数高于男教师，但独立样本 t 检验发现这种差异也不显著。

表 6.3　不同性别教师合格指数的差异比较

检验变量	性别	M	SD	t
教育理念	男	0.913	0.124	−3.884***
	女	0.931	0.117	
专业知识	男	0.752	0.101	4.179***
	女	0.734	0.126	
专业能力	男	0.597	0.198	−3.090**
	女	0.620	0.180	
身心健康	男	0.696	0.164	0.668
	女	0.692	0.164	
职业道德	男	0.925	0.118	−7.970***
	女	0.959	0.092	
工作状态	男	0.751	0.197	−1.283
	女	0.760	0.186	
教师合格指数	男	0.772	0.086	−3.246**
	女	0.783	0.076	

注：**$p<0.01$，***$p<0.001$，下同

（二）不同年龄教师合格状况的比较分析

如表 6.4 所示，在 40 岁之前，随着教师年龄的增长，教师合格指数逐渐降低，但在 40 岁之后，教师合格指数又逐渐升高，直至退休。其中，51 岁及以上教师的

合格指数在有些方面较高，36—40 岁教师的合格指数在有些方面较低。不同年龄教师的合格指数有一定的差异，单因素方差分析显示这种差异达到显著水平（$F=3.601$，$p<0.01$）。就具体维度而言，在教育理念和身心健康方面，25 岁及以下教师的合格指数最高；在专业知识、专业能力和工作状态方面，51 岁及以上教师的合格指数最高；在职业道德方面，26—30 岁教师的合格指数最高。单因素方差分析结果表明，不同年龄阶段的教师在教育理念、专业知识、专业能力、身心健康、职业道德和工作状态等方面都具有显著差异。

表 6.4　不同年龄阶段教师合格状况的差异比较

检验变量	年龄	M	SD	F	Scheffe 检验
教育理念	25 岁及以下（A）	0.943	0.116	3.626**	A>F；B>F
	26—30 岁（B）	0.940	0.119		
	31—35 岁（C）	0.926	0.119		
	36—40 岁（D）	0.923	0.121		
	41—50 岁（E）	0.922	0.115		
	51 岁及以上（F）	0.902	0.121		
专业知识	25 岁及以下（A）	0.707	0.130	8.783***	D>A；E>A，C；F>A，B，C
	26—30 岁（B）	0.731	0.142		
	31—35 岁（C）	0.733	0.111		
	36—40 岁（D）	0.742	0.119		
	41—50 岁（E）	0.753	0.102		
	51 岁及以上（F）	0.768	0.086		
专业能力	25 岁及以下（A）	0.548	0.173	11.670***	C>A；D>A；E>A，B；F>A，B
	26—30 岁（B）	0.591	0.176		
	31—35 岁（C）	0.601	0.188		
	36—40 岁（D）	0.615	0.191		
	41—50 岁（E）	0.638	0.187		
	51 岁及以上（F）	0.660	0.173		
身心健康	25 岁及以下（A）	0.784	0.157	22.529***	A>B，C，D，E，F；B>D，E
	26—30 岁（B）	0.724	0.158		
	31—35 岁（C）	0.694	0.171		
	36—40 岁（D）	0.666	0.166		
	41—50 岁（E）	0.676	0.157		
	51 岁及以上（F）	0.683	0.157		

续表

检验变量	年龄	M	SD	F	Scheffe 检验
职业道德	25 岁及以下（A）	0.951	0.104	4.326**	B>D；C>D
	26—30 岁（B）	0.960	0.093		
	31—35 岁（C）	0.954	0.096		
	36—40 岁（D）	0.933	0.120		
	41—50 岁（E）	0.944	0.100		
	51 岁及以上（F）	0.944	0.107		
工作状态	25 岁及以下（A）	0.778	0.168	5.249***	F>B，C，D
	26—30 岁（B）	0.751	0.189		
	31—35 岁（C）	0.740	0.202		
	36—40 岁（D）	0.748	0.193		
	41—50 岁（E）	0.766	0.183		
	51 岁及以上（F）	0.813	0.170		
教师合格指数	25 岁及以下（A）	0.785	0.079	3.601**	—
	26—30 岁（B）	0.783	0.080		
	31—35 岁（C）	0.775	0.079		
	36—40 岁（D）	0.771	0.085		
	41—50 岁（E）	0.783	0.077		
	51 岁及以上（F）	0.795	0.078		

（三）不同职称教师合格状况的比较分析

不同职称教师的合格指数具有一定的差异，单因素方差分析显示这种差异达到显著水平（F=3.076，$p<0.05$）。就具体维度而言，在教育理念方面，未评职称教师的合格指数显著高于高级教师和一级教师；在专业知识方面，高级教师的合格指数显著高于三级教师和未评职称的教师，一级教师的合格指数显著高于三级教师；在专业能力方面，已评职称教师的合格指数显著高于未评职称的教师，同时一级教师的合格指数显著高于二级教师；在身心健康方面，二级教师的合格指数显著高于一级教师，三级教师和未评职称教师的合格指数显著高于高级教师、一级教师和二级教师；在工作态度方面，未评职称教师的合格指数显著高于二级教师；在职业道德方面，未评职称教师的均值最高，但单因素方差分析结果显示这种差异并不显著。具体结果见表 6.5。

表 6.5　不同职称教师合格状况的差异比较

检验变量	职称	M	SD	F	Scheffe 检验
教育理念	高级教师（A）	0.909	0.120	5.004**	E>A，B
	一级教师（B）	0.921	0.120		
	二级教师（C）	0.928	0.120		
	三级教师（D）	0.931	0.130		
	未评职称（E）	0.954	0.103		
专业知识	高级教师（A）	0.760	0.105	5.546***	A>D，E；B>D
	一级教师（B）	0.742	0.116		
	二级教师（C）	0.741	0.120		
	三级教师（D）	0.697	0.163		
	未评职称教师（E）	0.723	0.116		
专业能力	高级教师（A）	0.610	0.186	15.659***	A>E；B>C，E；C>E；D>E
	一级教师（B）	0.633	0.183		
	二级教师（C）	0.598	0.185		
	三级教师（D）	0.664	0.198		
	未评职称教师（E）	0.544	0.189		
身心健康	高级教师（A）	0.668	0.153	33.629***	C>B；D>A，B，C；E>A，B，C
	一级教师（B）	0.672	0.161		
	二级教师（C）	0.699	0.169		
	三级教师（D）	0.769	0.141		
	未评职称教师（E）	0.792	0.151		
职业道德	高级教师（A）	0.940	0.099	1.501	—
	一级教师（B）	0.944	0.105		
	二级教师（C）	0.951	0.105		
	三级教师（D）	0.949	0.119		
	未评职称教师（E）	0.956	0.096		
工作状态	高级教师（A）	0.763	0.176	3.923**	E>C
	一级教师（B）	0.763	0.189		
	二级教师（C）	0.741	0.196		
	三级教师（D）	0.775	0.212		
	未评职称教师（E）	0.787	0.171		
教师合格指数	高级教师（A）	0.775	0.078	3.076*	—
	一级教师（B）	0.779	0.079		

续表

检验变量	职称	*M*	*SD*	*F*	Scheffe 检验
教师合格指数	二级教师（C）	0.776	0.081	3.076*	—
	三级教师（D）	0.798	0.099		
	未评职称教师（E）	0.793	0.080		

注：*p<0.05，下同

（四）不同学历教师合格状况的比较分析

不同学历教师的合格指数存在一定的差异，单因素方差分析结果显示这种差异达到显著水平（*F*=5.760，*p*<0.01），任教时第一学历为中专/中师的教师合格指数显著高于学历为大专的教师。总体而言，研究生和中专/中师学历的教师合格指数在有些方面较高，本科和大专学历的教师合格指数在有些方面较低。从教师合格状况的具体维度来看，在专业知识方面，中专/中师和大专学历的教师合格指数显著高于本科学历的教师；在专业能力方面，中专/中师学历的教师合格指数显著高于本科和大专学历的教师；在教育理念和身心健康方面，不同学历教师的合格指数同样具有显著差异；而在职业道德和工作状态方面，虽然研究生学历的教师的均值最高，但单因素方差分析显示其与其他学历教师的差异并不显著。具体结果见表6.6。

表 6.6　不同学历教师合格状况的差异比较

检验变量	学历	*M*	*SD*	*F*	Scheffe 检验
教育理念	研究生（A）	0.961	0.075	3.045*	—
	本科（B）	0.935	0.116		
	大专（C）	0.921	0.123		
	中专/中师（D）	0.922	0.120		
专业知识	研究生（A）	0.728	0.072	6.056***	C>B；D>B
	本科（B）	0.725	0.124		
	大专（C）	0.742	0.115		
	中专/中师（D）	0.748	0.117		
专业能力	研究生（A）	0.641	0.121	21.567***	D>B，C
	本科（B）	0.578	0.180		
	大专（C）	0.600	0.197		
	中专/中师（D）	0.645	0.175		

续表

检验变量	学历	M	SD	F	Scheffe 检验
身心健康	研究生（A）	0.745	0.198	2.665*	—
	本科（B）	0.705	0.172	2.665*	—
	大专（C）	0.688	0.169		
	中专/中师（D）	0.689	0.157		
职业道德	研究生（A）	0.962	0.133	1.575	—
	本科（B）	0.952	0.106		
	大专（C）	0.942	0.104		
	中专/中师（D）	0.946	0.105		
工作状态	研究生（A）	0.804	0.200	2.434	—
	本科（B）	0.758	0.185		
	大专（C）	0.744	0.189		
	中专/中师（D）	0.763	0.195		
教师合格指数	研究生（A）	0.807	0.069	5.760**	D>C
	本科（B）	0.775	0.082		
	大专（C）	0.773	0.083		
	中专/中师（D）	0.786	0.077		

（五）城乡教师合格状况的比较分析

如表 6.7 所示，城乡教师合格状况存在一定的差异，单因素方差分析显示这种差异达到显著水平（$F=6.180$，$p<0.001$），城市教师的合格指数显著高于乡教师的合格指数；村屯教师的合格指数在有些方面显著高于县城、镇、乡的教师合格指数。就具体维度而言，在教育理念、专业能力方面，城市教师的水平最高，单因素方差分析显示其与其他城乡地区教师的差异显著。其中，城市教师的教育理念和专业能力水平显著高于镇教师，同时城市教师的专业能力水平显著高于乡的教师。在身心健康、职业道德、工作状态方面，村屯教师的水平最高，单因素方差分析显示其与其他城乡地区教师的差异显著。具体而言，村屯教师的身心健康水平显著高于城市和县城的教师，村屯教师的职业道德水平显著高于县城教师和乡教师，村屯教师的工作状态显著高于乡教师，同时镇教师的身心健康水平显著高于城市教师。而在专业知识方面，城乡教师之间并没有显著差异。

表 6.7　城乡教师合格状况的差异比较

检验变量	学校所在地	*M*	*SD*	*F*	Scheffe 检验
教育理念	城市（A）	0.937	0.103	4.300**	A>C
	县城（B）	0.924	0.120		
	镇（C）	0.915	0.129		
	乡（D）	0.921	0.112		
	村屯（E）	0.936	0.120		
专业知识	城市（A）	0.745	0.108	1.085	—
	县城（B）	0.740	0.117		
	镇（C）	0.740	0.111		
	乡（D）	0.740	0.148		
	村屯（E）	0.729	0.148		
专业能力	城市（A）	0.638	0.173	6.734***	A>C，D
	县城（B）	0.612	0.188		
	镇（C）	0.598	0.195		
	乡（D）	0.576	0.176		
	村屯（E）	0.625	0.181		
身心健康	城市（A）	0.672	0.168	8.039***	C>A；E>A，B
	县城（B）	0.685	0.165		
	镇（C）	0.706	0.164		
	乡（D）	0.693	0.155		
	村屯（E）	0.726	0.166		
职业道德	城市（A）	0.955	0.098	4.945**	E>B，D
	县城（B）	0.940	0.113		
	镇（C）	0.946	0.104		
	乡（D）	0.928	0.118		
	村屯（E）	0.962	0.077		
工作状态	城市（A）	0.770	0.183	4.656**	A>D；E>D
	县城（B）	0.752	0.195		
	镇（C）	0.753	0.194		
	乡（D）	0.713	0.185		
	村屯（E）	0.783	0.176		
教师合格指数	城市（A）	0.786	0.073	6.180***	A>D；E>B，C，D
	县城（B）	0.776	0.082		

续表

检验变量	学校所在地	M	SD	F	Scheffe 检验
教师合格指数	镇（C）	0.776	0.084	6.180***	A>D；E>B，C，D
	乡（D）	0.762	0.084		
	村屯（E）	0.793	0.078		

（六）不同区域教师合格状况比较分析

东、中、西部地区的教师合格指数存在差异，单因素方差分析显示这种差异达到显著水平（$F=8.329$，$p<0.001$），东部教师合格指数在有些方面显著高于西部教师，中部教师合格指数在有些方面显著高于西部教师。就具体维度而言，在教育理念方面，中部教师的均值最高，单因素方差分析显示其与其他区域教师之间的差异显著；就专业能力和工作状态方面而言，东部教师的均值最高，单因素方差分析显示其与其他区域教师之间的差异显著，其中东部和中部教师的专业能力水平均显著高于西部教师，东部教师的工作状态同样显著高于西部教师；在职业道德方面，东部教师的职业道德水平显著高于中部和西部教师；而在身心健康和专业知识方面，不同区域的教师不存在显著差异。具体结果见表 6.8。

表 6.8 不同区域教师合格状况的差异比较

检验变量	所处区域	M	SD	F	Scheffe 检验
教育理念	东部（A）	0.929	0.127	5.104**	B>C
	中部（B）	0.933	0.102		
	西部（C）	0.917	0.125		
专业知识	东部（A）	0.735	0.115	1.336	—
	中部（B）	0.742	0.118		
	西部（C）	0.743	0.121		
专业能力	东部（A）	0.630	0.179	10.156***	A>C；B>C
	中部（B）	0.618	0.178		
	西部（C）	0.595	0.196		
身心健康	东部（A）	0.693	0.170	0.505	—
	中部（B）	0.700	0.166		
	西部（C）	0.692	0.163		
职业道德	东部（A）	0.959	0.095	10.184***	A>B，C

续表

检验变量	所处区域	M	SD	F	Scheffe 检验
职业道德	中部（B）	0.941	0.110	10.184***	A>B，C
	西部（C）	0.941	0.106		
工作状态	东部（A）	0.769	0.179	3.716*	A>C
	中部（B）	0.761	0.201		
	西部（C）	0.747	0.191		
教师合格指数	东部（A）	0.786	0.079	8.329***	A>C；B>C
	中部（B）	0.782	0.079		
	西部（C）	0.773	0.082		

第三节　义务教育阶段不合格教师退出机制存在的问题

一、现有的教师评价考核标准不适合鉴别不合格教师

不合格教师评价考核标准主要用于鉴别那些对于国家和学校的规定，"不应该做却做了，需要做却做不到"的教师，这些教师要么在某一方面可以被一票否决，要么在某些方面达不到国家和学校对教师的基本要求。

在对我国 12 个省份的县域农村义务教育学校进行调研时，各县教育局及学校提供了教师评价考核标准的相关资料。从搜集到的资料来看，我国目前农村义务教育学校普遍缺乏专门针对不合格教师的评价考核标准，大部分县域教师评价考核标准主要用于绩效考核、职称评审、岗位聘用、评优奖励，其中最主要的是职称评审和绩效考核。

（一）教师职称评定标准主要用于"选优"

从 L 县教师职称评审工作实施方案来看，各学校根据 Q 市有关文件规定，结合本校教师职称评审工作的实际及教师工作岗位特点，制定中、高级职务量化积分标准。该标准规定积分的内容有教龄及非教龄专业年限、学历、专业技术职务任职年限、教育教学专著和论文、公开课、荣誉称号、班主任、教研组长、学校领导、

年度考核、支教、师德师风、教学业绩等。从这份教师职称评审工作实施方案来看，职称评定方案通过积分累加的方式，从优评选出一部分可以升为中、高级职称的教师，没有评上职称的教师不代表其不优秀，更不代表其不胜任。教师职称评定标准的侧重点决定了其并不重在鉴别不胜任教师。

（二）教师绩效考核标准主要用于"奖优"

从 G 县教师绩效考核工作实施办法来看，教师的师德表现、教育教学、班主任工作和专业发展等方面的实绩为绩效考核的内容。教师的绩效考核结果用来作为奖励性绩效工资的主要依据，坚持向农村教师、骨干教师、班主任倾斜，向取得突出成绩的教职工以及长期在边远山区任教的教师倾斜。虽然教师的绩效考核结果也用来作为教师资格定期注册和岗位聘任的依据，但是在具体实施中，其"罚劣"功能并没有很好地发挥出来。

由此看出，我国农村义务教育教师评价考核标准的功能主要是"奖优"，这种评价考核标准重奖轻罚，重点是从达到国家和学校基本要求的教师中选择表现优秀者给予激励，以此提升教师的工作积极性，并不适合用来鉴别不胜任教师。不胜任教师评价考核标准是实施不胜任教师评价考核制度的前提和基础，因此制定专门的不胜任教师评价考核标准势在必行。

二、义务教育学校不合格教师退出机制不健全

首先，教师退出权力主体不明确。教师退出需要有执行主体。中国教育科学研究院张彩云通过国际比较发现，世界各国由于教育管理体制不同，辞退教师的权力主体有很大不同。一般来说，校长在辞退教师上具有较大权力，在 53.5%的国家中，校长有权力辞退教师。对于大多数国家来说，辞退教师的权力一般由校长、校委会和地方教育行政部门等多种主体共同拥有。目前，我国教师退出的权力主体并没有明确的规定。有的地方，学校校长可以直接解聘教师；有的地方，学校只有评价及考核教师的权力，可以通过评价考核提出哪些老师不合格，但无权直接辞退教师，是否辞退需要由地方教育行政部门决定。张彩云在调查中还发现，教师退出制度实施的最大障碍在于教师管理体制。我国教师的管理包括多方权力主体，教师的编制、工资等由人事部门负责，教师的培训和专业发展由教师业务部门负责。不同管理部门各行其政，往往缺乏沟通和衔接，这给教师退出机制的实施带来了很多困扰。因此，必须明确教师退出的权力主体，包括谁来评价（判定教师的合格与否）、谁来

补救、谁来听证、谁最后决定等一系列权力分配问题。①

其次，我国的教师退出标准不细致。2012 年，教育部发布了《小学教师专业标准（试行）》《中学教师专业标准（试行）》，从专业理念与师德、专业知识、专业技能等方面对中小学教师专业标准进行了规定。但是，教师专业标准并不等同于教师准入标准、教师考核标准以及不合格教师的标准。以不合格教师的判定为例，国外除了教师专业标准以外，还专门有针对不合格教师或者教师解聘事由的规定。美国各州对于正式教师（终身教师）的解聘理由有详细的法律规定，解聘的理由一般包括不胜任、不道德、不服从、玩忽职守和强制裁员等。我国在《中华人民共和国教师法》《教师资格条例》《中小学教师资格定期注册暂行办法》中对不合格教师的判定或者解聘教师事由进行了原则性规定。以《中小学教师资格定期注册暂行办法》为例，其中规定了教师资格暂缓注册或者注册不合格的情形各三种情形，教师资格注册不合格的三种情形如下：违反《中小学教师职业道德规范》和师德考核评价标准，影响恶劣；一个定期注册周期内连续两年以上（含两年）年度考核不合格；依法被撤销或丧失教师资格。我国可以借鉴国外的经验，进一步细化对于教师解聘的规定，并制定不合格教师的判定标准以及明确撤销教师资格的详细事由，使得不合格教师处罚有法可依。

再次，解聘教师的相关法令不完善或不具有实际操作性。由于我国法律对不合格教师的退出标准和退出程序没有做出明确的规定，我国的教师退出机制面临着不合格教师退出难与教师不当退出的双重风险和问题。退出过程中的权力主体不明确导致教师退出机制缺乏公信力，无法有效实施；教师退出后，缺乏相应的法律救济，仅有的非诉讼类型的申诉制度和人事仲裁两种救济途径，由于受理部门不明确、程序缺失等也未能有效实施，教师的合法权益难以得到保障。

最后，学校即使有解聘教师的权力，也会出于多种考虑，不去解聘不合格教师。在中国，尤其在农村地区，人们的活动范围相对固定、流动性小，在这样的"熟人圈"中，除非教师犯了"不可饶恕"的错误，即师德出现严重问题，一般情况下学校是不会解聘教师的。地方政府和学校想要使农村地区存在的不合格教师顺利退出，首先要摆脱困境，消减阻力。而困境的复杂性决定了不合格教师的退出是一项任重而道远的事业。

---

① 转引自杨卫安. 教师"铁饭碗"能打破吗？[N]. 中国青年报，2016-03-28（010）.

第四节　完善不合格教师退出机制的对策建议

一、美国不合格教师解聘制度的经验与问题分析

（一）美国解聘不合格教师的过程

美国是分权制的国家，各州甚至是学区都有很大的教育权力，因此，美国不同地区解聘不合格教师的具体过程会有所差别，但大体程序是一致的。以纽约州为例，美国解聘不合格教师的完整过程大致包括以下几个阶段。[①]

1. 学校鉴别阶段

这一阶段属于证据收集阶段，主要任务是通过对教师进行评价，及时发现不合格教师，以便学校管理者能对他们进行处理。对不合格教师的鉴别是一个非常复杂的过程，充足翔实的证据资料依赖于学校平时对教师的评价。就美国教师评价的现状和实际操作来看，常用的教师评价方法包括教师观察、学生成就、同行评价等，这些评价方法的运用能够为鉴别不合格教师提供佐证。校长负责把所收集的证据资料放在教师本人的档案资料当中加以保存，由教师本人过目并签字，教师本人可以针对证据资料做出回应说明并一起存档，如果三年内教师没有被校长起诉为不合格教师，则这些证据资料必须被清理出教师的档案。

2. 学区评议阶段

如果校长认为已经收集了足够的证据证明某个教师不能胜任工作，并决定解聘该教师，就需要向该教师发出正式通知。教师在接到通知后可以向当地的教育行政部门申诉，当地教育行政部门会召开一个由教育行政主管负责的听证会，在听证会上，学校和教师可以互相反驳并出示自己的证据。听证会最后要做出决定，如果认为学校提供的证据资料不足的话，学校就不能解雇教师；如果支持学校的决定，那么听证会需要把这个决定提交给当地的行政主管，由当地的教育行政主管做出最后裁决。如果教育行政主管不支持听证会的决定，那么需要重新返回第一个阶段；如果支持听证会的决定，则进入下一个流程。

---

① Stossel J. How to fire an incompetent teacher—An illustrated guide to New York's public school bureaucracy[J]. Reason，2006（10）：50-55.

3. 州教育部门复议阶段

为了保护教师的合法权益，防止教师受到不公正待遇，学区教育行政主管做出解聘教师的判决后，教师还是不能被解聘。这时，教师可以采取三种措施来保护自己：第一，向纽约州教育行政主管申诉，请求复议；第二，提交纽约州法院做出裁决；第三，即使在这一阶段教师不采取任何措施申诉，教师也不能被解聘，最终裁决要由纽约州教育主管部门召开听证会以做出最终决定。如果教师采取第一种措施，那么有关部门的主管会在6—8个月甚至更长的时间内做出裁决；如果该主管认为处罚教师的证据不充分、处罚不合理或者程序不公正，那么学校的评议结果就会被驳回。而如果该主管认为这个教师确实不能胜任工作，学校裁决合理的话，那么就会进入下一个评议程序。这并不意味着学校就可以解聘教师了，只是意味着学校鉴别不合格教师所提供佐证的资料是充分的，如果要解聘教师，还要把材料提交到纽约州教育主管部门以做出进一步裁决。

4. 州教育主管部门评议阶段

在召开州教育主管部门最终的听证会之前，学校董事会要告知拟解聘教师可能受到的处罚和在听证会上所享有的权利。学校和教师双方在听证会召开前需要交换双方的证据、证词等。在听证会上，双方都可以聘请律师为自己辩护，出示有利于自己的证人、证据。听证会结束以后，工作人员必须在30日内做出最后判决，并把判决书发送至相关教育部门、教师和学校手中。在做出判决之前，听证会办公人员必须考虑到学校是否采取了补救措施来纠正教师的不称职行为、是否有同事的介入以及是否有自我发展计划等。如果听证会认为学校采取了相应的补救措施，那么教师就可以被解聘；如果听证会认为学校没有采取相应的补救措施来纠正教师的不称职行为，那么，听证会工作人员就会要求学校采取措施以纠正教师的不称职行为，而不是解聘教师。

5. 州最高法院判决阶段

在州教育主管部门的听证会做出判决后的十日内，教师和学校如果对判决结果有异议，都可以上诉至纽约州最高法院来做出终审判决。

（二）美国解聘不合格教师可资借鉴的经验

1. 解聘教师必须有充足的证据支持

在美国，解聘教师首先要遵循的原则是必须有充足的证据支持。证据的收集是和教师评价紧密联合在一起的，美国对教师的评价是非常多元和开放的，只要是能够证明教师不合格或不胜任的证据都可以使用。这些证据包括校长平时对教师表现资料的收集、当地督学或其他人的教室观察和听课记录、来自家长和社会的投诉、其他教师的评价、学生评价、当事教师自评、教师教案和备课情况、学生作业与考试成绩、对不合格教师进行补救的记录、教师缺乏进步的证据等。这些证据资料的有效性并不是无限期的，超过时限，就不能作为教师不合格的证据，也不能成为解聘教师的依据。

2. 补救优先原则

学校校长或其他管理者在鉴别、认定某位教师不合格之后，有责任采取补救措施来帮助其改正缺点，取得进步。对于不合格教师，如果学校没有采取任何补救措施来矫正其不称职行为，教育主管部门或者法院是不允许直接解聘教师的。只有学校证明自己确实采取了恰当的措施来补救教师的不称职行为，但是教师仍没有明显改观的，教育主管部门或者法院才会支持学校解聘教师。一般来说，对教师的补救工作主要包括以下几个方面：首先，需要给不合格教师下达正式的书面通知，告知他们的不称职行为及对其进行补救的计划，并且还要当事教师知道，对其采取补救措施之后，如果不能取得令人满意的进步，学校将保留采取进一步措施的权利。其次，学校校长或其他管理者要与不合格教师协商，共同制定具有可行性的补救计划，补救计划的内容应包括不合格教师存在的不称职行为及成因、采取补救措施后教师应达到的目标、学校在补救过程中所能提供的资源与策略、补救的实施进度表等。再次，在补救措施的实施过程中，学校会对教师进行实时评价并向其进行反馈，督促教师的改进行为。最后，补救工作结束时，学校需要搜集并整理相关的文件资料，评估补救工作的成效并备案。

3. 重视程序正义

在美国，解聘一名教师不仅需要有足够的证据支持，遵循实体公正的原则，还必须在程序上合法，以维护程序正义。在解聘教师的过程中，程序上需要满足以下要求：学校及学区教育部门要及时对教师发出解聘通知；教师有要求举办听证会的权利；教师应有充足的时间准备听证会的反驳；在举办听证会之前，学校和教师双方都有权获得对方的证据、证词等；在听证会上，学校和教师双方都可以聘请律师为自己辩护，出示有利于自己的证人、证据；学校与教师均有交叉检验对方证据的权利；听证判决书要及时发送到相关教育部门、教师和学校手中；教师和学校如果对判决结果有异议，都可以提请上级教育部门审议或向法院上诉。

（三）美国解聘不合格教师存在的问题

1. 处理程序复杂烦琐

从美国纽约州解聘一名不合格教师的完整过程来看，其处理程序是相当复杂烦琐的，涉及对不合格教师的评价鉴定、补救矫正和解聘等环节。其中，对不合格教师的评价和补救环节包含着大量的观察及文字记录工作。由于充足的证据资料是处理不合格教师的基础，校长必须对不合格教师在学校表现出来的行为和主要事件等做出详细记录，并在上边签署姓名，这大大增加了校长的工作量，使许多校长望而却步。教师的解聘环节在程序上则更为复杂，如果教师认为自己不应该被解雇而逐级提起上诉的话，情况尤其如此。而且，由于程序正义原则的存在，稍有疏忽就可能因程序问题而无法完成对不合格教师的处理。由于处理不合格教师的过程复杂烦琐，许多校长对处理不合格教师缺乏热情，对教师尤其是正式教师中的表现不佳者采取放任自流的态度。根据调查，有30%—45%的校长以及教育局局长不愿意面对处理不合格教师的问题。①面对不合格教师，校长更多的是把他们调到另一所学校或者是调整工作岗位，而不是将其解聘。

2. 处理过程漫长持久，花费巨大

由于对不合格教师的处理程序复杂烦琐，涉及教师评价、证据资料收集、补救、反复的评议与听证、法院判决等环节，学校对不合格教师的处理往往漫长而持久。通常情况下，仅不合格教师的认定与证据资料收集环节就可能持续1—2年的时间，再加上解聘环节，所花的时间可能更长。处理不合格教师的持久性与复杂性也决定了其花费成本的昂贵。除去时间成本，仅以直接成本为例，在美国有些地方，解聘一位教师的平均费用达到了6万美元，甚至更多。②以纽约州的一则案例为例，某学校已有充足的证据证明一位老师性骚扰女学生，并且该老师也承认自己所犯的错误。虽然经过六年漫长的诉讼最终解雇了这名教师，但是学校却花了巨额的诉讼费用，并且这名教师在不上课的情况下依然在这六年获得了超过35万美元的

---

① Tucker P D. Lake Wobegon：Here all teachers are competent（or，have we come to terms with the problem of incompetent teachers？）[J]. Journal of Personnel Evaluation in Education，1997（11）：103-126.

② Glastris P，Toch T. When Teachers Should be Expelled from Class[M]. Philadelphia：Temple University Press，1997，32.

薪水。[①]在另一种情况下，如果法院判决教师获胜，则学校除了要支付教师的工资、承担法律诉讼费用之外，还可能对教师所受的伤害进行赔偿，一旦教师能提出身心受损的证据，赔偿金额可能高达数十万美元。[②]

3. 正式教师受到过度保护

美国的教师大体可以分为两类：一类是正式教师或者终身教师（tenured teacher）；另一类是临时教师（temporary assignment teacher）或者是试用期教师（probationary teacher）。正式教师可以长期担任教师职位；临时教师或试用期教师都有一定聘期，聘期过后可能随时被解聘。在美国大部分州，临时教师或试用期教师在连续服务超过一定期限后，通常持续 2—5 年，可以申请获得"终身教职"，某些州会要求教师在获得终身教职前获得特定的认证。由于终身聘用的法律规定的存在，美国对正式教师的保护是很严格的，一旦临时教师或试用期教师转为正式教师，解聘他们将变得非常困难。这种过度保障正式教师的法律是校长处理不合格教师时所面临的最主要障碍。据美国相关研究，在所有被解聘的教师当中，拥有终身教职的教师只占 5.2%，临时教师约占 70%，试用期教师约占 25%。[③]鉴于终身教师职位存在这样的弊端，美国部分州已经取消了教师的终身教职。

由于以上问题，即使解聘真正不合格的教师，学校也需要付出巨大的成本和精力等，稍有疏漏，就会前功尽弃，同时还可能遭到教师团体的反对和教师的报复等，因而会承受巨大压力。尽管美国公立学校系统的数百万中小学教师当中存在 5%—15%的不合格教师，但真正得到处理的教师所占比例很低，被解雇的教师所占的比例甚至远远低于 1%。[④]

二、我国完善不合格教师退出机制需重点解决的问题

（一）明确不合格教师的判定标准是前提

农村义务教育阶段不合格教师判定标准的研究与制定主要解决"谁退出"的问

---

① Stossel J. How to fire an incompetent teacher—An illustrated guide to New York's public school bureaucracy[J]. Reason，2006（10）：50-55.

② Oswald J M. A Study of New Jersey Tenured Teacher Dismissal Cases Resulting from Charges of Incompetence or Ineficiency[D]. Ann Arbor：Rutgers The State University of New Jersey，1989：21.

③ Bridges E M. The Incompetent Teacher：Managerial Responses[M]. Bristol：Falmer Press，1992：15.

④ Tucker P D. Lake Wobegon：Where all teachers are competent（or，have we come to terms with the problem of incompetent teachers？）[J]. Journal of Personnel Evaluation in Education，1997，11（2）：103-126.

题。《中华人民共和国教师法》中规定了可以解聘教师的几种情形，其中第十四条规定，"受到剥夺政治权利或者故意犯罪受到有期徒刑以上刑事处罚的，不能取得教师资格；已经取得教师资格的，丧失教师资格"；第三十七条明确地说明了可以由学校、其他教育机构或者教育行政部门对教师给予行政处分或者解聘教师的几种情形：①故意不完成教育教学任务给教育教学工作造成损失的；②体罚学生，经教育不改的；③品行不良、侮辱学生，影响恶劣的。这些有关教师解聘行为的规定存在进一步完善的空间：首先，规定应进一步细化，加强规定在实践当中的可操作性，强化其对现实的指导作用；其次，应全面考虑可能导致解聘的教师不合格行为；最后，应更多地从动机或者道德层面，而不仅限于实际造成的不良影响方面来考虑是否解聘教师。

以美国为例，虽然它是一个地方分权的国家，各个州掌握着教育的大部分权力，但是，美国各个州都有专门针对教师解聘的法律规定，对于教师长聘契约的解除理由，各州法律中都有详细列举。从美国各州的规定来看，其关于教师解聘的理由大致包括如下五个方面：①不道德。在美国，有38个州的法律规定，如果教师的不道德行为影响了教学或者对学校利益产生了不良影响，校董会可以依照法律规定直接指控或者解聘教师。教师的不道德行为主要包括与未成年学生发生性行为、同性恋、未婚先孕、语言猥亵或语言攻击、触犯刑法、酗酒或服用毒品、以强制手段获取他人财产、不诚实等。②不胜任。这主要是指教师在专业知识和专业能力方面存在不足或缺陷，不能很好地履行教育教学方面的职责。具体包括如下方面：其一，学生管理方面，不能很好维持课堂秩序，体罚学生，管理学生方法不当，不能恰当地指导学生、和学生相处困难等；其二，专业知识方面，教学知识欠缺，不能有效传达知识，如学科知识贫乏、教学方法或技巧拙劣、教学和课程设计混乱等；其三，个人态度方面，排斥或拒绝教学，旷课，不服从管理，不能与同事合作，控制不了自身情绪等；其四，教育效果方面，由于教师原因，学生出现成绩不佳、道德低下、心理不良等现象或问题。③不服从。美国有21个州将"不服从"作为解聘教师的一个单独理由。不服从主要是指教师持续地有意忽视、拒绝遵守学校或学区的合理规定。不服从行为主要包括拒绝遵守教育政策和程序、不愿与督导人员合作、拒绝学校合理的行政安排、执意在教室中传教等。④玩忽职守。这主要是指教师不能履行自身的分内工作，对分派的任务漠不关心。⑤强制裁员。这种情况很少发生，一般在学生人数大幅减少或教育经费短缺的时候可能出现。①在欧盟国家，用人单位

---

① 徐小勤. 中美教师解聘制度的比较研究及启示[J]. 学理论，2012（11）：209-210.

强制解聘教师的法定事由主要有三种：一是教师自身过错行为；二是教学岗位重组，如生源减少等；三是教师健康原因。其中，教师自身过错行为主要包括从事违法犯罪活动、不胜任工作、旷工、存在不道德或不合适的行为等。[①]

对不合格教师的判定是建立农村义务教育阶段教师退出机制的前提，根据国内实际和国外经验，可以从国家和学校两个层面来展开。从国家层面来看，应以是否获得教师资格证书为标准来判断教师的合格与否，对于没有获得教师资格证书却从教的非法教师应严格取缔；从学校层面来看，应从教师的职业道德、专业知识、专业能力、身心健康、教学质量、工作态度等多方面建立不合格教师的判定标准，并按照哪些方面表现低于标准来对不合格教师进行分类，以此作为处理不合格教师的依据。不同类型的不合格教师在处置政策上也会有很大差别，比如，对于在师德方面有问题的教师，要严格按照教育部发布的《中小学教师违反职业道德行为处理办法》实行一票否决，对教师的失德行为给予警告、记过、降低专业技术职务等级、撤销专业技术职务或者行政职务、开除或者解除聘用合同等处分。而对于在专业知识和教学能力等方面有问题的教师，则要遵循补救优先的原则，通过教育或者培训等手段给予他们纠正与提高的机会和时间。

（二）弄清不合格教师的存在现状是现实依据

对不合格教师存在现状的调查研究主要是为了了解我国存在多少不合格教师以及这些不合格教师的群体分布特征。在国外，许多国家对本国不合格教师的存在现状做了大量的调查，例如，在美国中小学教师当中，虽然很少有全国统一的调查数据显示到底有多少不合格教师，其所占比例有多大，但很多学者非常关注这些问题，并在各地做了大量调查。1992 年，通过对文献文档的分析，拉夫利（Lavely）等认为美国不合格教师的比例约为 10%。塔克（Tucker）在 1996 年调查了弗吉尼亚州约 200 名中小学校长，根据校长估计数据的平均值，他们认为学校可能有 5% 的不合格教师（终身教师与试用教师中的合计数据）。而来自加利福尼亚州的律师麦格拉斯（McGrath）通过对全国范围内 50 000 名管理者的调查以及依据自己作为被解雇不合格教师救助方面专家的长期经验，认为美国不合格教师的比例约为 18%。综合大量研究以及不同学者的观点，一般认为，在美国的公立学校系统的数百万中小学教师当中，存在 5%—15% 的不合格教师。[②]

① 李晓强. 欧盟成员国中小学教师开除与解雇制度研究[J]. 比较教育研究，2008（6）：81-85.
② 转引自杨卫安，宁洋. 农村义务教育阶段不合格教师退出机制建立的关键问题探讨[J]. 教育科学研究，2015（12）：32-35.

相对而言，我国对农村义务教育阶段不合格教师退出机制的研究是比较薄弱的，其中对不合格教师存在现状的调查研究更为薄弱，基本处于空白状态。摸清实际是进行一切制度设计的前提，因此加强对农村义务教育阶段不合格教师存在现状的调查研究是至关重要的。在我国，农村许多不合格教师的产生有着深刻的历史原因，在教育普及与数量扩张阶段，我国中小学教师长期存在供不应求的现象。为了解决教师数量短缺问题，学校吸纳了大量民办教师、代课教师，由于缺乏相应的质量保证措施，农村地区出现了大量不合格教师，这就需要我们对不合格教师的情况进行分类，分析其群体特征。通过国家统计和实地调研数据了解不合格教师群体在数量、性别、年龄、学历、任教年限、政治面貌、是否民转公教师、空间分布等方面的特征，从宏观方面来说，可以为国家制定相关政策提供现实依据，既有利于最小化冲突，有效执行农村不合格教师程序性退出机制，也有利于建立教师退出后的分类安置与补偿等保障性机制；从微观方面来讲，可以为学校制定不合格教师的补救措施提供依据。

（三）真正发挥教师聘任制的作用是核心

解决"怎么退出"的问题同样是一个重要任务。一个正义的社会或好的制度不仅需要实体性公正，也需要程序性公正。在农村不合格教师的判定标准确定以后，如何能让真正不合格教师无可辩驳地退出就成为一个十分重要的问题。从美国的情况来看，要想解聘一名教师，首先需要收集足够的证据来证明教师的过错或者不胜任；其次还要遵循严格的法律程序，哪怕是程序上的一点点失误都有可能导致教师解聘工作前功尽弃。

对于我国来讲，农村不合格教师程序性退出机制建设的核心是如何让教师聘任制真正发挥作用。现在的教师聘任制之所以不能有效发挥作用，最主要的问题就是把矛盾的矛头直接指向个人而非组织，导致执行者有顾虑，退出者不服气。因此，程序性退出机制的建构有赖于各利益相关主体的群体性组织的建立并切实发挥它们的作用，如教师工会组织、家长社区委员会、校务委员会、政府的过程监督机构等，这些组织需要遵循一定的程序来决定教师的退出与否和合法权益。根据教师聘任制的要求，教师的退出方式应采取"合同退出机制"，即将教师退出教学岗位的条款和内容格式化为合同内容，以解决教师退出的合法性问题，降低争议和诉讼风险。教师退出要采取循序渐进的办法，给教师提供改进和补救的空间与时间。对于不能胜任教学岗位的教师，不能"一棍子打死"，要先实行"转岗"这一退出渠道，并根据教师本人意见让其进修或对其进行培训。培训以后，学校为待岗或转岗教师提供若干次重新竞聘上岗的机会。对于拒绝转岗、待岗培训，或经过进修培训后仍然不能竞争上岗的，才由学校或行政部门予以解聘。

除此之外，还要完善教师解聘的听证会制度以及教师法律救济制度等。《中华人民共和国劳动合同法》《事业单位人事管理条例》中都规定，解除职工的劳动合同，用人单位必须提前30天以书面形式通知当事人。《中华人民共和国行政处罚法》中则明确规定了行政处罚当事人有要求举行听证的权利。但是，就目前的教师解聘程序来看，提前通知和听证会很少被采用，致使教师没有经过这两个程序就被解聘了。同时，目前教师解聘后的法律救济制度也是有一定欠缺的。根据《中华人民共和国民事诉讼法》《中华人民共和国教师法》《事业单位人事管理条例》等的规定，教师与校方发生的包括教师聘任在内的法律争议，目前是不能通过诉讼方式来解决的。这也意味着，教师被解聘以后只能采用行政申诉和人事仲裁的方式来获得法律救济，并不能通过进入司法程序来获得相应的保护。即使是行政申诉和人事仲裁这两种教师可采用的法律救济方式，也因为受理部门不明确、制度程序不完善、司法解释不统一等因素的影响，在现实当中也没有得到充分、有效的实施。为保障教师聘任制能够真正贯彻落实，防止处于相对弱势地位的教师的合法权利受到侵害，学校及教育行政部门应严格按照法律程序办事，认真执行教师解聘的提前通知和听证制度，给拟解聘教师申辩和表达诉求的机会，以保障教师解聘程序的公开性、公正性与合法性，使其更具说服力。同时，国家应进一步完善及落实教师解聘后的行政申诉和人事仲裁制度，并修改或增加《中华人民共和国教师法》中关于法律责任的条款，将教师的行政处分包括聘任争议纳入民事诉讼的范围，使得教师的合法权益能够通过法律诉讼渠道来获得最终的保护。

（四）建立和完善分类退出与保障制度是根本

由于教师不合格的类型是不一样的，对于经考核不合格的农村教师，不能一刀切地全部一退了之，而要根据不同情况进行分类处置。由于很长一段时期内，我国中小学一直处于数量扩张阶段，教师数量供不应求。为了解决这一矛盾，大量民办教师、代课教师进入教师队伍。这些教师被层层拔高使用，但缺乏应有的质量保证，出现了一些不合格教师，这种现象在农村地区更为常见。对于在农村地区，由民办教师转正而来的教师年龄大多在50岁以上，集中表现出精力不旺、激情难现等问题。这些教师大多学历起点低，继续学习的能力相对不足。在师资匮乏、国家需要的时候，这些教师为基础教育尤其是农村教育做出了巨大贡献，不加补偿地加以解聘于他们而言是不公平的。对于这部分教师，可以采取提前退休、转岗或者买断等方式使他们退出教师岗位。除了这部分民转公的老教师，对于其他不合格的教师也要分类处理，比如，对于教学不胜任的教师，可以采取一些补救措施，促进他们提升业务能力；而对于诸如严重违反党纪国法或者师德失范的老师，必须坚决采取一票否决制，把他们清退出教师队伍。

建立和完善保障制度旨在解决教师"退出后怎么办"的问题。政策的实质是某一团体为了某种目的而采取的政治措施。而一个国家的管理与发展离不了政府制定的政策。由于公共政策问题很少是独立出现的，各种问题处于相互联系中，解决社会问题的政策也是纵横交错在一起的，由此形成了政策问题的网络结构。当其他领域的政策问题处在网络结构的关键点上时，政策问题的解决就有赖于其他政策的实施并以其实施效果为前提条件，即配套保障制度。对于面临退出的农村教师，应有相应合理、有效的系统措施，以保障他们的权益，这些措施包括退出教师的补偿机制、培训再就业制度、社会救济保障制度等，以尽量减少教师退出对社会造成的负面效应，维护社会的和谐稳定。

第七章　义务教育非在编教师发展历程与未来展望

编制制度是我国对义务教育阶段教师进行人事管理的基础。教师编制蕴含着教师管理方面许多重要的信息，包括教师的编制身份、工资待遇、社会保障、组织归属感以及学校各级岗位比例结构等一系列涉及教师工作、生活的重要领域。[1]非在编教师在身份、待遇、职业发展等方面存在的优势不如在编教师，由此可能导致非在编教师合同有风险、权益难保障、队伍不稳定等问题。[2]梳理义务教育非在编教师的发展历程，分析其存在的原因，并对其未来趋势进行预测，有助于我们客观认识非在编教师存在的合理性及限度，对于更好地对非在编教师进行管理、完善教师人事制度具有重要的现实意义。

第一节　义务教育非在编教师发展历程

一、民办教师为主的阶段（1949—1977年）

民办教师是我国特定历史阶段出现的具有特殊含义的一个教师群体。与公办教师由政府财政支付工资不同，民办教师大部分由基层单位或集体组织支付工资。国家承认的民办教师一般需要县教育主管部门审查批准，发放任教证书，但不纳入国家教师编制。民办教师是在我国经济落后、以师范生为主要补充力量的公办教师数量不能满足教育快速发展需要的情况下而产生的一种编外教师类型。在新中国成立后的几十年间，民办教师在我国广大农村地区中小学教师队伍中一直占有较高的比例，为我国农村教育的普及和发展做出了不可磨灭的贡献。民办教师的长期和大量存在，主要是两个方面的矛盾使然：一是我国教育长期存在着国家财政投入不足和教育事业快速发展的矛盾；二是中小学师资严重不足和日益增长的学龄儿童数量的矛盾。[3]

从1949年民办教师产生开始，小学和初中民办教师的发展经历了以下几个阶段。1949—1951年处于快速增长阶段，民办教师数量由12.7万人增加到44.5万人，比例由14.30%上升到34.61%。1952—1957年为初步整顿阶段，民办教师数量最多

① 姜超，邬志辉. 教师编制银行——城镇化背景下义务教育教师编制配置的新机制[J]. 基础教育，2015，12（6）：33-38.

② 邬志辉，陈昌盛. 我国义务教育阶段教师编制供求矛盾及改革思路[J]. 教育研究，2018，39（8）：88-100.

③ 孟旭，马书义. 中国民办教师现象透视[M]. 南宁：广西教育出版社，1999：1.

时为 1957 年，达到 15.7 万人，所占比例达到最高，为 7.57%。1958 年之后进入跌宕起伏与规模膨胀阶段，1958—1960 年民办教师数量从 59.7 万人增加到 69.6 万人，所占比例超过了 22%。1961 年经过调整压缩，民办教师数量降到 41.1 万人，比例下降为 14.22%。此后，民办教师数量又快速上升，1965 年达到 177.3 万人，比例为 41.85%。进入 20 世纪 70 年代，民办教师规模进一步扩张，1977 年达到顶峰，全国共有小学和初中民办教师 455.3 万人，比例达到了 60.00%。[①]这些民办教师主要集中在乡村地区，其中小学民办教师所占比例更高。以 1977 年的小学为例，全国小学民办教师数量共有 343.9 万人，其中乡村小学就有民办教师 334.35 万人，比例达到了 97.22%。乡村小学教师总共有 456.62 万人，民办教师占到了 73.22%。[②]

二、民办教师消退与代课教师发展阶段（1978—2000 年）

代课教师的出现和民办教师有着很多相似之处，都是教育快速发展过程中正规师资供给缺乏、教育投入不足的结果。[③]民办教师对我国教育普及和发展虽有巨大贡献，但他们多数没有经过正规的师范教育，再加上一些地方招聘随意，把关不严，造成大量不合格教师的产生。为此，1978 年之后，国家开始对民办教师政策进行调整，先是上调民办教师的管理权限，对民办教师队伍进行整顿，清退其中的不合格教师。经过堵口子、民转公、辞退等多种方式的整顿治理，1978—1993 年，全国共减少民办教师 248.9 万人，数量下降到 215.6 万人，占全国中小学教师总数比例也下降到 24.7%。[④]1994 年以后，国家解决民办教师问题的步伐加快，提出到 20 世纪末基本解决民办教师问题。此后，民办教师的数量持续减少，比例持续降低，到 2000 年底，我国对民办教师的消化工作基本完成。

但是，这一时期我国正处于中小学教育普及的关键时期，始终对教师保持较高的数量需求。民办教师经过治理整顿，数量逐渐减少，我国以农村为主的地区面临较大的师资缺口。虽然正规师范院校培养的教师规模越来越大，但仍无法满足教育快速普及对教师的需求。在这种情况下，代课教师开始取代民办教师在农村中小学大量出现，尤其是小学代课教师。代课教师没有国家正式编制，实行"谁聘谁出钱"

---

① 根据刘英杰于 1993 年出版的《中国教育大事典（1949—1990）》（杭州：浙江教育出版社）第 681、683 页中的相关数据计算得出。

② 根据教育部于 1979 年 9 月编印的《三十年全国教育统计资料（1949—1978 年）》第 184、187、189 页中的相关数据计算得出。

③ 王献玲. 中国民办教师始末研究[D]. 杭州：浙江大学，2005.

④ 孟旭，马书义. 中国民办教师现象透视[M]. 南宁：广西教育出版社，1999：1.

的策略，国家也没有统一的财政补贴。数据显示，1977 年全国中小学代课教师的数量为 37.01 万人，比例低于 5%。①进入 20 世纪 80 年代，中小学代课教师数量有所增加，1989 年达到 49.46 万人，比例为 5.80%。其中小学代课教师数量为 37.55 万人，比例为 6.77%。到了 90 年代，中小学代课教师数量开始迅猛发展。1992 年，中小学代课教师数量为 73.73 万人，比例达到 8.51%，其中小学代课教师数量为 59.33 万人，比例为 10.74%。到了 1997 年，代课教师数量达到顶峰，超过 100 万人，达到 100.55 万人，比例为 10.72%，其中小学代课教师数量为 85.98 万人，比例为 14.84%。1997 年之后，国家开始有意识地控制代课教师数量，全国代课教师数量开始快速减少，到 2000 年已减少到 65.58 万人，比例也下降为 6.65%。②此后，国家提出要逐步清退代课教师，代课教师数量得以持续减少。

三、多元化的编外用师改革阶段（2001 年至今）

2001 年之后，我国中等师范学校大量削减，"专科、本科、研究生"新三级教师教育体系开始形成。随着教师教育制度的改革和高校学生数量持续扩招，具有从教资格的高校毕业生数量大幅增加，总体上呈现出供过于求的局面。同一时期，包括中小学在内的事业单位改革也不断走向深化，"凡进必考"的教师招聘制度逐步确立。2003 年，人事部、教育部印发《关于深化中小学人事制度改革的实施意见》，提出全面推行中小学教职工聘用（聘任）制度，中小学教职工要按需设岗、公开招聘。2005 年，人事部发布了《事业单位公开招聘人员暂行规定》，教育部也积极推动新任教师公开招聘工作的开展，中小学教师公开招聘"凡进必考"制度最终得到实施。

在这种背景下，以往比较粗放的教师招聘方式得到改变，没有教师资格证或非正规的教师很难再被招聘到中小学任教。但是，在编制总量从严控制和县（区）级政府财力有限的情况下，面临教师需求压力与现实编制困境，一些地区进行了一系列由地方政府主导、地方财政支持的编外用师改革。③代课教师、临聘教师、校聘教师、合同制教师等叫法不同，但实质上都是政府购买服务性师资的做法，都被汇入编外用师改革的洪流。这些编外用师改革包括以下几种类型：政府直接购买教师

---

① 张河森. 代课教师问题研究[D]. 武汉：华中师范大学，2016.
② 数据来源于历年《中国教育事业统计年鉴》《中国教育统计年鉴》，或由其中数据计算得出。
③ 邬志辉，陈昌盛. 我国义务教育阶段教师编制供求矛盾及改革思路[J]. 教育研究，2018，39（8）：88-100.

服务模式、教师劳务派遣模式、教师聘用制模式、"两自一包"模式等。①这些模式的运作方式有所差别，比如，有些地方由教育部门或用人学校直接聘用教师，有些地方则通过向第三方购买教育服务间接聘用教师。②据不完全统计，至 2019 年，全国至少有 17 个省份进行了编外用师改革，其中既有东部省份，又有中部省份，还有一些西部省份。③从编外用师改革的规模来看，虽然全国没有统一的数据，但从各地实际补充的教师数量来看，补充人数从 100 人左右到 1000 人左右不等。④例如，河南固始县一次性招聘的编外师资数量达到了 400 人，还有一些县（区）一次性招聘的编外师资数量为 150—200 人。⑤如果按此来推算的话，全国的编外教师数量具有较大规模。

第二节 义务教育非在编教师存在的原因分析

一、经济财政的制约

任何国家或地区发展教育都必须以一定的人、财、物资源为前提，必须以经济发展水平所能提供的物质要素为基础。经济发展水平对教育事业发展的规模及速度产生制约作用，一般来说，经济发展水平越高的国家和地区，其政府财力越雄厚，越有可能投入更多的公共经费来发展教育。从经济因素对教育的制约性来看，经济发展水平以及由此决定的政府财政能力是义务教育非在编教师存在的根本原因。在国家经济发展不充分、财政能力有限的情况下，国家通常通过体制外力量来发展教育，由此产生编外教师问题。

新中国成立初期，国家经济发展水平较低，各种资源都很匮乏。在这种情况下，如何筹措经费和招聘教师来发展教育，就成为党和政府着力解决的现实问题。⑥从

① 邬志辉，陈昌盛. 我国义务教育阶段教师编制供求矛盾及改革思路[J]. 教育研究，2018，39（8）：88-100.

② 刘善槐，朱秀红，李昀赟. 农村教师编制制度改革研究[J]. 中国教育学刊，2019（1）：7-12.

③ 孙来勤，张永秋. 义务教育阶段公办中小学政府购买服务性师资政策研究：基于 17 省（自治区）44 县（市、区）的政策文本[J]. 中国教育学刊，2019（8）：29-34.

④ 邬志辉，陈昌盛. 我国义务教育阶段教师编制供求矛盾及改革思路[J]. 教育研究，2018，39（8）：88-100.

⑤ 孙来勤，张永秋. 义务教育阶段公办中小学政府购买服务性师资政策研究：基于 17 省（自治区）44 县（市、区）的政策文本[J]. 中国教育学刊，2019（8）：29-34.

⑥ 杨卫安. 乡村小学教师补充政策演变：70 年回顾与展望[J]. 教育研究，2019，40（7）：16-25.

1949 年新中国成立到 1978 年改革开放的近 30 年时间里，我国的经济建设在艰难曲折中发展，虽取得重大成就，但经济总量依然不高。例如，1952 年，我国的 GDP 只有 679 亿元，经济总量占世界的比重很低。即使到了 1978 年，我国的 GDP 也只有 3645 亿元，经济总量占世界的比重才达到 1.8%。①经济总量不高决定了国家的财力不会太强，再加上这一时期国家实行计划经济，政府直接对国民经济各部门进行管理，除去经济建设、军费和行政等更为重要的支出项目，教育经费所能得到的份额很低。1978 年以后，我国进入以经济建设为中心的社会主义现代化建设时期，经济发展速度及财政收入增长都很快。但是，作为后发国家，经济强国需要较长时期才能建成。因此，经济与财力状况依然是制约我国教育发展和教师使用的主要因素。20 世纪 90 年代，李岚清副总理曾提到，作为发展中国家，我们要办世界上最大规模的教育，需要探索"穷国办大教育"的途径。②与此同时，随着教育的快速普及和对教育质量要求的逐步提高，国家对教师的需求量也一直在增加，在各类师范院校培养的师资远不能满足需求的情况下，大量的民办教师、代课教师等编外教师成为这一时期教师补充的重要来源。

进入 21 世纪，我国的经济发展水平得到进一步提高，经济总量占世界的比重不断提升。2008 年，我国经济总量占世界的比重达到 6.4%，位居美国和日本之后，居世界第三位。根据世界银行资料，按美元计算，我国 2008 年的 GDP 为 38 600 亿美元，相当于美国的 27.2%、日本的 78.6%。从人均来看，我国人均 GDP 在 1952 年为 119 元，1978 年为 381 元，长期处于低收入国家行列。2008 年，我国人均 GDP 达到 22 698 元，按照世界银行的划分标准，我国跃升为世界中等偏下收入国家。③到 2019 年，我国人均 GDP 为 70 892 元，按年平均汇率折算达到 10 276 美元，首次突破 1 万美元大关。④虽然我国人均 GDP 与高收入国家的差距进一步缩小，但我国依然处于不富裕国家之列。由此可见，这一时期我国经济发展虽取得了重大成就，但物质财富远没有达到极大充裕的程度，对教师资源的供应也不能满足按需分配的要求。因此，经济及财政因素依然是非在编教师存在的根本原因。

---

① 新中国 60 周年：光辉的历程 宏伟的篇章[EB/OL].（2009-09-15）. http://www.gov.cn/test/2009-09/15/content_1418035_2.htm[2024-08-01].

② 李岚清. 李岚清教育访谈录[M]. 北京：人民教育出版社，2003：55.

③ 新中国 60 周年：光辉的历程 宏伟的篇章[EB/OL].（2009-09-15）. http://www.gov.cn/test/2009-09/15/content_1418035_2.htm[2024-08-01].

④ 李婕. 中国经济总量逼近 100 万亿元大关[N]. 人民日报海外版，2020-02-29（003）.

二、正规师资来源短缺

新中国成立后,我国人口规模迅速增长,同时带动了学龄人口规模的快速增长。从 1978 年之前的数据来看,我国人口总数由 1953 年的 6.02 亿人增加到 1978 年的 9.63 亿人[①],增长幅度很大。根据 1953 年和 1978 年的人口总数[②]以及 0—14 岁人口分别占总人口 36.3%和 35.8%的比例[③],1953 年和 1978 年 0—14 岁的人口数量分别为 2.13 亿人和 3.45 亿人,26 年间增加了 1.32 亿人,这些都是小学和初中的学龄人口以及即将接受小学和初中教育的人口。同一时期,我国小学和初中教育快速普及,入学率和入学人数也都有了飞速提升。1949 年,我国小学在校生数为 2439 万人,净入学率仅为 20%。[④]到了 1978 年,我国小学在校生数为 14 624 万人,净入学率已达到 94.0%。[⑤]对于初中来说,1949 年我国初中在校生仅有 83 万人,毛入学率只有 3.1%。[⑥]到了 1978 年,我国初中在校生数约为 4995 万人,毛入学率达到 66.4%。[⑦]在近 30 年的时间里,小学和初中在校生数增加了 17 097 万人,即使不考虑教师工作调动和死亡等自然减员情况,以生师比 25:1 来计算,也需要新补充 683.88 万名教师。以生师比 25:1 来计算,小学需要补充 487.40 万名教师,初中需要补充 196.48 万名教师。从小学正规教师的主要补充来源——中等师范学校的毕业生数量来看,1949—1978 年,共毕业学生 237.25 万人左右。[⑧]即使这些毕业生全部补充到小学教师队伍,也还有 250.15 万人的缺口。初中教师同样面临着巨大的师资缺口问题。为了满足教育快速普及的需要,中小学只能吸收大量没有经过专门师范教育的非正规教师从教。在国家财力有限的情况下,这些非正规教师很难获得国家编制。因此,正规师资来源短缺就成为这一时期以民办教师为主的非在编教师产生的重要

① 国家数据[EB/OL]. http://data.stats.gov.cn/easyquery.htm?cn=C01[2024-08-01].
② 国家数据[EB/OL]. http://data.stats.gov.cn/easyquery.htm?cn=C01[2024-08-01].
③ 王维志. 对我国解放后人口年龄结构的初步分析[J]. 人口研究,1981(4):7-11.
④ 教育改革发展扎实推进 教育强国建设行稳致远——新中国 75 年经济社会发展成就系列报告之二十[EB/OL].(2024-09-24). https://www.gov.cn/lianbo/bumen/202409/content_6976123.htm[2024-10-19].
⑤ 数看百年:教育大国是怎样炼成的[EB/OL].(2021-07-07). https://www.eol.cn/shuju/uni/202107/t20210707_2133311.shtml[2024-10-12].
⑥ 数看百年:教育大国是怎样炼成的[EB/OL].(2021-07-07). https://www.eol.cn/shuju/uni/202107/t20210707_2133311.shtml[2024-10-12].
⑦ 根据教育部于 1979 年 9 月编印的《三十年全国教育统计资料(1949—1978 年)》13 页中的相关数据计算得出。
⑧ 根据教育部于 1979 年 9 月编印的《三十年全国教育统计资料(1949—1978 年)》121 页中的相关数据计算得出。

原因。

1978—2000 年，我国初中和小学的学生数量一直保持在一个较大的规模。小学净入学率进一步提高，由 1978 年的 94.0%提升到 2000 年的 99.1%，学生数有所减少，由 1978 年的 14 624 万人减少到 2000 年的 13 013 万人，但总体规模依然较大；初中毛入学率在此期间有了较大幅度的提升，由 1978 年的 66.4%提高到 2000 年的 88.6%，学生数也由 1978 年的 4995 万人增加到 2000 年的 6256 万人。①由于学生数量一直保持在一个较大规模，再加上当时国家更加注重教育质量，我国对教师数量始终有一个较高的需求。正如前文所述，20 世纪 80 年代前后，我国非正规的编外教师数量超过了 450 万人，比例在 60%左右。为了消化这 450 多万名非正规编外教师，国家一方面通过转正的方式给予部分编外教师以国家编制，同时也清退了大量的不合格编外教师。20 世纪八九十年代，各级师范毕业生规模依旧有限，以中等师范学校毕业的学生数量为例，20 世纪 80 年代初期大部分年份的毕业生只有十几万人，80 年代中后期的毕业生开始超过 20 万人，90 年代的毕业生达到 30 多万人。②但是，相比于数以百万计的教师需求，正规教师的培养依然处于供不应求的状态，由此出现了以代课教师为主的编外教师的大发展。

三、编制总量的限制

编制的重要功能之一就是控制财政供养人员数量。我国历来重视机构编制管理，新中国成立后，我国逐渐确立了以编制管理为基础的人事制度。1955 年，我国正式提出"事业单位机构编制"（事业编制）的概念，其与党政机关机构编制（行政编制）并列，成为国家机构编制管理的两大基本组成部分。③1963 年，国家编制委员会成立，并设事业编制处，对编制人数和编制工资总额进行计划管理。改革开放以后，我国的机构编制管理工作逐步得到恢复。由于这一时期机构设置和财政供养人员出现增长过快的状况，国家开始严格控制机构编制增长，并将其作为此后历届政府的重要目标。1988 年 6 月，国务院成立了国家机构编制委员会，对全国机构编制实行宏观控制，审核机构设置和人员编制总额。1990 年，国务院发布《关于进一步加强机构编制管理的通知》，对编制管理进行治理整顿。1991 年，党中央、国

① 2019 年全国教育事业发展统计公报[EB/OL].（2020-05-20）. http://www.moe.gov.cn/jyb_sjzl/sjzl_fztjgb/202005/t20200520_456751.html[2024-08-01].
② 数据来源于历年的《中国教育事业统计年鉴》《中国教育统计年鉴》，或根据其中的数据计算得出。
③ 韦之. 事业单位机构编制管理的历史沿革[J]. 经济研究参考，1992（Z6）：55-59.

务院又成立中央机构编制委员会，负责中央对全国机构编制工作的领导，严格控制机构编制膨胀。总体来说，虽然 2000 年之前国家也比较重视编制管理工作，但对于教师编制来说，由于教育普及的需要，国家对教师有比较大的数量需求。这一时期，编制虽然对教师扩充有影响，但编外教师大量产生的更直接原因却是正规师范院校培养的教师数量不足。

进入 21 世纪以后，国家更加重视机构编制管理工作，这一时期编制总量控制成为许多地区编外教师存在和编外用师改革的主要原因。2007 年，《中共中央办公厅、国务院办公厅关于进一步加强和完善机构编制管理严格控制机构编制的通知》发布，致力于解决一些地方和部门超编制配备人员等问题。党的十八大以后，国家继续执行严格控制编制总量政策，并明确表示财政供养人口只减不增。国家的整体编制政策对教师编制供给产生了重要影响。例如，2014 年，《中央编办、教育部、财政部关于统一城乡中小学教职工编制标准的通知》中指出，"要坚决贯彻中央严格控制机构编制和本届政府财政供养人员只减不增有关精神……实行总量控制，确保核定后的中小学教职工编制不突破现有编制总量"。2018 年，《中共中央 国务院关于全面深化新时代教师队伍建设改革的意见》同样指出，"在现有编制总量内，统筹考虑、合理核定教职工编制"。在教师编制供给坚持"从严从紧，严格控制总量"的总基调下，即使部分经济条件较好的地区确实缺乏教师，也不能突破编制总量限制来招聘在编教师，因此只能进行编外用师改革。

四、教师供需的结构性失衡

各级师范院校培养的教师总量供不应求，正规师资来源缺乏可能导致编外教师的产生。但是，即使各级师范院校培养的教师总量充足，也可能因为教师供需的结构性失衡导致对编外教师的需求，从而导致编外教师的产生。概括而言，教师供需结构失衡主要有以下三种情况。

第一，教师有效供给不足所导致的教师缺乏，引发编外教师的产生。当前我国师范院校毕业的学生虽然很多，但存在明显的向城性就业倾向。乡村或其他欠发达地区由于教师职业吸引力低，培养出的教师很少愿意扎根、留守在这些地区任教。由于很难充足、及时地吸引、补充到正式教师，乡村和一些欠发达区教师出现"补充不足"且"难以长久留住"的困境。[①]这成为代课教师等非在编教师存在的重要诱因。

第二，教师供需的空间结构矛盾成为编外教师产生的新诱因。近些年，我国城

---

① 朱永新. 代课教师不可或缺[N]. 光明日报，2010-03-09（002）.

镇化快速推进，出现了大规模的学龄人口流动。据统计，2019 年，全国义务教育阶段在校生中进城务工人员随迁子女共 1426.96 万人。[①]在某些地区，流动儿童数量甚至已超过了本地儿童的数量。我国城乡的学龄人口空间分布和教育形态都发生了很大变化，以传统属地化管理为主和生师比为标准的教师编制配置模式面临着巨大挑战。一方面，这直接导致城镇学校教师缺编，不少学校不得不招聘临时"代课教师"以应急需。另一方面，由于农村学龄人口的向城流动与自然减少，小规模学校大量出现，造成教师配置的困难。按照国家的教师编制配置标准，许多农村地区教师出现绝对数量富余但又相对缺人的现象。为了满足实际的教育教学需求，一些地方不得不聘用编外教师。

第三，临时的教师数量短缺催生临聘教师的产生。近些年，我国许多地区尤其是农村地区的教师队伍出现老龄化现象，频繁的病假造成的师资空缺需要填补。再加上中小学尤其是小学教师以女性居多，受国家生育政策的影响，孕、产假导致的师资空缺也急需填补。同时，中小学教师的外出培训也造成了教师的临时减员。多种突发情况可能造成教师数量的短缺，但是，现行的教师补充工作是以学年为单位开展的，一般在秋季学期前的暑假进行，这种制度安排未充分重视学校正常工作日内短期或临时性师资缺口的客观存在。[②]这种状况也催生了临聘或代课教师的产生。

第三节 义务教育非在编教师发展的未来趋势

一、经济财政的制约作用减弱，但影响将会持续

党的十九大报告中指出："从十九大到二十大，是'两个一百年'奋斗目标的历史交汇期。我们既要全面建成小康社会、实现第一个百年奋斗目标，又要乘势而上开启全面建设社会主义现代化国家新征程，向第二个百年奋斗目标进军。"可以预期，我国未来经济发展将继续处于中高速增长的新常态阶段。2020 年，我国全面建成小康社会。研究显示，按照世界银行公布的 GDP 人均 12 616 美元的高收入经济体的门槛，根据我国目前经济的年平均增长速度，预计在 2025 年前的某个时间

---

① 2019 年全国教育事业发展统计公报[EB/OL].（2020-05-20）. http://www.moe.gov.cn/jyb_sjzl/sjzl_fztjgb/202005/t20200520_456751.html[2024-08-01].

② 李春英，孙来勤. 偏远农村学校急需临时替代师资力量[J]. 教学与管理，2018（16）：10-12.

点，我国将步入高收入经济体的行列。[①]到 2035 年，我国将基本实现社会主义现代化，经济实力将大幅跃升。到 21 世纪中叶，在基本实现现代化的基础上，我国将建成富强民主文明和谐美丽的社会主义现代化强国，成为综合国力和国际影响力领先的国家，全体人民共同富裕基本实现。[②]从国家发展的宏伟蓝图中可以看出，随着我国社会主义现代化进程的不断推进，我国将逐渐成为经济发达国家，财政能力也会有显著提升。因此，未来我国对财政供养人口的接纳能力也会大幅提升，经济财政因素对非在编教师存在的影响将会持续减弱。虽然如此，我国离物质财富极其充足还有较长的距离，这决定了我国在较长一段时期内还会继续控制在编的财政供养人口。如果未来对教师数量始终保持一个较大规模的需求，那么非在编教师存在的经济因素就会一直存在。

二、编制政策的长期影响

2011 年，《中共中央、国务院关于分类推进事业单位改革的指导意见》发布，该文件指出包括义务教育在内的基本公共服务，不能或不宜由市场配置资源，属于公益一类事业单位。对于这类事业单位，要强化其公益属性，由财政给予经费保障。为切实做好分类推进事业单位改革工作，同年，国务院办公厅印发《关于创新事业单位机构编制管理的意见》等配套文件，其中规定，对公益服务事业单位进行细分后，公益一类事业单位要继续实行机构编制审批制，完善管理制度。根据公益一类事业单位的性质以及国家相关文件精神，我们可以判断，未来较长时间内，义务教育教师人事管理将继续以编制制度为基础。根据现行的国家编制政策，严格控制编制总量是一项硬性约束，具有制度刚性。在国家严格控制编制总量和财政供养人口只减不增等政策的约束下，义务教育阶段教师编制总体供给规模很难有大的提升。

与此同时，未来一段时间我国义务教育将保持比较大的教师扩充需求。首先，"全面二孩"生育政策以及"一对夫妻可以生育三个子女的政策"导致教师需求量增加。生育政策调整造成新出生人口的短暂增加和女教师的孕、产假减员。据预测，到 2030 年，仅农村地区新增学生对义务教育教师的补充需求就将达到

---

① 李培林. 新中国 70 年社会建设和社会巨变[J]. 北京工业大学学报（社会科学版），2019, 19（4）: 1-10.

② 习近平：决胜全面建成小康社会 夺取新时代中国特色社会主义伟大胜利——在中国共产党第十九次全国代表大会上的报告[EB/OL].（2017-10-27）. https://www.gov.cn/zhuanti/2017-10/27/content_5234876.htm [2024-08-01].

29.85 万人。①其次，城镇化造成对城乡义务教育阶段教师数量需求的"双增加"。随着城镇化进程的快速推进，大量乡村人口进入城镇，造成城镇过密和乡村过疏的人口分布格局。这一方面造成城镇教师编制不足，另一方面又因乡村学校小型化造成教师的超编缺员，扩大了教师编制供给的总量缺口。最后，课程改革和对教育质量的高要求成为教师数量增加的新诱因。课程改革后，原有义务教育课程体系中不断加入新课程，对教育质量的高要求也需要降低生师比或进行小班化教学，这些都要求相应地增加教师数量。一方面是对教师编制总量的严格限制，另一方面又对教师数量有扩充需求，这就造成教师编制供需矛盾将在较长一段时期内持续存在，即使是一些经济发达地区，也不能摆脱教师编制总量控制的影响来超编进人。

三、师资来源充足，但教师供需的时空结构矛盾将长期存在

从新培养的教师数量来看，目前我国师资来源充足，出现供给远超需求的情况。数据显示，2006 年后的十年间，我国每年毕业的师范生数量平均在 70 万人以上，而到教育机构工作的平均不到 20 万人，比例只有 27.89%左右。也就是说，超过70%的师范毕业生没有从事教育工作。②以此来看，由师范院校培养的正规师资短缺所导致的编外教师产生的时代已经过去。但是，我国教师供需的时空结构矛盾将长期存在，这也决定了代课教师、临聘教师等非在编教师的存在将具有长期性。

首先，由乡村和欠发达地区教师职业吸引力低所导致的教师有效供给不足问题将长期存在。虽然我国先后实施脱贫攻坚计划和乡村振兴战略，但是想要完全消除城乡和地区发展差距，还需要较长一段时间。这决定了由教师"补充不足"而导致的编外教师将长期存在。其次，城镇化还将持续较长时间。2019 年，我国常住人口城镇化率为 60.60%③，正处于城镇化发展的快速阶段。按照世界城镇化发展的一般规律，城镇化率超过 70%，其增长速度才会渐趋缓慢甚至停滞。按照目前的城镇化速度，我国的城镇化快速发展期还将持续近十年的时间，这决定了教师供需的空间结构矛盾还将持续一段时间，由此引发的教师"缺编问题"还将持续。最后，因教师病假、孕产假、培训等所引发的教师临时短缺问题将会一直存在，临聘或代课等非在编教师的存在也将具有长期性。

---

① 刘善槐，朱秀红，李昀赞. 农村教师编制制度改革研究[J]. 中国教育学刊，2019（1）：7-12.
② 解艳华. 教师教育亟须进行"供给侧改革"[N]. 人民政协报，2016-09-28（009）.
③ 林火灿. 新型城镇化建设促乡村经济多元化[N]. 经济日报，2020-03-18（004）.

从长远看，随着我国经济财政制约作用的减弱以及师资来源越来越充足，非在编教师的数量将会逐渐减少。但由于编制政策的影响以及教师供需的时空结构矛盾将长期存在，非在编教师问题仍将长期存在，在特定时间和区域内，编制供需矛盾还会表现得比较突出。我们要充分认识到非在编教师存在的主客观原因，认识到其存在的价值和可能产生的问题，并采取恰当措施进行管理。

第八章 乡村小规模学校课程"开齐开足开好"的师资难题及制度改革

进入 21 世纪以来，随着我国城镇化进程的加快和人口的自然减少，乡村学校出现小型化、微型化的趋势。以 2016 年为例，全国乡村地区共有小规模学校（不足 100 人的小学和教学点）108 330 所，占乡村小学和教学点总数（193 203 所）的 56.07%。这种状况给乡村地区的教师资源配置带来了巨大挑战[①]，课程"开齐开足开好"成为问题。2010 年，《国家中长期教育改革和发展规划纲要（2010—2020 年）》指出，要配齐音乐、体育、美术等学科教师，开足开好规定课程。此后，国家在多个文件中强调要确保"开齐开足开好"国家规定课程。2018 年，国务院办公厅又专门印发《关于全面加强乡村小规模学校和乡镇寄宿制学校建设的指导意见》，提出要及时为乡村学校配备合格教师，保障所有班级"开齐开足"国家规定的课程。可以说，乡村小规模学校课程"开齐开足开好"问题已成为当前我国教育改革和发展的重点、难点问题。虽然这一问题的产生与人们的教育观念和教学条件限制等都有关系，但教师无疑是最直接、最重要的因素。因此，解除乡村小规模学校课程"开齐开足开好"问题的师资障碍，对促进乡村教育现代化具有重要的现实意义。

第一节 乡村小规模学校课程"开齐开足开好"面临的师资难题

一、乡村小规模学校课程"开不齐"与师资的结构性缺失难题

目前，我国乡村小规模学校普遍存在课程"开不齐"的状况。调查数据显示，乡村小规模学校只有语文和数学两门课程全部开齐，其余课程大多没有开齐。其中，英语、品德、音乐、体育、美术五门课程的开设率分别为 51.3%、65.1%、60.2%、53.5% 和 53.6%；科学、综合实践、信息技术、地方课程的开设率普遍更低，分别只有 51.2%、46.8%、27.3% 和 20.7%。[②]课程"开不齐"反映了乡村小规模学校普遍存在的师资结构性缺失问题。有地区的调查结果显示，许多小规模学校没有相应的专任教师，其中，没有专任外语教师的占 53.4%，没有体育教师的占 53.9%，没有科学教师的占 69.3%，没有音乐教师的占 79.9%，没有美术教师的占 83.6%，没有综

---

① 教育部对十二届全国人大五次会议第 3369 号建议的答复[EB/OL].（2017-09-30）. http://www.moe.gov.cn/jyb_xxgk/xxgk_jyta/jyta_jijiaosi/201712/t20171220_322043.html[2024-08-15].

② 赵丹，范先佐，郭清扬. 乡村小规模学校教育质量提升——基于集群发展视角[J]. 教育研究，2019，40（3）：90-98.

合实践活动教师的占 67.2%。数据还显示，同时没有体育、音乐、美术教师的小规
模学校比例为 33.9%，同时没有外语、体育、科学、音乐、美术、综合实践活动课
教师的学校比例为 19.3%。[①]

二、乡村小规模学校课程"开不足"与师资的数量不足难题

课程开不齐就谈不上开得足，但即使开设了相关课程，也可能因为师资数量缺
乏而导致课时"开不足"。"开不齐"反映的主要是师资结构性缺失的问题，"开不
足"则主要反映的是师资数量不够的问题。乡村小规模学校学生人数和班级都较少，
"一师一校"和"一班一师"情况很普遍。在教师数量不足的情况下，只能优先满
足所谓的"主科"课程的课时要求，缩减其他学科的课时数。调研发现，许多乡村
小学有两套课程表：一套用来应付上级检查；另一套用来实际执行。在实际执行过
程当中，除了"主科"以外，其他的学科，如音乐、体育、美术、科学等课程只是
象征性地进行安排，即使一些学校开设了此类课程，也经常不上课或被"主科"课
程挤占，课时被严重压缩。[②]在一些存在复式教学的"一师一校"和人数只有一 20
人并设立多个年级的超小规模学校，不用说艺术、体育等学科，即使语文、数学等
"主科"课时开设充足也存在困难。在教师数量不足的情况下，为了完成国家规定
的教学任务，每位教师需要教更多的年级、更多的学科或者承担更多的教学时数。
例如，21 世纪教育研究院对乡村小规模学校教师任教课程门数的调研发现，其中
32% 的教师需要承担 3—4 门课程的教学，28.9% 的教师则需要承担高达 5 门以上课
程的教学。[③]我们的调研结果也表明，多数乡村小规模学校教师每天的教学时数在
4 节以上，部分学校教师达到了 7 节，基本上一天都在上课。

三、乡村小规模学校课程"难开好"与师资质量不高难题

从乡村小规模学校课程开设质量来看，以学生学业成绩为参照，小规模学校
3—6 年级学生语文、数学、英语三科成绩的优秀率均值分别为 24.3%、26.6% 和
34.7%，显著低于县镇学校的 36.2%、49.7% 和 42.4%；同样是这三科，其成绩的不

---

① 徐文娜，王晓卉. 单独制定农村小规模学校资源配置标准——基于辽宁省农村小规模学校资源配置
基础数据的分析[J]. 现代教育管理，2017（11）：42-46.

② 邬志辉. 关于乡村小学课程开设状况的调查与思考[J]. 生活教育，2015（15）：5-8.

③ 张滢. 合格的乡村全科教师哪里来[J]. 中国民族教育，2016（3）：40-45.

及格率却显著高于县镇学校。①乡村小规模学校课程开设质量不高，学生学业成绩较差，这与教师素质有很大关系。调查显示，乡村小规模学校教师队伍专业水平结构在职称、学历、荣誉称号和学科结构等方面均表现出不同程度的失衡态势。②由于教师素质和专业水平整体偏低，乡村小规模学校教育教学质量难以得到保障。以教学方法的运用为例，一项调查数据显示，高达73.3%的教师只能采用单一的讲授法教学，采用信息化教学的比例仅为26.8%。③在这种状况下，乡村小规模学校课程高质量开展的目标将较难实现。

第二节　传统解决思路及面临的障碍

在传统的教师人事管理体制下，教师编制隶属于某个学校，具有严格的空间性特征。教师编制一经编制部门核定，它就一直属于某个学校，其他学校或单位不能随意调用。在这种体制下，人们形成了教师属于某个学校的观念。④这种观念影响着乡村小规模学校课程开设师资难题的治理，人们按照每个学校都要"配齐、配足、配好"教师的思路来配置师资，使得乡村小规模学校课程开设师资难题的解决面临多重障碍。

一、编制与经费的双重约束导致小规模学校教师数量难充足

编制严控政策和县级政府财力有限是影响乡村小规模学校教师数量不足的两个最主要因素。

一方面，编制严控政策导致教师数量补充困难。我国历来重视机构编制管理，改革开放以后，严格控制机构编制增长成为历届政府的重要目标。进入21世纪以来，国家更加重视机构编制管理工作。党的十八大以后，国家继续执行严格控制编

① 赵丹，范先佐，郭清扬. 乡村小规模学校教育质量提升——基于集群发展视角[J]. 教育研究，2019，40（3）：90-98.

② 周晖. 农村小规模学校教师队伍专业水平结构的问题与对策——基于甘肃省X县的调研[J]. 教育研究，2017，38（3）：147-153.

③ 赵丹，范先佐，郭清扬. 乡村小规模学校教育质量提升——基于集群发展视角[J]. 教育研究，2019，40（3）：90-98.

④ 杨卫安，袁媛. 义务教育教师编制"市域调剂"的障碍与改革思路[J]. 中国教育学刊，2019（8）：35-38.

制总量政策。在国家事业单位尤其是义务教育学校以编进人的体制框架下①，编制严控政策对教师补充产生了重要影响。在每所学校独立配置师资的思路下，不管采用何种教师配置标准，乡村小规模学校都很难再增加更多数量的教师。传统以班师比和师生比为依据的教师配给方式是以假定学校具有一定规模，班级都是标准班额为前提的。②只有学校达到一定班级和学生规模时，教师才能得到合理配置，才能满足课程"开齐开足"的要求。从2016年国家数据来看，全国乡村地区共有小规模学校108 330所。其中，学生规模为1—10人的占23.85%，学生规模为11—50人的占40.20%，两者合计达到了乡村小规模学校总数的64.05%。③如果按照国家规定的小学1∶19的教职工与学生比例标准为这些不到50人的小规模学校配置教师，每个学校只能配置不到3名教师，再加上学校有多个年级，基本上只能处于"包班制"状态，很难满足课程"开齐开足"的要求。即使这样，有82.51%的乡村小规模学校教师已处于"超编缺员"的状态。④虽然国家也提出教师编制要向乡村小规模学校倾斜，但受制于编制配给方式和教职工编制总量控制的制约，这些政策实施效果并不乐观。面对以班师比和师生比为依据的教师配给方式的弊端，有学者提出要按教师工作量⑤、师科比⑥来配备教师。但是，不同规模学校应开设的学科数和课时数是一样的，也就是说，不管是以工作量还是以师科比为依据，不同规模的学校（不考虑有平行班的情况）应该配备数量大体相当的教师，这会导致小规模学校应配备的教师数量成倍甚至数倍增长，在现有的编制严控政策下同样很难实现。

另一方面，财力有限影响了县级政府补充更多教师的能力和积极性。当前，我国实行以县为主的义务教育管理体制，中小学教师工资主要由县级政府筹集和发放。县级政府补充中小学教师的积极性，与其财政能力密切相关。1994年与2000年分别进行的分税制改革与农村税费改革，对县级政府的财政能力造成了非常大的影响。首先，分税制改革主要规范了中央政府和省级政府之间的财税分配关系，但对于省级以下政府的财政体制改革并不十分完善，地方各级政府的财税关系也没有

---

① 迫于教师数量刚性需求的压力，一些地方政府进行了编外师资补充改革。但是，义务教育作为公益一类事业单位，国家明确提出要强化其公益属性，由政府财政给予经费保障，不能或不宜由市场配置资源，人员补充继续实行编制审批制。因此，未来义务教育教师人事管理将依然是在编制框架内进行。

② 周兆海，邬志辉.工作量视角下义务教育教师编制标准研究——以农村小规模学校为例[J].中国教育学刊，2014（9）：1-6.

③ 陈鹏.如何从"小而弱"走向"小而优"[N].光明日报，2017-01-18（005）.

④ 刘善槐，王爽，武芳.我国农村小规模学校教师队伍建设研究[J].教育研究，2017，38（9）：106-115.

⑤ 周兆海，邬志辉.工作量视角下义务教育教师编制标准研究——以农村小规模学校为例[J].中国教育学刊，2014（9）：1-6.

⑥ 薛二勇，李廷洲.义务教育师资城乡均衡配置政策评估[J].教育研究，2015，36（8）：65-73.

完全理顺。改革的最终结果是中央财力大大提升,地方财力受到削弱,县级政府财力处于薄弱、困难的境地。其次,2000 年后国家进行的农村税费改革取消了屠宰税、乡统筹费和专门面向农民征收的行政事业性收费、政府性基金、集资,取消了农业特产税,后又进一步取消了农业税,这对县级政府的财税来源与数量产生了很大影响。①在这种状况下,县级政府财力普遍较弱,基本上处于财权与事权相脱离的状态。县级政府财力薄弱却要承担义务教育经费投入的主要责任,在巨大的经费压力下只能采取控制教育经费支出的办法来保持收支平衡。对于许多县级政府尤其是中西部地区县级政府来说,教育支出占公共财政支出的比例普遍较高。调查显示,东中西部地区 12 个县当中,教育支出占公共财政支出比例最小的为17.21%,最大的达到 29.52%。②面对财政压力,县级政府很难积极主动地增加教育部门的人员事业经费。这就造成一些县级政府通常是根据自己的财力状况而非中小学校的实际需求来补充教师。许多农村地区存在的空编率过高、附加编制落实不到位问题就是这一状况的直观反映。③这进一步制约了小规模学校课程"开齐开足开好"问题的解决。

二、多元主体分散决策导致小规模学校部分学科教师难补全

教育改革中相关利益主体的行动策略,是其职责立场与自我利益立场在博弈与妥协中综合权衡的产物,教育改革的成效取决于多元利益主体的相互作用。④在县域范围内,教师配置涉及纵向和横向多元主体的博弈,在缺乏统一有效的协调和整合机制下,各主体倾向于以自身处境和利益最优为目的进行决策。除了前面谈到的编制与经费因素外,这种不同主体分散化决策行为导致乡村小规模学校很难获得艺术、体育等稀缺学科教师的补充。

首先,从横向各部门来说,县域范围内与教师配置关系最为密切的编制、财政、人社、教育等部门的职责立场和决策目标存在很大差异。编制部门按照编制标准以核定和严控区域内编制总量为主要任务,缺少对教育系统内部复杂性的关注,由学校规模变化导致的对教师需求数量和结构的变化不在他们的考虑范围之内。财政部

---

① 吴孔凡. 县乡财政体制与县域财政能力建设[J]. 华中师范大学学报(人文社会科学版),2009,48(2):40-44.

② 刘善槐. 我国农村教师编制结构优化研究[J]. 教育研究,2016,37(4):81-88.

③ 例如,2019 年前后,广西壮族自治区超过 60%的市、县(市、区)中小学空编率在 5%以上,其中有 30 个市、县(市、区)的空编率超过 10%。

④ 刘国艳. 教育改革的多重制度逻辑分析[J]. 教育研究与实验,2014(4):22-25.

门作为地方财政预算的主要制定和执行者，负责对教育部门在内的各行政部门的经费支出进行管理。在本级政府财力有限的情况下，为了缓解人员经费支出过高造成的财政压力，他们会在编制核定标准的基础上，对编制数量进行"二次把关"，进一步控制编制总量。①人社部门的重要职责之一就是促进就业。他们主要在乎是否"完成就业任务"，使得教师分配"为分配而分配"，很少考虑专业要求、学校需求情况，导致县域内教师分配的"供需矛盾"，真正需要的教师招聘不上来。②对于县级教育部门来说，满足小规模学校课程"开齐开足开好"的国家要求是其与编制、财政等部门博弈的基本依据。但在博弈过程中，县级教育部门处于弱势，难以获得充足的教师编制并将其补充到真正需要的学科上。③

其次，从教育系统纵向各学校来说，许多地区乡村小规模学校依附于乡镇中心小学，缺乏话语权和决策权，运行和发展受到阻碍。④目前很多乡村小规模学校并非独立机构，不具有独立法人资格，也没有自己独立的经费账户，在行政管理上受制于乡镇中心小学。乡村小规模学校的人、财、物等资源都要通过乡镇中心小学来分配，这样就人为造成了教育资源在乡村学校流动中的"洼地效应"。只有乡镇中心小学的教育资源需求基本得到满足之后，乡村小规模学校的需求才会得到考虑。有关调查研究显示，在学校的这种纵向权力结构关系当中，对教师的分配存在县城学校、乡镇学校、村屯学校"层层截留"的问题，优秀毕业生和稀缺学科教师往往留在较高层次的学校，而乡村小规模学校很难分配到真正需要的学科对口教师。⑤

三、内外部环境的劣势叠加导致小规模学校教师质量难提高

乡村小规模学校的"小"和"乡村"是其发展面临诸多困难的主要原因，"小"是学校的特质，"乡村"则是学校所在地面临的劣势环境。在现实中，"小"与"乡

---

① 刘善槐，王爽，武芳. 我国农村小规模学校教师队伍建设研究[J]. 教育研究，2017，38（9）：106-115.

② 周晔. 农村小规模学校教师队伍专业水平结构的问题与对策——基于甘肃省 X 县的调研[J]. 教育研究，2017，38（3）：147-153.

③ 刘善槐，王爽，武芳. 我国农村小规模学校教师队伍建设研究[J]. 教育研究，2017，38（9）：106-115.

④ 曾新，高臻一. 赋权与赋能：乡村振兴背景下农村小规模学校教师队伍建设之路——基于中西部6省12县《乡村教师支持计划》实施情况的调查[J]. 华中师范大学学报（人文社会科学版），2018，57（1）：174-187.

⑤ 周晔. 农村小规模学校教师队伍专业水平结构的问题与对策——基于甘肃省 X 县的调研[J]. 教育研究，2017，38（3）：147-153.

村"往往又形成恶性互动，二者的劣势相嵌及其劣势强化使得乡村小规模学校教师职业既缺乏吸引力也缺少向上发展的机会，这从根本上影响了教师质量的提高。① 首先，人们对乡村地区的生活环境整体评价较差。研究显示，不管是长期在乡村学校工作和生活的教师，还是在城镇学校的教师，或者是正在读书的高校师范生，普遍对乡村特别是欠发达地区乡村的总体生活环境持负面印象，有些甚至持非常负面的印象，这在很大程度上影响了优秀教师或师范生到乡村地区工作的意愿。② 其次，小规模学校由于自身特质，其教师工作量大，职业发展受限。由于教师数量严重不足，大部分小规模学校只能采取"包班制"，教师同时教多门学科是普遍现象，由此造成教师工作量非常大和超负荷工作。同时，乡村小规模学校教师在职称晋升、培训的机会和层次等方面也与乡镇中心小学、县所属小学有很大差距。内外部环境的双重劣势不仅不能吸引优秀人才到乡村小规模学校任教，还造成学校已有优秀教师的流失，同时也制约着在任教师专业水平的提高，进而使乡村小规模学校教师质量提高面临挑战。

第三节　共享发展解决思路的提出及优势

一、共享发展解决思路提出的依据

（一）共享发展成为国家新发展理念的重要内容

2015 年 10 月，中国共产党第十八届中央委员会第五次全体会议召开。全会强调，实现"十三五"时期发展目标，破解发展难题，厚植发展优势，必须牢固树立并切实贯彻创新、协调、绿色、开放、共享的发展理念。这五大新发展理念为中国"十三五"时期乃至更长时期的发展指明了方向，成为我国进行社会主义现代化建设的最新发展理念。其中，共享发展首次提出并成为国家新发展理念的重要内容。会议还指出，坚持共享发展，必须坚持发展为了人民、发展依靠人民、发展成果由人民共享，做出更有效的制度安排，使全体人民在共建共享发展中有更多获得感。因此，共享发展理念深刻阐释了"为了谁发展、依靠谁发展和发展成果分配给谁"

---

① 赵忠平，秦玉友. 农村小规模学校的师资建设困境与治理思路[J]. 教师教育研究，2015，27（6）：33-38.

② 邬志辉. 如何提高乡村教师职业吸引力[N]. 光明日报，2014-09-02（011）.

等问题，它不仅是国家发展的重要目标，体现了社会主义的本质要求，还具有重要的方法论意义，即以共建共享求发展。教育作为民生和公共服务领域的重要组成部分，同样也需要以国家的共享发展理念为指导。对于义务教育来说，不仅要在发展目标上促进教育公平正义，切实推动义务教育均衡发展，让人民都享受优质满意的教育，还要在发展方式和手段上把共建共享作为重要的改革思路。在乡村小规模学校课程"开齐开足开好"师资难题的传统解决思路遇到多重困境的背景下，国家层面共享发展理念的提出为我们解决这一难题提供了新思路。

（二）共享发展理念已在经济领域获得成功运用

以共享求发展的理念早已深入经济领域，例如，在城市商业圈内部开设的共享影院、共享 KTV；道路边的共享单车、共享净水器；还有顺风车、共享民宿等。这就是人们常说的共享经济。共享经济也称分享经济，是指能让商品、服务、数据（资源）及（人的）才能等具有共享渠道的经济社会体系。[①]"共享经济"这个术语最早由美国得克萨斯州立大学社会学教授马科斯·费尔逊（Marcus Felson）和伊利诺伊大学社会学教授琼·斯潘思（Joel Spaeth）于 1978 年提出。[②]如今，共享经济模式已经广泛影响着大众的观念和生活，成为社会服务领域的一股重要力量，在住宿、娱乐、交通、旅游等生活服务领域被广泛应用。虽然共享发展模式在经济领域的运用是以市场主体为获得一定报酬来让渡自身的物品使用权的，并且作为一种在我国迅速兴起的经济模式也还存在不少问题，但是其能实现社会闲置或优质资源共享和最大化利用的优势对公共产品或服务的提供还是有很大的启示作用。当前，随着共享意识的传播和深入人心，共享经济可能波及的范围也在不断扩大，教育领域完全可以充分借鉴共享经济在优化社会资源配置方面的成功经验，为解决乡村小规模学校课程"开齐开足开好"的师资难题服务。

（三）共享发展模式在乡村学校发展中的初步探索

进入 21 世纪以来，针对乡村教育资源短缺、城乡教育发展不均衡的状况，从国家到地方已开展了一系列体现共享发展理念的教育改革措施。这些措施虽然不全是针对小规模学校的，但是其所取得的成效和经验为解决小规模学校课程开设的师

---

① 李艾琳，何景熙. 共享经济视角下人力资源管理职能的变革——以华为 HRBP 为案例[J]. 中国人力资源开发，2016（24）：54-57，93.

② 范莉莉，王剑文. 共享经济发展动力机制、问题剖析及推进策略——基于协同创新网络视角[J]. 理论探讨，2017（6）：87-92.

资难题奠定了实践基础。

第一，教育信息技术的广泛应用。在城乡经济社会二元结构体制下，我国教育发展也长期实行城市优先策略。因此，城市学校一般拥有充足而优秀的师资，能保证课程的"开齐开足开好"。正是在这样的背景下，人们思考借用远程和信息技术手段，突破时空限制，把城市的优质课程和农村因缺乏师资而不能开设的课程输送到农村，努力使城市存在的教育资源的利用效率最大化，使农村学校的学生也可以享受到城市优秀教师讲授的课程教学内容。远程和信息技术手段可以缩小由地域、学校、师资不同导致的教育资源上的差距，可在一定程度上促进教育公平。[①]从 21世纪初开展的"农村中小学现代远程教育工程"到近些年国家大力推动的"互联网+教育"行动计划的开展，都属于此种模式。

第二，教师交流、走教模式的开展实施。如果说信息技术是通过线上、影像存储或者其他远程教育形式实现城乡教师资源的共享，解决乡村小规模学校课程"开齐开足开好"的问题，那么交流、走教模式就是通过教师身体在场的形式来实现这一目标。20 世纪 90 年代，我国开始进行教师交流制度的探索。21 世纪初，《国务院关于进一步加强农村教育工作的决定》等文件明确使用了"教师定期交流制度"的提法，这标志着我国城乡教师交流制度正式启动。[②]此后，随着改革的不断深入，教师交流轮岗制度在实践中不断发展和完善。2014 年，教育部、财政部、人力资源和社会保障部发布的《关于推进县（区）域内义务教育学校校长教师交流轮岗的意见》中提出，加强县（区）域内义务教育教师的统筹管理，推进"县管校聘"管理改革，打破教师交流轮岗的管理体制障碍。2018 年，《中共中央 国务院关于全面深化新时代教师队伍建设改革的意见》中除了继续强调教师、校长交流轮岗制度外，还专门提出实行学区（乡镇）内走教制度。在国家政策的推动下，教师交流、走教制度在实践中不断探索，成为解决乡村小规模学校课程"开齐开足开好"问题、实现城乡教育均衡发展的重要方式。

教育信息技术和交流、走教等共享发展模式在乡村学校发展中的初步探索，虽然为解决小规模学校课程"开齐开足开好"问题开拓了新思路，但也存在一系列急需解决和澄清的问题，如固定教师和共享教师的关系及比例问题，信息技术的功能与限度问题，教师交流、走教的实施范围和方式方法问题等。这些问题的解决对于我们更好地完善现有共享发展实践具有重要意义。

---

① 冯文全，杨慧. 农村学校对接"互联网+教育"之路径[J]. 教学与管理，2017（27）：36-39.

② 叶飞. 城乡教师交流的"异化"及其对策分析[J]. 中国教育学刊，2012（6）：17-20.

二、共享发展思路在难题解决当中的优势及整合运用

相对于小规模学校独立配置师资的传统解决思路，共享发展模式打破了师资配置的学校边界，具有自身独特的优势。首先，有利于突破多重制度障碍。传统解决思路是每个学校不论规模大小，都要足量配备教师，面临着无法克服的编制、投入制度障碍。共享发展模式能实现不同学校之间师资的共同使用，因而减少了应招聘的师资数量，提高了师资的利用效率。这无疑对克服编制总量障碍和经费不足难题具有十分重要的意义。其次，有利于规避分散式决策的风险。传统解决思路更强调各部门、各学校的独立性，更多地从部门、单位的职责立场和利益出发考虑问题，这种决策模式容易导致弱势部门和学校的利益受到忽视。共享发展模式以系统论和治理理论为思想基础，更强调以问题解决为导向的部门与单位合作。在问题治理过程中，各部门和学校会从整体考虑重新界定自身的职责和任务，弱势部门、学校的诉求和权益会得到保障，从而规避分散式决策带来的风险。最后，有利于克服由小规模学校内外部环境的劣势所造成的师资质量不高难题。乡村小规模学校所处的外部社区环境在短期内是难以得到根本改善的，即使国家层面实施了乡村振兴战略，也需要一个较长的过程。同时，乡村小规模学校由于自身"小"的特质而存在结构功能的缺失，其所产生的诸多发展困难自身也难以克服。通过采取"资源同用"的共享发展策略，和其他学校共享优质、短缺师资，小规模学校由内外部环境的劣势所造成的师资质量不高的难题可以在一定程度上得到解决。

共享发展模式虽然在解决乡村小规模学校课程开设师资难题过程中具有独特优势，但这并不意味着共享成为解决问题的唯一路径，也不意味着对以往独立解决模式的完全否定。任何一种发展模式都有其优势与不足，共享模式也会遇到产权界定及相应配套制度的完善问题。因此，需要本着实事求是的态度，根据现有的资源状况、制度约束、各种措施的优缺点，寻找各种模式和措施的整合与最优解。

第四节　共享发展思路下的制度改革

一、大力培养"一专多能"的乡村小规模学校师资

以共享发展的思路来解决乡村小规模学校课程"开齐开足开好"的师资难题，

并不意味着乡村小规模学校所有的教师问题都要依靠共享来解决。相反，保持相对稳定数量的小规模学校的固定师资是非常必要的。因为小规模学校的常规管理和教学需要有与学生长期接触、了解学生的教师来进行，全部是"流动的"教师反而对教育教学质量的提高不利，所以，在小规模学校当中，应当做到每个班级有一名固定的教师来负责班级的管理和教学。在人数特别少或实行复式教学的学校，每所学校必须保障有一名固定的教师长期驻守，这是底线标准。实际上，当前我国乡村小规模学校"包班制"非常普遍。但当前驻守的"包班制"教师基本上扮演的是"全科"教师的角色。按照教育部发布的《义务教育课程方案（2022 年版）》，小学一至六年级要开设语文、数学、道德与法治、科学、体育与健康、艺术、劳动、综合实践活动，英语起始年级为三年级，有条件的地区和学校可在一至二年级开设，地方课程由省级教育行政部门规划设置，原则上在部分年级开设。小学一至二年级每周 26 节课，三至四年级每周 30 节课。让许多并未接受过专门"全科"培养和培训的教师承担这么多的课程门数和课时数，课程"开齐开足开好"的难度可想而知。具体来说，一是小规模学校教师的工作量太大，导致教师负担过重；二是教师很难精通所有的学科，尤其是艺体等一些高专业性的学科。因此，比较可行的做法就是抓住几门（不超过三门）相近的关联性较强的学科，培养"一专多能"的教师，并把他们作为乡村小规模学校发展的基石。

基于稳定驻守和"一专多能"的要求，小规模学校师资培养在具体操作当中可采取定向招生、定向培养、定期服务的方式，选拔那些来自乡村或有志于乡村教育的人到小规模学校任教，这样更有可能实现乡村小规模学校教师候选人长期驻扎乡村的目标。在"一专多能"的多学科教师培养方面，师范院校的课程设计要充分考虑乡村小规模学校的实际需求和学生的爱好特长，探索"语文+社会+艺术""数学+科学+体育""语文+数学+X"等多种组合的学科模块课程，同时加强"班主任工作+儿童心理学+课程教学论"等教育必修课程[①]，使学生在"专"与"多能"两个方面更加多样和灵活，以更好满足乡村小规模学校的课程开设需求。同时，为了培养更具适切性的乡村小规模学校教师，师范院校还要基于当地乡村社会的人文、自然和产业特点，针对小规模学校"小"的特质，实施"本土化"取向的教师教育。为此，"一专多能"多学科师资培养院校还要设置恰当比例的乡土知识和复式教学等方面的课程，为教师候选人将来更好地融入乡村社会和小规模学校、开展高水平教育教学打下良好基础。

---

① 邬志辉. 小学多科教师培养势在必行[N]. 中国教育报，2015-11-17（005）.

二、完善区域内教师交流、走教制度

"一专多能"培养的教师只能解决乡村小规模学校最低限度的班级管理以及部分学科的开设问题，但并不能完全解决课程"开齐开足开好"的问题。因此，以共享理念为基础的区域内教师交流、走教制度就成为问题解决的关键。目前，我国县域内义务教育阶段教师交流轮岗制度在很多地方实施的效果并不算好，一些地区陷入执行难、效果差的尴尬境地，甚至选择放弃继续执行该政策。[1]这种状况除了管理制度方面的原因之外，最重要的障碍来自学校和教师这两个最直接的政策执行与利益相关主体。教师交流政策涉及学校和教师利益的重新分配与调整，在现有的交流区域和政策框架下，学校和教师的利益难以得到充分补偿，因此在政策实施过程中出现不配合、软抵抗的状况，影响了政策的执行效果。[2]为此，需要重新考虑教师交流轮岗制度的实施范围和方式方法。

（一）在乡镇区域内实行以教师走教为重点的交流制度

在乡镇区域内实行以教师走教为重点的交流制度，可以有效减少利益摩擦，具有更大的可行性，具体体现在如下方面：第一，从体制上来看，目前许多地区的乡镇中心小学同时履行原乡镇教育办公室的职责，负责对全乡镇的村小及教学点进行管理。全乡镇小学及教学点的编制、工资、职称等统一由乡镇中心小学负责，这种制度把原来不同小学之间的组织间关系转变为由乡镇中心小学统一管理的组织内关系，由多元利益主体变为同一利益主体的不同部分，大大降低了协调成本和激励成本，这种制度设计更有利于教师交流制度的开展。[3]第二，由县域内的教师交流缩小为乡镇区域内的教师交流，在距离的可达性方面大大提升，教师不用和家庭长期分离，教师的交通和生活成本也不会显著增加。因此，教师对交流的抵触情绪减弱、接受程度增加。第三，由原来较小比例的教师长时段交流到涉及更多教师的常规走教，更有利于小规模学校课程"开齐开足开好"目标的实现。同时，更多教师参与常规走教，走教教师在与身边同事的比较中产生的相对剥夺感降低、公平感增强，政策的执行阻力降低。基于以上几个原因，乡镇区域内应重点推行教师走教制度，充分整合乡镇范围内现有的小学教师资源，统一调度和安排使用，实行"乡

---

① 张源源，刘善槐. 县域内教师交流的机制梗阻与政策重建[J]. 中国教育学刊，2016（10）：97-102.

② 张源源. 教师交流补偿标准研究[J]. 中国教育学刊，2019（1）：13-17.

③ 目前，由于缺乏相应的制度设计和引导，乡镇中心小学与其所管理的村小、教学点并没有形成真正的利益共同体，优质资源基本上集中在了乡镇中心小学。

（镇）管校用"。

在具体实施方面，首先，每学期开学前由乡镇中心小学调查统计本乡镇所辖各村小和教学点的师资现状，重点摸清音乐、体育、美术、信息技术等紧缺学科教师人数。同时，根据辖区的班级数、课程门数、每门课程课时数、每个岗位所能承担的周课时数，对各小学的师资短缺情况进行全面分析与评估。在调查分析的基础上，统一编制全乡镇学校的教学计划，统一编排课程表，安排教师"走教"的相关工作。其次，根据统一制定的教学计划和课程表，按照就近原则，由乡镇中心小学统一调配各学科短缺或优秀教师，确保"走教"教师送教到校、执教到班。最后，由乡镇中心小学和小规模学校共同对"走教"教师进行管理与考核。小规模学校要及时对"走教"教师的出勤与教学情况进行记录，并把记录和考察情况向乡镇中心小学汇报。乡镇中心小学要定期对"走教"教师的教案、课堂教学、教学研究等情况进行考查，并把考查结果纳入绩效工资和评奖评优管理范畴中。

（二）分步分层推进县域内多种形式的教师交流轮岗制度

不同范围、不同层次的教师交流轮岗制度的实施难度也是不一样的。因此，分步分层推进应是实施教师交流政策的基本策略。[①]在乡镇范围实施以走教为重点的教师交流制度，是解决乡村小规模学校课程"开齐开足开好"难题最初步的要求。要想在优质均衡层次上实现乡村小规模学校课程"开齐开足开好"的目标，就需要在更大范围内推进教师交流制度。未来，在县域范围内要通过加强宣传引导、完善制度设计、创新方式方法、提供配套经费等措施，有效推动优秀、骨干教师到乡村学校任教。

三、把信息技术作为解决师资难题的重要辅助手段

信息技术模式虽然在教师共享方面具有独特的优势，但也有自身无法克服的缺陷，因此需要思考这种模式的功能与限度问题。以远程直播教学为例，第一，它很难保证师生间直接、持续的教学互动。在传统教育中，面对面的教学活动可以方便师生直接地对话、交流，达到沟通、情感传送和人格塑造等目的，这一点是远程直播教学很难达到的。第二，远程教学形式不能做到因材施教。传统教学模式中，师生之间朝夕相处、彼此了解，教师可以针对不同学生的情况充分做到有针对性地教学。在远程教学中，教师很难深入了解学生的学习基础和个性特点，教学的针对性

---

① 张源源，刘善槐. 县域内教师交流的机制梗阻与政策重建[J]. 中国教育学刊，2016（10）：97-102.

也就无从谈起。第三，包括直播教学在内的远程教学模式，并不完全适合所有学科。远程教学模式对纯知识学习的课堂教学比较有效，但是对于参与性、操作性很强的学科，如综合实践活动、体育、音乐、美术等课程来说，远程教学的效果会大大降低。因此，信息技术模式只能作为一种辅助手段，而不能作为一种独立的、主要的方式来解决小规模学校课程"开齐开足开好"的问题。作为一种辅助手段，各地要积极贯彻《国务院办公厅关于全面加强乡村小规模学校和乡镇寄宿制学校建设的指导意见》的要求，大力加强硬件设施建设，充分利用卫星、光纤、移动互联网等技术，结合国家和地方课程的开设要求，以外语、音乐、美术、科学等课程为重点，涵盖其他所有学科，引进或开发慕课、微课等课程，打造各种形式的数字学校、网上课堂、同步课堂，提供丰富、优质的在线教育资源，弥补师资力量不足的短板，助推乡村小规模学校课程"开齐开足开好"。

四、完善相关的政策保障制度

（一）建立教师"县管校用"的多部门协调机制

在传统的教师管理体制下，教师属于"学校人"，教师交流轮岗面临巨大的体制障碍。为了解决这一问题，国家试图通过全面推进"县管校聘"管理体制改革，以为教师交流轮岗工作提供制度保障。但是，义务教育教师交流政策涉及周转房、编制身份、职称评聘、交流补贴、人事关系挂靠等诸多方面，对应的"县管"部门则包括县发展改革委、住房和城乡建设局、县编办、财政局、人社局等。教育部门主要是负责起草教师交流轮岗的实施方案，并牵头部署教师交流政策的各项工作。因此，表面上看，教师交流轮岗是教育部门的工作任务，但实际上，县级政府各横向职能部门的协同合作对政策执行效果的影响很大。根据有关研究，由于县级其他主要职能部门有其自身的部门职责和利益，县教育局对它们进行协调的难度相当大，而且往往效率很低，完成这项工作任务举步维艰。[1]为了解决这个问题，有学者调查后指出，县教育局在开展这些工作时，如果能有县长、副县长牵头作为协调人，将大大有助于工作开展。[2]基于此，建议各地在国家有关政策的指导下，以省级政府的名义出台文件，要求在明确各部门职责的基础上，成立由县级编办、教育局、人社局、财政局等部门联合组成的教师管理服务中心，该中心由县长或主管副

① 李潮海，徐文娜. 校长教师交流的困境分析与实践建构[J]. 中国教育学刊，2015（1）：16-19.
② 姜超. 教师交流政策执行嵌入在什么关系中？——基于天增县的田野考察[J]. 教育学术月刊，2019（5）：54-62.

县长任主任，教育局局长任副主任，挂靠在教育行政部门内，直接隶属于县级政府，统一协调、统筹负责县域内教师交流轮岗工作，切实促进教师由"学校人"向"县里人"转变，为教师交流轮岗扫清体制障碍。

（二）健全促进教师共享交流的激励保障机制

教师交流轮岗作为国家优化师资配置的重要政策，涉及很多主体利益的增损和调整，实施起来具有很大的挑战性。因此，国家需要健全促进教师共享交流的激励保障措施和政策。首先，对县级政府进行经费配套和资金奖励。教师交流政策是需要付出政策成本的[①]，县级政府的财政能力和重视程度基本上决定了政策的执行效果。因此，应根据不同地区的经济发展水平，客观评估各县（区）的财政能力，按照积极差异补偿原则，中央和省级政府进行不同比例的经费分担。同时，对于政策执行比较好的县（区），中央政府给予一定程度的奖励。其次，对教师交流产生良好效果的学校进行表彰奖励。学校是一个有着自身独立利益诉求的微观组织，教师派出有时候与其自身的组织利益并不一致。因此，需要设计相应的评价与激励机制，保障学校参与教师交流的积极性和质量，可采取联动捆绑评价的方式，把派出学校派出教师的数量和质量以及接收学校对派出教师的评价和满意度作为考核双方交流效果的重要依据，县级政府对教师交流产生良好效果的学校进行表彰奖励。最后，对教师采取"补偿+奖励"相结合的激励措施。前者主要用来补偿因交流给教师额外增加的生活、交通以及工作成本，可根据学校工作和生活状况的艰苦程度进行补偿；后者主要用来奖励交流教师工作的努力程度和贡献情况，可根据交流教师给接收学校带来的教学效益，如改善课程"开齐开足开好"状况等进行奖励。

（三）完善和强化考核监督机制

一项政策如果没有严格的考核监督制度，就容易流于形式，不能得到很好实施。[②]为了增加政策执行压力，必须明确各级政府、不同行政部门和学校各自的职责与任务。在教师交流政策实行"省级统筹、以县为主"的工作框架下，中央和省级政府要做好经费配套，各级政府的教育、编制、财政、人力资源与社会保障等部门要加强协调合作，进行统筹规划和政策指导。在明确各主体职责和工作任务的基础上，将教师交流工作纳入政府和学校督导考核体系，并完善相应的问责制度。地

---

① 全世文. 教师交流轮岗制度的政策成本估算——基于对河南省城镇教师的调查[J]. 教育与经济，2018（5）：73-81.

② 杨卫安. 乡村小学教师补充政策演变：70 年回顾与展望[J]. 教育研究，2019，40（7）：16-25.

方各级政府要定期开展本行政区推进相关工作的专项检查，并向同级人民代表大会（或其常务委员会）汇报政策落实情况。各级政府督导部门也要定期开展教师交流政策工作落实与目标达成情况的督导检查，并将督导检查结果作为组织和个人奖惩、问责的重要依据。对于工作开展不力、达不到规定要求的部门和相关责任人，要追究其责任。

第九章　山东省义务教育教师编制市域内城乡调剂的典型案例研究

面临城镇化进程中义务教育教师编制供需的空间错位问题，山东省部分地区按照国家有关文件的要求，对教师编制在市域内进行了城乡调剂的改革探索，取得了一定的成效，但也存在着一些需要破解的体制机制难题。本章主要对山东地区实行教师编制市域调剂改革的实践进行描述，并总结改革施行后的成效和问题，这可以为其他地区实行市域教师编制城乡调剂提供一定的借鉴与参考。

第一节　山东省义务教育教师编制市域内城乡调剂的实践探索

一、山东省义务教育教师编制面临的问题

从人口数量、经济发展水平、城镇化发展水平和教育发展水平这几个指标来看，山东省居于全国前列。截至 2018 年，全省常住人口数量高达 10 047 万人，位于全国第二[①]；2018 年，经济发展水平居于全国第三位，地区生产总值为 76 469.7 亿元[②]。全省积极推动以人为核心的新型城镇化建设，常住人口城镇化率在 2018 年时达到 61.18%，较 2011 年增长了 10.23 个百分点。[③]

同时，山东还是一个教育大省。2017 年，山东全省教育经费达 22 422 907 万元。[④]义务教育阶段学校共有 12 706 所（其中普通小学 9738 所，普通初中 2968 所）。学生数量和教师数量较上一年均有不同幅度的增长。普通小学学生数为 708.47 万人，比上年增加 17.16 万人；专任教师数为 42.19 万人，比上年增加 1.3 万人。普通中学在校学生数为 329.36 万人，比上年增加 13.45 人；专任教师数为 27.59 万人，比上年增加 0.81 万人。随着城镇化步伐的加快，山东随迁子女人数不断增加。2017 年，全省义务教育阶段在校生中，共有进城务工人员随迁子女 73.76 万人，比上年

---

① 2018 年山东省卫生健康事业发展统计公报[EB/OL].（2020-02-26）. http://www.shandong.gov.cn/art/2020/2/26/art_100058_8865394.html?xxgkhide=1[2024-05-21].

② 解读：2018 年全省经济运行呈现三大特点[EB/OL].（2019-01-29）. http://tjj.shandong.gov.cn/art/2019/1/29/art_104037_7817881.html[2024-05-21].

③ 2018 年山东省国民经济和社会发展统计公报[EB/OL].（2019-02-27）. http://tjj.shandong.gov.cn/art/2019/3/1/art_6196_4699827.html[2024-05-21].

④ 2017 年全省教育经费执行情况统计公告[EB/OL].（2018-11-20）http://edu.shandong.gov.cn/art/2018/11/20/art_12049_7733015.html[2024-05-16].

增加 0.61 万人，其中在小学就读 52.45 万人，初中就读 21.31 万人，占义务教育阶段在校生总数的 7.11%。[①]

　　山东省既是人口大省，也是教育大省。城镇化进程中面临的教师编制问题具有典型性和代表性。实行义务教育教师编制市域调剂是其破解教师编制空间错位矛盾的积极尝试，因义务教育教师编制市域内城乡调剂属于较为新颖的做法，调剂的方式、内容以及政策制定也处于探索阶段。本研究选取山东省尝试进行教师编制市域调剂并取得一定积极效果的 A、B、C 三个城市地区作为案例对象。A、B、C 三个城市的城镇化率近年来都持续上升，并具有各自的特点，而且在教师编制改革中有着各自创新的做法，互为补充，取得了一定的成效。具体来看，A 市是山东省第二人口大市，位于山东半岛的中部，市辖 4 区 2 县和 4 个开发区；B 市位于山东省中部，市辖 6 区 3 县和 1 个开发区；C 市位于山东省东南部，是山东省面积最大、人口最多的市，市辖 3 区 9 县。图9.1—图9.3 是三个城市近年来的城镇化率变化情况。

　　根据城镇化发展的 S 形曲线，可以将城镇化分为三个阶段：初始阶段、高速阶段和高级阶段。当城镇化率低于 30% 时，城市人口比重低，城镇化速度相对缓慢，这一阶段为城镇化发展的初始阶段；当城镇化率处于 30%—70% 时，大量的农村人口涌向城市，城市人口比重上升至 60%—70%，此时城市经济加速发展，城市规模

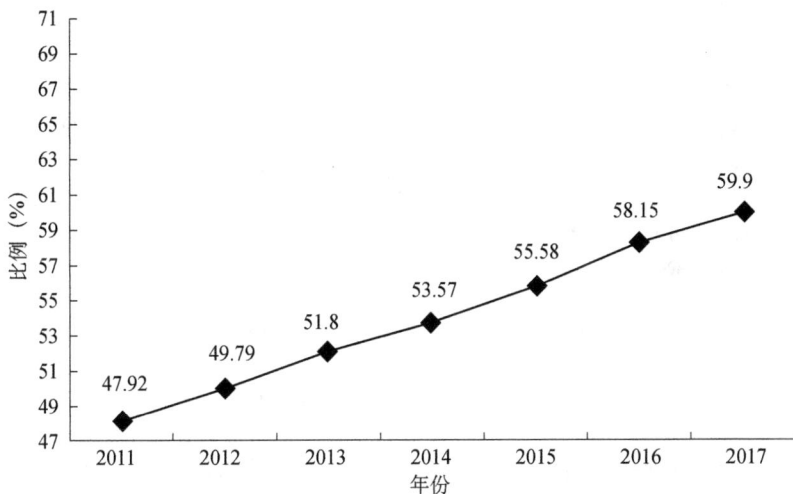

图 9.1　A 市近年城镇化率变化情况[②]

①　2017 年山东省教育事业发展统计公报[EB/OL].（2018-04-09）. http://edu.shandong.gov.cn/module/download/downfile.jsp?filename=b50d34d82f854b89a2bc32861c7aafc5.pdf[2024-05-16].

②　数据来源于历年的《山东统计年鉴》。

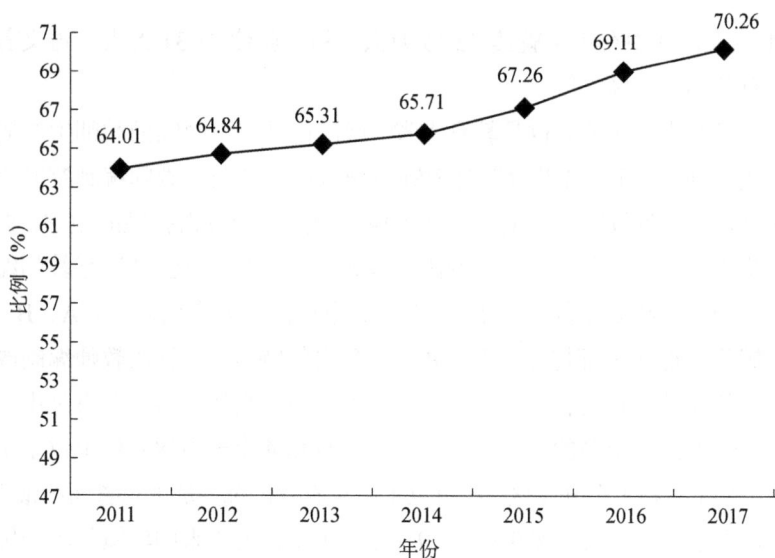

图 9.2   B 市近年城镇化率变化情况①

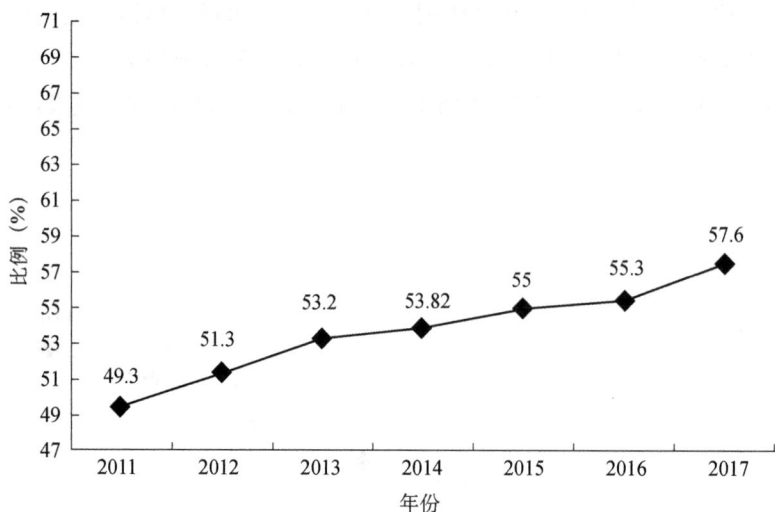

图 9.3   C 市近年城镇化率变化情况②

日趋扩大，此阶段则是城镇化发展的高速阶段；而当城镇化率超过 70% 后，城市经济发展速度趋向于平缓，这一阶段则到了城镇化发展的高级阶段。③通过以上对城镇化率数据的总结可以看出，山东省 A、B、C 三市的城镇化发展目前都处于高速

---

① 数据来源于历年的《山东统计年鉴》。

② 数据来源于历年的《山东统计年鉴》。

③ 王建军，吴志强. 城镇化发展阶段划分[J]. 地理学报，2009，64（2）：177-188.

阶段。其主要特征是大规模的农村学龄人口涌向城市。随着学龄人口的大规模空间流动，传统的固定的教师编制管理模式越来越难以适应学龄人口流动性带来的挑战。三市的义务教育阶段城乡学校教师编制普遍面临着"总量性缺编""结构性缺编""临时性缺编""有编不补"的难题。

（一）总量性缺编

总量性缺编的现象主要集中在城区学校。城区学校的总量性缺编问题主要有两方面原因：大班额问题的解决导致对教师的需求量增加；财政供养人员只减不增的政策制约教师编制的增加。对于城市学校而言，城镇化的发展使大量学龄儿童涌入城市就学。城市学校的班额逐渐扩大，教师工作压力增大。为了解决城市学校的大班额问题，许多城区开始新建学校、扩增班级，由此就对教师产生了新的需求，需要更多的教师来维持教学的正常运转。但财政供养人员只减不增的政策使得教师编制难以增加，很多学校只能聘用大量的编外教师来满足教学需求，但编外教师流动性大，教学水平参差不齐，难以保障学校的教育教学质量。

首先，大班额问题的化解增加了教师需求。根据对班额的规定，普通小学每个班级人数不应超过 45 人，初中、高中每个班级的人数不超过 50 人。[①]随着大量学龄人口向城市流动，城市学龄人口激增，义务教育学校的班级规模不断扩大，再加上优质教育资源紧缺，校际发展不均衡，城市的优质校、热点学校的班额更是不断扩大，解决城市义务教育学校大班额问题迫在眉睫。2015 年 8 月，山东省政府出台了解决大班额问题的政策，针对解决大班额问题提出了明确的要求。各地按照省里的安排部署，在考虑本地区教育实情的基础上，制定了相应的消除大班额的工作方案。通过各地的努力，学校数量逐渐增加，班额逐渐减小，大班额问题得到有效化解。而接下来面临的问题就是教师数量不足的问题，城区教师编制缺口巨大，很多新建的学校和班级无法确保开展正常的教育教学，具体见表 9.1。

表 9.1　2017 年三市为破解大班额问题所需教师数量

类别	改、扩建学校（所）	新增学位（万个）	所需教师（人）
A	68	8.2	3116
B	60	10	3308
C	62	6.6	2271

注：数据来源于三市教育局网站

① 教育部答网民关于"中小学大班额"问题的留言[EB/OL].（2020-11-04）. https://www.gov.cn/hudong/ 2020-11/04/content_5557226.htm[2024-05-16].

笔者分别走访了 B 市和 C 市的四个城区学校，在走访过程中了解到以下情况：在 B 市中城区的一所学校，该校在 2017 年下半年新增了 3 个班，同时，根据当地的轮岗政策，有 30 多名教师轮岗到农村学校任教，又赶上女教师集中休产假，这所学校的教师缺口达到了近 60 人。该校一共有 17 名体育老师，其中有 9 名老师都是临时调过来的。为了满足正常的教学需要，学校只能临时招聘代课教师。

教师缺口情况不仅出现在 B 市，C 市也存在着这样的情况。C 市市区某所小学校长在接受访谈时提到：

我们学校原本只有老校区，当时三个年级的学生一共有 800 多人，之前按照每个班级 60 人来算，共有 14 个班，但是随着学生数量越来越多，每个年级都要增加好几个班级。如果按照每班不超过 45 人的班额标准来算，学校一共需要 18 个班级。相应地，需要增加至少 10 名教师。但是实际上，这个数目根本就不现实。没有足够的编制来招聘正式教师，现在又扩展了新校区，教师数量就更满足不了实际需求了，只能招聘一些临时教师来上课。

同样在 B 市的某城区学校，老师在接受访谈时说道：

我们学校是市区一所小学的分校，现在分校有 5 个年级，共 20 多个班、1000 多名学生，可是老师却只有 60 多人。分校区的老师不够用，本部校区会分来一些教师作为补充，但是总体上，我们学校的教师数量缺口还是很大。分校区和学校商量后，决定只能从社会上招聘有教师资格证的老师代课，招聘的时候更注重教学经验，有班主任工作经验的更好。这也是没有办法，学校扩建后，每年新进教师数量不够，只能通过招聘校外优秀老师的方法来补充，这在我们这里是比较普遍的一种情况。

其次，编制限增政策阻碍了教师编制的增加。比起土地、资金，各地的编制部门严格地控制着编制的数量。1982 年国务院第一次机构改革就提出了精兵简政的原则。此后的历次改革中，精简机构、裁撤人员都是重点。当前，人们对机构编制总量的基本认识是"严控总量"，严控总量的目标是做到两个"不突破"，即行政编制不突破中央下达的总额，事业编制不突破 2012 年底的基数。2013 年，李克强总理再次强调了"财政供养人员只减不增"。[①]从接受国家财政供养的角度出发，进入事业单位编制的教师也自然受到"严控总量"的限制。中小学教职工编制管理也自然实行总量控制的原则。在教师编制总量控制的前提下，城市学校增加教师编制的需求难以被满足。2018 年全国小学在校生数量相比于 2012 年增加了 200 多万人，

---

① 李克强：政府职能转变和机构改革是一场自我革命[EB/OL]. (2013-11-10). http://www.banyuetan.org/chcontent/szqh/gctgg/2013112/84058.shtml[2024-05-16].

但是全国教职工数量比 2012 年略有减少；除了农村地区外，2018 年城区、镇区和全国平均的生师比都比 2012 年要高。[①]

再次，国家生育政策调整也将导致对义务教育教师需求量的增长。2015 年，"全面二孩"政策出台，2021 年正式确立了"一对夫妻可以生育三个子女的政策"。生育政策的调整有利于缓解我国人口老龄化的结构矛盾，改善劳动力供给不足的状况，促进我国人口的长期均衡发展。这类政策的出台将给山东省的义务教育事业带来挑战。生育政策的调整会迎来人口出生数量的短暂增长，进而影响未来义务教育阶段的学生入学人数和在校生规模，导致学校对教师的需求量进一步增加。

最后，"在编不在岗"也加剧了编制的短缺。"在编不在岗"指的是教师编制被人长期占用，但这些人员并未在本校从事相关教学工作。这些"在编不在岗"人员中，有一部分是提前离岗的人员，有一部分是长期请假人员，还有一部分是被长期调走在外工作的人员。这些人员挤占着教师编制却不完成教学工作，他们的存在也导致了一部分学校编制紧张的问题。以 C 市 6 个主要城区为例，在 C 市的 6 个城区中，很多教师并没有从事教育教学工作，享受离岗政策就是其中的主要原因之一。表 9.2 是笔者在 2017 年走访中收集到的 C 市 6 个主要城区曾经的教师离岗政策情况。

表 9.2　C 市 6 个主要城区教师离岗政策对比

城区	离岗政策起止年份	男		女	
		离岗年龄（周岁）	教龄（年）	离岗年龄（周岁）	教龄（年）
城区 a	1990—2014	55	30	50	30
城区 b	—2014	55	30	50	30
城区 c	2001—2010	55	30	50	25
城区 d	2008—2013	55	30	50	30
城区 f	—2012	55	30	50	30

注：城区 e 因无数据，未列入表格

按照 C 市 6 个主要城区的离岗政策，离岗未返岗人员数量分别为 273 人、78 人、7 人、22 人（其中两个区暂未统计未返岗人员）。城区 a 执行离岗政策的时间跨度较长，故积累了很多未返岗人员。此外，笔者在访谈中了解到，2014—2016 年，

① 2018 年全国教育事业发展统计公报[EB/OL]．（2019-07-24）．http://www.banyuetan.org/chcontent/szqh/gctgg/2013112/84058.shtml[2024-05-16].

2012 年全国教育事业发展统计公报[EB/OL]．（2013-08-16）．http://www.moe.gov.cn/srcsite/A03/s180/moe_633/201308/t20130816_155798.html[2024-05-16].

从城区 a 教育系统调走的人员有 100 多人，这些教师虽然被调走了，但是依然占用着学校编制，这样的现象不只出现在 C 市，A、B 市同样也有这样的情况。在访谈 A 市某教师进修学校校长时，该校长向笔者透露：

县教育局等相关部门会从学校借调教师，这些教师不在学校教学，却占用着学校的编制。

（二）结构性缺编

"结构性缺编"的现象主要集中在农村地区。新型城镇化进程中，农村学龄人口大规模进入城市学校就读，学龄人口的空间分布由此呈现出"城挤村弱"的地域两极化形态：一边是城市学校生源膨胀，在校生数量稠密化；另一边则是农村学校在校生数量稀少化。城市学校生源越来越广、质量不断提高的同时，许多农村学校规模越来越小、学生越来越少，甚至很多农村学校成了"空壳学校"，教师与学生比例严重失调。表面上看，农村学校学生流出，教师数量在总体上应该是富余的，但在访谈过程中，笔者听到的关于学校缺老师的抱怨大多出于农村学校校长之口。实际上，从表面上看，农村学校教师的绝对数量是富余的，但真正的问题在于农村学校教师的"结构性缺编"。"结构性缺编"是指教师的总量达到或者超过了规定的编额，但实际上的教师数量并不能满足教学需要而出现的缺编问题。结构性缺编的"结构"主要指年龄结构、学科结构。通过走访 A 市 X 村的 4 所教学点、B 市 Y 村的 3 所教学点，笔者总结出农村地区"结构性缺编"主要表现在以下两个方面。

1. 年龄结构缺编

年龄结构缺编主要表现为年龄较大的教师所占比重大，而年轻教师十分缺乏，教师队伍结构不合理，如表 9.3 所示。

表 9.3　A 市 X 村的 4 所教学点教师年龄构成情况

学校	25 岁以下		26—35 岁		36—46 岁		46 岁以上	
	人数（人）	比例（%）	人数（人）	比例（%）	人数（人）	比例（%）	人数（人）	比例（%）
教学点 A	1	9	2	18	2	18	6	55
教学点 B	2	17	2	17	2	17	6	50
教学点 C	2	17	2	17	4	33	4	33
教学点 D	0	—	1	11	3	33	5	56

注：数据为笔者经走访调查后整理所得

理想的师资队伍年龄结构应当是以中青年为主体，老、中、青三者所占比例合理。但在 X 村的 4 所教学点中，35 岁及以下的教师所占比例分别为 27%、34%、34%、11%，其中有 3 所教学点中 46 岁以上教师所占比例在 50% 及以上，由此可见，这些教学点并没有形成合理的教师队伍结构。在访谈中，笔者也听到几位校长提到自己学校的教师年龄偏大，学校缺少年轻教师就缺少了活力，而且老教师的教学理念、教学方式很难适应现代教学，不利于农村学校教育质量的全面提高。此外，在访谈过程中，笔者从 A 市 X 村村小校长口中了解到，近两年当地推出"延迟退休"政策：晋升到高级职称的优秀教师可以根据本人意愿申请延长 5 年退休。由此，申请延迟退休的教师越来越多，农村学校教师"老龄化"情况更加严重，新增力量难以补充。

2. 学科结构缺编

学科结构缺编主要表现为音乐、体育、美术、信息技术等学科教师严重不足。在 B 市 Y 村的一个教学点中，学校根本就没有这些学科的老师。"你的数学是体育老师教的吗？"这句玩笑话可以很好地反映当地小学的现实窘境。当地小学语文、数学教师所占比例均在 60% 以上，而外语、音乐、美术、体育老师仅分别占 3%—6% 不等。在这种情况下，学校只能安排其他科目老师兼任音乐、美术、体育等科目的老师。

不合理的编制标准是造成农村义务教育学校结构性缺编的主要原因。2001 年发布的《国务院办公厅转发中央编办、教育部、财政部关于制定中小学教职工编制标准意见的通知》规定，农村中小学师生比分别为 1∶18 和 1∶23。若按师生比来看，按照这一编制标准配备的教师难以满足农村学校的实际教学需要。在新型城镇化的推动下，农村义务教育学龄人口流出，农村学校和班级的规模缩小，但这不意味着教师需求量的减少。此时若依然按照师生比的标准核算教师，那么配备的教师数量只能满足表面上的编制总量，无法兼顾农村学校内部的实际结构，因此，即使总量上来看编制配置是合理的，但实际上这种统一的师生比配置方式将难以满足农村不同学校的实际教学需求。

（三）临时性缺编

"临时性缺编"包括"产假式缺编""病假式缺编""培训式缺编"，此类问题同时存在于城乡学校。

"全面二孩"政策落地及"一对夫妻可以生育三个子女的政策"的确立，使女性比重偏高的教师队伍受到挑战，义务教育学校出现了女教师扎堆生二孩甚至三孩的现象。在"扎堆生育"的现实情况下，很多学校陷入了有岗但无教师上课的困境。每年的教师招聘考试中，学校录用的女性教师占新入教师总量的比例较高。很多女性新教师上岗后，几年内面临的就是结婚、生孩子休产假的问题。笔者访谈到 B 市的一位老师，据这位老师介绍，访谈时他们学校准备生二孩的女教师将近有 20 人，其中多数是年龄偏大的女教师。正因为年龄稍大，她们选择尽早生二孩，这就导致扎堆生二孩的现象发生。与该学校一样，B 市另外一所中学也对学校的女教师生二孩意愿进行了调查。该校校长说：

学校现在有 200 多名教师，其中女教师占到七成以上，我们刚做了统计，准备生孩子的女教师一共有将近 80 名。这个问题可以说是非常严重，如果只有一两名老师请假，那问题还不大，可以找其他老师来代课，但是如果大家都扎堆请假，那么学校的正常教学工作肯定要受影响。虽然现在大家扎堆请假的影响还不十分明显，但是过了暑假，其影响肯定会十分明显并且会很严重。

一些学校只能通过临时招聘代课教师来应对这种"产假式缺编"情况，这种方式或许能够暂时缓解"近忧"，但其可能造成的"远虑"却也是在所难免的。如果学校频繁地更换教师，学校正常的教育教学就不可避免地会被影响。因为新教师从适应到胜任需要一定的周期，学生对教师的适应也是需要一定周期的。一旦新教师不能尽快适应新岗位和新环境，或学生不能适应新的教师，学校的教育教学质量将受到影响。

除了"产假式缺编"外，城乡各学校无法避免的情况还有"病假式缺编""培训式缺编"。这些虽然是临时的在编不在岗情况，但是对于义务教育学校而言，如果在一段时间内没有高素质的优秀教师来给学生上课，整个学校的正常教学秩序和教学质量就会受到影响，等到这些教师重新回到岗位上时，返岗教师的教学压力也会在一定程度上增大。

（四）有编不补

一边是"无编可用"，另一边却是"有编不补"。通过访谈了解到，山东省三市都存在一些"有编不补"的情况。"有编不补"意味着该地明明有空余的编制，却没有被充分地用于补充教师，编制没有得到合理、有效的使用。有两所农村教学点的校长告诉笔者，他们学校有 3—4 个空余编制，可就是招不上来教师。某位校长在访谈时是这样说的："我们这里不缺编制，有空余编制，但是这两年一直招不上来教师，没有老师愿意来。"

事实上，"有编不补"的现象并不罕见，全国很多地区有这样的情况。在广西、广东、山西的一些欠发达地区，"有编不补"现象比较突出。数据显示，在广西壮族自治区，有60%的市、县（市、区）中小学空编率在5%以上①；广东省的个别欠发达地区也存在这种现象，广东省揭阳市的农村小学编制共有25 996名，实有在编人员21 563人，空编4433名②。由于区域经济不平衡，粤东西北欠发达地区财力薄弱，而年轻的大学生更愿意到经济条件好、工资待遇好的城市学校任教，因此客观上无法使用空编；山西省中小学教师空编有16 000多个，60%以上的县存在空编现象，有14 656名教师在编不在岗，有30 384名临时代课人员，87.2%的县市区在聘用临时的代课教师。③有编不补却聘用代课人员，地方财政部门主要出于以下考虑：近年来的税费改革使得县、乡级政府的财政压力较大。从表面上看，编制是政府对一个单位核定的员工控制数，但实际上，在编人员的工资由财政全额拨款，也就是说，编制数量代表着一个地区财政供养人员的数量。在一些经济欠发达地区，教师工资占了地方财政支出的一半甚至更多。在财政增量不变的情况下，财政供养的教职工能少则少。聘用代课教师，与在编教师同工不同酬，通过这样的方式，地方政府可以省下很大一笔支出。

二、山东省实行义务教育教师编制市域内城乡调剂的举措

国家已经明确提出了教师编制市域调剂的具体指导意见，山东省作为教育综合改革示范区，在教师编制市域内城乡调剂的改革中逐渐摸索出自己的方法，也陆续出台了相关指导意见，为山东省进行教师编制改革提供了依据和方向。2010年，国家教育体制改革试点在山东等地展开。入选国家教育体制改革示范省对于山东来说是一个良好的契机，山东省正是积极抓住了这个机会，在国家政策的支持下，出台了一系列综合改革措施，包括通过解决大班额等实际问题来推动解决教师编制短缺问题。山东省在教师编制改革创新的实践过程中所取得的经验及成就，对于当前我国其他地区实行教师编制动态调剂、破解教师编制难题具有一定的参考性。面对教师编制的供需矛盾，山东省采用创新思维方式，率先开启了市域调剂的实践方案，

---

① 广西分级统筹调配中小学空余编制[EB/OL]．（2019-02-20）．https://item.btime.com/0693vl5ta0iim5aqc62e756d68t[2024-08-02].

② 农村有编难补　城市屡屡缺编[EB/OL]．（2013-09-10）．https://news.sina.com.cn/c/2013-09-10/083028177555.shtml[2024-08-16].

③ 山西：1.4万名教师在编不在岗　临时代教超3万人[EB/OL]．（2009-02-12）．http://www.chinaedunet.com/gdjy/jssy/2009/2/content_163160.shtml[2024-08-16].

并取得了喜人的成绩，从而为今后的实践推广提供了宝贵的历史经验，积累了历史依据。同时，此项教师编制市域改革也为今后的进一步创新工作打开了思路。

山东省三个市区的改革措施具体包括动态核定教师编制、完善教师编制管理体制、设立城乡教师编制周转专户、设立农村教师机动编制四个主要方面。笔者通过对山东省三个市区在改革方面涉及的内容进行分析，着力探究市域调剂改革具体措施包括哪些、其又是被如何分解和具体化的。

（一）动态核定教师编制

动态核定教师编制是市域调剂改革的重要内容之一，也是教师编制市域调剂的前提。山东省发布了相关政策，对重新核定编制的范围、核定编制的标准以及核定编制的用途做出了明确规定。[①]动态核定教师编制主要涉及编制核算范围、核算标准以及核算时间等方面，重点是制定新的教师编制标准以及按照新的教师编制标准进行定期的编制核定。动态核定教师编制的关键在于"动态"二字。动态核定教师编制要求相关教育主管部门等根据学校的发展、生源的变化，按照新的教师编制标准定期对学校编制进行重新核定。只有明确了解市域内各个学校的学生人数、教师人数和编制数，才能够合理地进行教师编制的市域内城乡调剂。

我国的教师编制制度已经实行了 30 余年，在这 30 余年中，我国的城乡义务教育发生了非常大的变化，但是编制标准只调整了三次。第一阶段是根据班师比确立的"城乡基本均衡"的编制标准；第二阶段是根据师生比确立的"城乡倒挂"的编制标准；第三阶段是 2014 年确立的以师生比为基础的"城乡统一"的编制标准。前文已经呈现出，采用单一的编制标准核定的教师编制无法兼顾城市学校大班额对教师的需求和农村小规模学校对教师的需求，单一的师生比编制标准已经不符合城镇化下义务教育教学的发展需要，城市学校总量缺编、农村学校结构性缺编现象严重。因此，编制标准需要随着城乡教育的变化情况及时更新。在核定教师编制的工作中，山东省三市坚持遵循"总量控制、动态管理"的基本原则，分别对教师编制进行了重新核定。从表 9.4 中可以看出，班级数、学生数等因素都是三市重新核定教师编制的基本依据。针对学生规模较小的学校（含村小、教学点）的编制核定，三市都提出采取生师比和班师比相结合的方式。至于核编的具体时间问题，三市有自己不同的做法，如 A 市是两年核定一次，B 市是一年核定一次，C 市是一年核定一次。

表 9.4　教师编制市域调剂中重新核定教师编制的规定

市区	编制核算的依据			核编的时间	对农村小规模学校的核编方式
	班级数	学生数	师资结构		
A 市	√	√	√	1 次/2 年	学生数与班级数相结合
B 市	√	√		1 次/1 年	向小规模学校倾斜
C 市	√	√	√	1 次/1 年	统筹城乡、有增有减

三市在推进教师编制市域调剂改革之前，首先开展的工作都是进行教师编制的重新核定。第一步是对全市的中小学现有教师编制数量、实有教师数量、实有在校生数等核编因素进行全面核查。市级教育部门运用电子学籍等技术来动态监测区域内的教育需求，并且及时反馈给相关部门，相关部门建立起"总量控制、动态调整"的编制配备机制。A 市和 B 市还通过"一年小调整、三年大调整"的方式来确保教师编制的科学动态管理。每年 3 月底，市级教育部门都要在编制部门下达的总量内，将编制和进人计划分配到市域内的各个学校，将方案上报给编制办后进行编制核定，再结合基础教育信息平台的学生数，进行反复测算和比对，最终测算出合理的师生比例。C 市在核定教师编制之前印发了相关通知，也是按照"总量控制、有增有减"的原则来进行教师编制的重新核定。

新的教师编制核定主要依据三个原则：对于达到标准班额数的学校，按照 2014年的生师比来核定教师编制数量。国家规定的小学标准班额人数是 45 人，初中标准班额是 50 人。对于达到标准班额的中小学校，按照小学生师比 19：1、初中生师比 13.5：1 的标准核定教师编制；对于达不到标准班额的中小学校，按照班师比配备教师，班师比的配备标准为小学 2.4：1、初中 3.7：1；对于特殊情况，如承担特殊任务的、寄宿生较多的和育龄女教师多的中小学，按照不超过编制总量的 5%来增加教师编制。

2016 年，A 市借着中小学重新核定编制的机会，为教育系统核增了 1633 个编制；市教育局在核定的编制总量内，按照班额、生源以及师资结构等具体情况将核定的编制再具体分配到各个学校。在核定过程中，三市都着力严查各类违规占用编制等行为，对于"有编不补""吃空饷"等行为给予严查和惩戒，并规定义务教育阶段学校中的专职管理人员、教学辅助人员和工勤人员等非教学人员所占职工总比例不超过 12%。根据实际情况，对于超编的，将管理人员、教学辅助人员和后勤服务人员中超出比例的予以清理、调配或者分流。对于管理人员，政府采用购买服务的方式进行招聘。2016 年，山东省通过政府购买服务方式补充教学辅助人员和后勤服务人员 8401 人①，并将空出的相应编制用于补充教师。此举措在一定程度上缓解了教师编制紧张的问题。

（二）完善教师编制管理体制

义务教育学校教师编制管理是市域内教师编制调剂改革的重要内容之一。在三市的教师编制管理体制改革方案中，基本原则是在总量控制的前提下进行动态管理，以此对教师编制管理体制进行完善。完善的教师编制管理体制要求厘清各级部门之间的权责。省级政府负责控制总量，市级政府负责统筹管理。山东省在实行教师编制市域调剂的过程中，建立了较为完善的教师编制管理体制。在调研时，山东省分管教育的时任省领导是省委常委、常务副省长，这位领导还分管机构编制、财政、人社等部门。这种领导体制在推动重大教育改革事项决策、资源统筹配置、简化议事程序、部门协同联动等方面都展现出明显的优势。这种由高级别的省领导来推动教育相关决策的管理体制，对市级政府起到了很强的示范作用。

在教师编制市域内城乡调剂过程中，首先，教育部门与相关部门相互配合，打破部门条块管理界限。教育部门与机构编制、财政等部门组成了联合调研组，深入基层调研，使各相关部门能够理解教师编制管理的重点与难点，与教育部门达成共识。其次，通过专题研讨班等促进相关部门对教师编制缺口问题的了解，最终达到各部门统一、协调的目的，共同推动关于解决教师编制不足问题的相关政策的出台。最后，教育部门主动设计和提出兼顾教育需要和相关部门要求的解决方案，化解多部门协作的难题。在教育部门和相关部门的共同努力下，山东出台了一系列省级层面的文件来完善中小学教师编制管理政策，这些政策文件有力地保障了教师编制改革工作的持续性，并为各地市提供了政策依据和行动指南。一方面，山东省注重省级统筹，省、市、县三级政府逐级签订责任书，自上而下地在全省整体推进中小学教师编制改革；另一方面，山东省把市域统筹推进作为基础教育综合改革的基本原则之一，并且注意各地的试点和经验总结，形成各级联动、区域衔接的教育改革总体格局。山东省要求把解决中小学教师编制管理问题排上优先级，并将其纳入教育督导评估，以推动各地落实工作。山东省连续五年将与中小学教师编制相关的义务教育均衡发展、"全面改薄"、解决大班额问题等列入对各地市综合考核的重要内容中。2015 年，A 市获批为省级基础教育综合改革实验区。山东省规定，倘若县域内

---

① 山东：中小学教师"县管校聘"年内全省推开[EB/OL].（2016-09-04）. https://www.gov.cn/xinwen/2016-09/04/content_5105216.htm[2024-08-01].

按照新教师编制标准核定后的总数超过了原有的编制额度,县域内可以首先根据本县的实际情况,以其他事业单位的编制来补充教师编制;县域内事业单位无法满足新增教师编制需求的,由设市区协调解决;设市区无法解决的,由省级办协调解决。2016 年,山东省在县级调剂其他事业单位 4536 个编制到教育领域,市级调剂县域间编制 8755 个。[①]

在省级部门的带领下,三市相继建立了较为完善的教师编制管理体制。比如,B 市按照"县域内调剂解决为主、全市适量统筹调剂补充"的原则,确定了"核减县区按照统一比例收编、核增县区按一定比例补充"的调剂措施,对于事业单位编制核减的县区,按照核减数量的 40% 的比例收回编制。对于事业单位编制核增的县区,按照核增数 20% 的比例,从收回的编制中给予调剂补充。通过此种方式,B 市一共为 9 个县区(开发区)调剂补充编制。剩余的编制收回,实行专项管理,用于未来义务教育事业发展。

(三)设立城乡教师编制周转专户

教师编制周转专户是山东省实行教师编制市域内城乡调剂的创新做法。编制周转专户也可以称作"教师编制周转池"。建立教师编制周转专户的意义在于用"活"了城乡的教师编制资源。三市通过多种渠道建立起了教师编制城乡调剂的编制周转专户,在"有编即补、退补平衡"的基础上,对总体超编,但学科结构性缺员的农村地区,统筹利用其他事业单位改革和回收的编制,设立中小学临时周转编制专户,用于补充急需的教师。临时周转编制是一种特殊的编制形式,不计入教师编制序列。待中小学教师编制空出后,转为正式编制,临时周转编制则相应核减。编制周转专户的使用范围主要包括高层次人才引进、市委市政府中心工作以及重大教育项目建设。由教育行政主管部门提出意见,再由同级机构编制部门审核,报经市编委研究同意后由市级统筹使用,保障市域内阶段性的用编需求。

三市建立教师编制周转专户的主要途径是企事业单位改革、回收超编区县编制以及政府购买工勤服务这三种方式。A 市提出各地要逐步压缩直至取消非教学人员,如辅导岗位和后勤岗位的编制,同时提出建立中小学教职工编制周转池制度,用于保障临时急需和阶段性用编需求。

---

① 深化综合改革 创新体制机制全面推进城乡义务教育一体化[EB/OL].(2018-01-04).http://www.moe.gov.cn/jyb_xwfb/xw_zt/moe_357/jyzt_2017nztzl/ztzl_xyncs/ztzl_xy_dxjy/201801/t20180104_323716.html[2024-08-01].

回收的编制用于设立编制周转专户。对于确实需补充专任教师的，使用临时专户编制予以补充，等到中小学教师自然减员后，使用专户编制补充的专任教师改为占用中小学编制，专户编制相应核减，专户编制不计入中小学编制总额，由机构编制管理部门单独管理。这一举措有效地缓解了部分学校专任教师短缺的问题。这种临时周转编制的制度可以在一定程度上满足教育需求，并且也没有突破编制红线。按照政策的要求，在严控机构编制总量的前提下，三市都建立了教师编制周转专户。2016—2017 年，A 市通过对其他事业单位编制按相关比例进行精简压缩并集中收回，共调剂了事业人员编制 1633 个，为了解决城市义务教育学校大班额问题，将其中的 1185 个协调出来的编制用于设立临时周转编制专户，并实际已经用了 546 个周转编制，从而对超编、满编的中小学补充专任教师。C 市的一个区也在事业单位编制总量之内，利用精简压缩和事业单位改革等方式收回编制，协调出 110 个编制用于教师临时周转专户；A 市协调出了 610 个编制用于补充义务教育，新教师得以顺利地补充进来。①按照正常的教师退休进度，这些临时周转编制可以在未来三年中逐步冲销。山东省鼓励各地通过"教师同工同酬、政府购买服务"的方式聘用编制外教师。

（四）设立农村教师机动编制

设立农村教师机动编制也是市域调剂改革中的重要内容。针对农村地区超编缺员的情况，山东省在 2016 年启动了乡村学校短缺学科的教师补充计划，计划用两年时间补齐乡村学校学科短缺的教师。除了继续完善农村教师特岗计划外，山东省还特别设立了农村学校教师机动编制，这也为各市补充农村教师编制打下了基础。

三市分别对农村教师机动编制进行了核定。核定过程中，三市的编办部门首先对全市农村中小学教职工编制的基础数据进行了测算，并结合本市农村教师知识老龄化、难以胜任教学岗位的问题，按照省里规定的农村中小学教师编制总量 5% 的比例对农村中小学教师机动编制进行了核定，核定的机动编制全部用来补充农村中小学急需的学科教师，并且依托机构编制实名制信息系统，测算出本市未来 5 年农村中小学教师退休的人数，再根据最近 5 年农村中小学教师招考情况预计出未来 5 年教师招考人数，根据预计的统计数据，详细制定出每年教师机动编制冲销方案，确保新核定的教师机动编制到期时全部冲销。除此之外，针对农村地区音、体、美

---

① 依据笔者走访所得数据整理而来。

等学科教师不足的现象，B 市还要求各个学区以本学区为单位配齐相应的教师队伍，利用"走教制"来解决那些无法开齐课程学校的问题。

第二节　山东省教师编制市域内城乡调剂改革的成效与问题

一、改革取得的成效

（一）有效地整合了教师编制资源

教师编制市域调剂作为一种新型的教师编制管理方式，要求市级教育行政部门和人社部门联合制定各项保障措施，使得全市范围内教师资源得到合理配置。学校和各区教师人事管理服务中心相互配合，努力促进市域内优质教师资源的合理配置。市域调剂可以实现对全市范围内的师资进行统一调配和管理，实现教师人力资源配置的科学化，更符合生源动态变化下城乡义务教育的教学实际需求。市级教育行政部门和人社部门通过重新核算和调剂编制，对原先分散在各个地区的编制资源进行整合，建立编制周转专户，形成了编制使用的聚合效应，保障了教育公益事业的发展。按照学生人数核算编制后，A、B、C 三市的学校富余编制被压缩，在全市教育编制总量未减少的情况下，三市分别集中了 1185 个、1070 个和 1649 个周转编制用于保障教育发展需要。其中，C 市已经实际使用了 546 个编制用于教育领域，充分发挥了编制、岗位的正向引导作用。①

（二）促进了城乡教师资源的公平配置

虽然教师编制县管校用解决了教师资源在县域内的合理调配问题，但在市域范围内还面临着体制障碍。山东省在"以县为主"的基础上实行的教师编制市域调剂，通过重新核定教师编制、创新教师编制管理、实行教师编制周转专户，设立农村教师机动编制，是市域内盘活用好编制资源的一次新的探索与实践。

在教师编制市域调剂的过程中，教师编制的配置权力不再只局限于县编制办，而是由市一级的相关部门在市域范围内进行统筹，由市委编办根据全市教育事业的

---

① 依据笔者走访所得数据整理而来。

发展和学校规模重新核定全市的教师编制总数，实行教师编制市域范围内统一核定、定期调整、动态管理。市级教育部门和人事主管部门根据编制核定的人数，计算出学校教师编制的缺口，创建编制的周转池，保证全市范围内的教师资源合理配置，消除教师编制壁垒。市域调剂减少了教师编制的烦琐的人事程序，由市级教育部门和人社部门相互配合，充分发挥了现有编制资源的最大效益，促进了编制资源的合理配置。

按照新的编制核算，在 2017 年度三市的教师招聘中，农村新招聘教师所占比例都达到了 45%，其中音、体、美等小学科的新招聘教师占到了所招聘教师总数的 35%以上①，有效缓解了结构性缺编问题。

（三）提升了教师编制管理的科学性

三市的教师编制市域调剂改革在一定程度上提升了教师编制管理的科学性。教师编制周转制度盘活了教师编制资源，优化了教育资源配置，提升了教师编制管理的科学性，对于保障基础教育发展、提高基础教育质量起到了有效的促进作用。

山东省实行教师编制市域调剂也助推了山东教育现代化水平的提升。截至 2017 年底，A 市教育工作在山东省经济社会综合考核群众满意度调查中连续 5 年排名第一；C 市的教育满意度测评中，平均得分率在 86%以上；B 市的教育满意度也不断提高。②这些数据表明三市的教师队伍建设在全省是名列前茅的。这也可以说明，教师编制市域调剂为三市的教育水平提升打下了坚实的基础。

二、改革面临的问题

随着城镇化的推进和学龄人口的大规模空间流动，教师编制的空间错位矛盾不断激化，城乡义务教育教师编制改革已经进入深水区。为破解教师编制空间错位矛盾，山东省三市尝试进行了教师编制市域调剂改革。通过以上对三市教师编制市域调剂改革内容的描述分析和归类比较，我们可以发现，虽然各市在改革方案中描述的侧重点不同，但在教师编制市域调剂的总体思路上还是较为一致的。在改革目标上，三市都是以破解教师编制不足和城乡教师编制空间错位矛盾为目标；在改革措施方面，主要是在科学核定教师编制的基础上，完善教师编制管理体制，建立教师周转专户以及设立农村教师机动编制。三市的改革在化解教师编制的供需矛盾问题

---

① 根据作者调研所得数据整理而来。

② 根据作者调研所得数据整理而来。

上取得了一定成效，但由于内外因素的制约，三市的改革在带来红利的同时，仍面临着许多难题。

（一）重新核编工作面临阻碍

动态核定教师编制、完善教师编制管理体制、设立城乡教师编制周转专户、设立农村教师机动编制是三市进行教师编制市域内城乡调剂的主要措施。总体来看，这几项措施相互交织为链状结构，共同构成了一个完整的教师编制市域内城乡调剂的系统。而重新核定教师编制是市域内城乡调剂系统中的前提要素，其他几项调剂措施也需要基于对教师编制的准确、科学核定，因为只有在科学核定教师编制的基础上，相关部门才能够有理有据地协调各方面的关系，进而展开系统的教师编制调剂工作。但是由于教师编制的滞后性、地方保护性、管理不规范等特性，三市重新核定教师编制工作面临着很大挑战。

首先，编制核定存在滞后性。教师编制核定的滞后性意味着人员变动速度与核定周期之间存在着矛盾。从教师编制核定程序来看，教师编制的核定首先是由县级教育行政部门提出中小学教职工编制方案，县级上报方案之后，由县级机构编制部门会同财政部门、教育部门等组织重新核定中小学的教职工编制，核定的方案需要由县（市、区）政府报给市政府批准。方案经市政府批准后，再由市政府下达到各个县（市、区），并且报给省政府备案，同时再抄送给省编办、省教育厅、省财政厅。从编制需求上报到最后编制批准使用，这一周期大约持续半年。三市重新核定教师编制的时间基本上是在每学期开学时，而半年后又将进入一个新的学期，学生的数量情况难免会发生变动，也就相应地会产生新的教师资源需求。之前上报的教师编制需求能否与新的教学需求完全吻合也就变得不确定，有可能出现之前核定的教师编制与实际岗位需求不一致的情况。这就说明教师编制核定在实践中存在滞后性。

其次，教师编制的地方保护性给重新核定教师编制工作带来困难。随着农村学龄人口数量不断减少，农村学生越来越少，班级规模也越来越小，这就使得农村地区产生了较多的富余教师。在这种情况下，为了化解教师编制供求的空间矛盾，需要及时核减农村地区的教师编制数量，核减后才能将农村富余的教师编制名额调剂到城市地区教师编制不足的学校。但教师编制的地方保护性特征往往阻碍农村地区教师编制的核减。教师编制是计划经济时期的产物，在人们的传统观念里，编制意味着"铁饭碗"。教师编制的数量影响着一个地区享受财政拨款的数额。教师编制作为一种限量的资源，是各个区域吸引优秀师资的重要手段之一。为了确保本地区的利益得到巩固和加强，各地区教育部门对教师编制资源以寻求增加为主，对核减编制数量的抵触心理较强。也就是说，各地相关部门对于教师编制有着强烈的地方保护色彩。尤其是乡镇一级部门，本就财力薄弱，即使在编制的使用过程中存在空编现象，也不愿意如实上报，在上级部门核定编制时，面对空余的编制，往往会选择隐瞒或者是以各种借口和理由拒绝核减编制，这些理由可以是为休产假、病假人员等保留机动编制等。若强行核减编制，恐怕只会增加农村学校的心理落差，激化矛盾，结果适得其反。

再次，对教师编制标准的不同期待影响着教师编制的精确核定。比如，城区学校和农村学校对于编制核定数量的看法不一致。城区学校认为，学生数量增加了，班级数变多了，那么教师编制数量也应该随之增加，这样才能满足教学需求。农村学生数量减少了，自然地，编制也应该少核定。由此可以看出，城区学校认可的编制核定标准还是单一的生师比。而周边的农村学校则认为，我们的学生数量虽然减少了，但是对于教师编制的需求并没有减少，因为我们的班级数并没有减少，还是应该核定足够的教师编制才能够满足需求。而且，在农村学校，音、体、美等学科的教师编制缺口是比较大的。如果按照单一的生师比来核定编制，则会造成一些农村学校无法"开足开齐"课程，从而影响正常的教学。由此可见，农村学校比较认可的教师编制标准是班师比和科师比。这反映了城乡学校认可的教师编制标准不同，难以达成一致意见。需要说明的是，无论是生师比、班师比还是科师比的编制测算标准，都有其依据，若单一地按照某一种标准来配置教师是不完善的。生师比是义务教育学校配置教师的主要参考标准，如今只靠单纯的生师比是难以衡量农村学校对教师数量的现实需求的。若是采用单一的班师比，又不利于城市大班额学校的师资配备。而科师比的标准忽略了班级数量、学生人数以及平行教学等因素，缺陷更加明显。另外，县级编办手中对教师编制资源的"自由裁量权"相对比较大，编制的审批一般是按照上级的政策指示或者对比参考周边的地区，依样画葫芦，编制的审批较为随意。比如，按照编制标准，应该给某个地区多少个编制，余下的要靠各个学校通过博弈去争取，因为编制存量的问题是不会对外公布的，只有县级编办内部才明确知晓。

最后，教师编制管理的不规范也阻碍了市域内城乡教师编制的科学精确核定。1996 年国家就明确提出，要强化编制管理和人员使用的约束机制，压缩非教学人员编制，并提高中小学教学人员的使用效益；强化教育人事部门和学校在编制管理上的职责和各种权限，严格控制非教学单位从中小学抽调或借用教师。[①]近年来，国家也一直高度重视教师编制管理规范问题，例如，《中央编办 教育部 财政部关于统一城乡中小学教职工编制标准的通知》文件中就明确规定了要求各地严禁挤占、挪用和截留中小学教职工编制，严禁在有合格教师来源的情况下有编不补、长期聘用代课教师，严禁各种形式"吃空饷"等。对于违反编制管理规定的单位和责任人，依法依规进行严肃处理。但是，山东省 A、B 和 C 三市都仍然存在教师"有编不补""在编不在岗"等现象。通过访谈了解到，教育系统中一些人员辞职或者被政府等部门调走，编制本应该空出来，但是这些人员仍然占着教师的编制。此外，不少地方政府规定，从事教育教学工作满 30 年以上的教师退休后可享受全额工资奖励，这也造成了一些改任行政工作的人员不愿意舍弃专任教师的"外衣"。这类教师编制管理不规范的行为严重影响了教师编制的使用效益，也影响了教师编制核定的精确度。

（二）教师编制周转专户建立困难

教师编制周转专户的难题是由核定编制难题引发的连锁反应。教师编制周转专户是山东省三市在进行教师编制市域内城乡调剂的一个重要举措，是指将回收的编制放进周转专户中，再分发给有需要的学校。但若无法做到各校教师编制的精确核定，则难以建立起周转专户，再加上编制的总量控制、教师编制的空间性、终身性等原因，顺利地建立教师编制周转专户，并将其用于调剂教师编制并不是容易的。

首先，可调剂的编制总量有限。周转专户中的编制主要来源于对其他事业单位编制的精简回收以及对教师编制有富余的地区进行编制回收。一方面，在当前事业单位编制总量被严格控制的情况下，想要通过余缺互补的方式补充教师编制，难度较大，核减的事业单位编制数量有限，只能够在一个有限的周期内暂时缓解教育系统"缺人缺编"的局面，但难以填补学校编制的巨大缺口，不能够发挥长效机制以持续地维持编制供需平衡，因此无法彻底化解编制供需矛盾；另一方面，实行编制市域内城乡调剂有一个不可忽略的前提，就是随着生源的减少，学龄人口流出端的编制确实有富余。[②]如果流出端学校本身编制就处于紧张状态，那么再强行将编制调入学龄人口流入地，就会导致流出端教师的教师编制雪上加霜。

---

① 国家教育委员会关于印发《关于"九五"期间加强中小学教师队伍建设的意见》的通知[EB/OL].（1996-12-31）. https://www.lexiscn.com/law/law-chinese-1-276300-T.html[2024-08-01].

② 郝保伟，鱼霞. 从现状透视中小学教职工编制管理的问题与政策走向[J]. 教师教育研究，2013，25（6）：79-84.

其次，教师编制的终身性特征阻碍着教师编制的调剂。[①]教师编制是计划经济时期的产物，在传统观念中，人们对教师身份有着相对固定的认识，就是"单位人"。教师在获得编制之后，可以被认为是由"人"转为了"单位人"。人与编制并不是互相分离的。一位教师只要获得了编制，就与所在学校绑定在了一起，不能随意调动。换句话说，一位教师只要获得了编制，编制附着在这位教师身上，只要他不退出，那么编制就动不了。若是教师调动到市域内其他地方工作，这个编制也是不能够随着教师一起变动的，即"编制无法随人走"。因此，有些学校就存在着有富余的教师但没有富余编制的情况。随着城镇化进程的不断推进，对于农村学校来说，这种情况尤其严重。因此可以说，教师编制的终身性也影响了教师编制的调剂。

最后，教师编制的空间性特点影响着教师编制周转专户的建立。在"以县为主"的管理体制下，教师编制的核定基础是以区县为尺度，也就是说，教师编制的统筹使用基本上只能在县域内进行。一旦教师编制核定给某个地区，那么该编制就归属于所核定地区。比如，教师编制核定给了县里，那么这个编制就归属于县里，而且在一个周期之内不能随意变动，省里和市里都无权随意调整。县级部门有权在县域内对这个编制进行调剂，但是调剂也只局限在县域内，无法在市域内进行。学生可以大规模地在市域内流动，但是教师编制无法随着学生一起进行市域内流动，既做不到"编随生走"，也做不到"师走生退"。因此，教师编制的空间性阻碍了相关教育部门把教师编制从富余地区调剂出来，建立周转专户。

（三）权责配置不合理

教师编制的调剂不是孤立的区域内教师编制的增与减问题。没有灵活的权力配置机制作为保障，单纯强调对教师编制的动态调剂是不现实的，也失去了市域调剂本身的意义。权力配置不合理也是教师编制在市域调剂改革中面临的难题。在教师编制市域调剂改革中，权力配置的主要问题在于市、县之间财政权与人事权的配置失衡，以及市一级教育部门无法过多干预和限制县级教师编制审批权。

从纵向上看，省、市、县三级部门对于教师编制的调配权限划分并不明确。县管校用体制下，县域内可以进行教师编制的调剂。但是当学龄人口的流动范围从县域扩展到市域，教师编制的缺口问题也由县域扩展到了市域。当县域范围内编制存在数量上的余缺矛盾时，县级相关部门有权力进行教师编制的调剂。但是当学龄人口的流动范围从县域扩大到市域时，教师编制缺口问题就已经扩展到市域范围，面

---

① 邬志辉，陈昌盛. 我国义务教育阶段教师编制供求矛盾及改革思路[J]. 教育研究，2018，39（8）：88-100.

对市域内的教师编制余缺问题时，县域间的调剂已经不足以解决该问题，这时就需要将编制的调剂权力转移到市级政府，需要由省级政府来负责控制编制总量，市级政府负责统筹管理本区域的教师编制。但目前的情况是市、县之间的教师编制调剂涉及人事关系、工资、职称评定等问题，涉及利益方错综复杂，调剂难度较大。

从横向上看，人事权与财政权配置不合理以及教师编制审批权划分不合理。当前教师管理职能分散在多个部门，市域调剂的制度设计需要协调多个部门之间的关系。在义务教育学校教师管理中，教师编制并不是孤立的，教师编制管理分布在编制、财政、人社、教育等多个行政部门。教育部门对于编制有需求，进而提出用编进人计划，这时就需要编制部门的及时审批，而该审批程序较为复杂，需要考虑各种因素，需要教育部门将用编需求的原因条目一一列举清楚。但教育部门对于教师编制的管理和调配并没有完整的权力，每所学校的教师编制与岗位设置都受到编制部门、财政部门的限制，甚至教师在不同学校之间调动都要向编制部门与人社部门申报以获取审核同意。目前，我国实行的是以县为主的管理体制，各校的人员档案、人员调动、工资发放、职称评定都由县教育局负责，如果要实现市域内、县域间的教师编制调剂，首先要明确市域调剂涉及哪些部门。这就不仅涉及不同行政管理部门之间关于"教师编制"的分工问题，还涉及在不同部门内部的"教师编制"同该部门内部的"其他教师管理业务"之间的关系协调问题。实际上，"市域调剂"这一概念本身表述也比较模糊，没有具体说明调剂的范围、调剂的原则和方式，以及市域调剂和"以县为主"之间的矛盾如何解决，这些都是教师编制制度市域调剂所面临的现实风险。

第三节　完善义务教育教师编制市域内城乡调剂的建议

教师编制市域内城乡调剂是解决城镇化背景下教师编制空间错位矛盾的有效措施，但因其目前还处于尝试阶段，在实行过程中不免会遇到很多问题。为此，我们有必要在梳理成功经验的基础上，进一步思考如何完善教师编制市域内城乡调剂，以推动助力破解城乡教师编制空间错位矛盾。山东省部分地区实行的教师编制市域调剂改革是一个良好的开端，在一定程度上化解了教师编制的供需空间错位矛盾，提高了教师编制的使用效益。但由于教师编制的空间性、终身性等特征，教师编制市域内城乡调剂存在着成效不明显、调剂方式不完善、调剂阻力较大等问题，而这些问题也是全国范围内实行市域内城乡调剂改革所要面临的普遍问题，究其原因在于没有探索出一套整体行之有效的调剂模式与机制。针对以上问题，本书尝试从科学核定城乡教师编制、创新城乡教师编制管理体制、多渠道建立与有效利用城乡教师编制调剂的资源库、实施问责督查机制几个方面着手，提出完善教师编制市域内城乡调剂改革的思路。

一、科学核定城乡教师编制

科学核定教师编制是进行教师编制市域内城乡调剂的前提。当前城乡学龄人口数量是不断变化的，只有在及时摸清楚城市和农村义务教育学校学生的数量、掌握教师供需情况的前提下，才能够将农村学校空余的教师编制核减并调剂到城市学校。三个案例城市在进行教师编制市域内城乡调剂改革时的第一步都是对教师编制进行重新核定，但是在重新核定的过程中遇到了一些阻碍。要想精确地核定教师编制，首先，需要制定合理的教师编制标准，根据编制标准科学测算每个学校的用编需求；其次，需要采用科学、灵活的核定方式对教师编制进行及时核定。

（一）科学执行教师编制标准

教师编制核定的方法是否科学，将直接影响到编制的使用效益。原有的编制标准不统一，教师编制标准存在明显的"城乡倒挂"问题。目前，我国实行的是城乡统一的教师编制标准，针对编制标准不能满足现有教学实际需求的情况，国家已经做出了相应调整，制定了倾向于农村的教师编制标准，并强调要根据农村小规模学校的实际情况制定合理的编制标准。但面对学龄人口大规模流动给城乡学校带来的新变化，依靠生师比这个单一的指标，已经不能够满足复杂的现实需要，在实践中有着明显的不适应性。面对新形势，在执行教师编制标准时需要考虑多方面的因素，具体可从以下几方面着手：在确定编制指标时，应该对城乡不同学校进行分别考虑。城乡学校班级班额、学生数量，以及教师的任教科目、课时量、工作量等这些指标都应该被考虑在内。例如，对于农村小规模学校、教学点这类学校，在制定教师编制标准时，引用班师比来缓解小规模学校教师"结构性缺编"问题；针对农村寄宿制这一类特殊学校，在核定教师编制时可以更加灵活，如可以将教师工作量考虑在内。因为这类学校的教师除了负责白天的正常教学工作之外，晚上还要充当学生生活老师的角色。对于大部分农村学校教师学科结构不合理的问题，在制定教师编制标准时可引入科师比，以缓解农村学校师资学科结构性短缺问题。[①]在基本编制之外，根据学校实际情况给予一定的附加编制，以应对在校教师休病假、产假、事假、学习进修、支教以及其他事由，从而全面提高义务教育管理工作的弹性和灵活性。

（二）灵活、及时核定编制

学龄人口的持续动态变化导致教师资源需求的持续变化。因此，为了及时了解城乡学校不断变化的教师资源需求，在既定的编制基础上，需要每年重新核定教师编制，具体如下：先以学校为基本单位，再拓展到以整个区县、市为单位。市级政府部门及其教育部门、编制部门、财政部门逐校、逐区地核定编制，并且收录数据，在核定编制时要特别关注流出和接收学龄人口较多的区域和学校，进行重点记录，还可运用先进的人口预测系统来进行人口预测。在掌握全市人口数据的基础上，对未来5—10年本市人口的生育率、死亡率和迁移率进行预测，并进一步对义务教育学龄人口规模以及教师资源、校舍面积、公共财政经费等教育资源需求进行预测。根据对以上方面的预测，科学制定本市教育发展规划。

需要特别指出的是，在教师编制核定的过程中，要公开、透明、有理有据。省级相关部门应该对市一级的教师编制核定工作做到调查扎实、数据翔实、解决问题抓落实，做好督导和监察工作，针对虚报教师数量、学生数量的情况制定相应的处罚措施，杜绝核算过程中的包庇、以权谋私等情况的发生。

二、创新城乡教师编制管理体制

（一）合理划分各部门权责

我国的教师编制管理实行至今，一直沿用"集权—分权"的管理模式，该模式是我国教师编制制度实行的根基，也为我国城乡义务教育发展提供了强有力的保障。随着我国教育管理体制不断改革，中央政府的宏观调控、省级政府统筹、县级负责管理的科学化层级管理模式逐渐构建起来。然而，省级政府统筹力度不足，县级管理职能有限，没有调配资源的权力，是这一模式的待改进之处。教师编制市域调剂是一项牵扯到多方利益的工作，涉及较为复杂的利益纠葛。若相关部门不能统筹协调、合理划分权限，编制调剂将会遇到非常多的阻碍。因此，必须建立起完善的教师编制管理体制：省级政府要坚持自己教师编制市域调剂的监督指导者的角色

---

① 刘善槐，朱秀红，李昀赟. 农村教师编制制度改革研究[J]. 中国教育学刊，2019（1）：7-12.

定位，根据不同地区的情况划分对应的权责；市级政府要积极地引导、管理和协调教师编制市域调剂，优化教师编制分配，统筹相关部门，在保障权力下放的过程中制定具体的实施目标、实施方案，同时还需要加强各部门负责人员的素养，从内部解决作风问题，克服懒政、怠政，要求相关部门积极到城乡学校进行考察，及时掌握学校的师生变化情况。政府部门需要充分发挥自身在教师编制市域调剂工作中的决策统筹作用，由各级编制部门、教育部门、财政部门等共同参与核定编制工作。市级政府应该建立起教师工作联席会议制度，定期进行会议商讨，及时发现教师编制改革中存在的问题和困难，尤其是要落实、捋清各个职能部门的工作职责。只有全省、全市各级职能部门做到各负其责、各尽其职，才能形成强大的合力和有效的工作机制。

（二）创新城乡教师编制管理办法

地方政府部门要转变职能、简政放权，创新编制管理办法，建立部门间的联动保障机制，强化各部门的协作意识。同时，各部门要了解所在区域的基本情况，明确各方责任及其在调剂过程中扮演的角色[1]：第一，编委办从自身开始，将每个调剂流程的管理工作落实到位，从不同的角度寻找相似的个案进行研究，可以借鉴其他省市、其他行业的先进管理方法，建立标准化、科学化的调剂模式，确保在申请、审批、核定、执行、调剂环节做到有统一标准可循，且制定的标准完全符合当地的实际情况。这样做不仅可以节省政策执行过程中的人力、财力，还可以实现管理模式的创新，提升教师编制调剂的效率。第二，若出现教师编制调剂过程违背调剂标准的情况，要及时进行协调处理，并上报有关监管部门。

（三）更新人员编制管理理念

在进行编制管理时，有关管理部门应当基于新的思路和理念进行调剂政策的编制管理，力求以整体、协调、联系的视角重新界定编制管理。为了达到既定的市域调剂目标，应当合理控制总量目标，以长远的目光来看待当下的人员编制问题，及时解决编制调剂过程中出现的问题，及时了解情况[2]，用动态的眼光看待人员编制问题并更新人员编制管理理念，提升人员编制管理的科学性。

在教师编制调剂过程中，编制管理人员需要考虑的因素有很多。比如，要了解实时情况的变化，在事业单位编制总量不变的情况下，需要在每个环节考虑政策的

---

① 张海水. 我国超大城市义务教育发展薄弱地区教师编制问题调查研究——以 G 市三区为例[J]. 当代教育论坛，2017（6）：1-10.

② 惠源. 制度视角下农村中小学教师编制问题研究[D]. 重庆：西南大学，2017.

整体实施效果并做出动态调整。需要建立教师编制数量年度报告制度,并且将三年一审的学校人员编制审核方式改良为一年一审、半年一审等方式,具体的审核时限按照不同区域的情况来确定。在每年的开学季节,实行对乡、镇、农村地区的实地考察,并且集中统计各项指标,以便能够根据不同的情况做出动态调整。虽然这样会增加统计人员的工作量,加大各部门的工作难度,但是这些工作对于整体调剂方案的有效实施是具有推动作用的。①

（四）实现城乡教师编制管理信息化

为完善我国教育管理公共服务平台建设,教育部根据我国 2017 年教育信息化总体工作部署,建设并布置使用全国教师管理信息系统,开发建设教师核心数据库、业务能力系统及教师基础信息管理系统,并组建相关的试点工作。开发全国教师管理信息系统是履行教师信息化管理的重要标志,该系统将成为教师编制管理信息化构建的参照坐标。教师编制信息化管理可参照相对成熟的全国教师信息系统及机构编制管理信息系统,开发相应的中小学教师编制信息管理系统。编制管理要利用互联网的便捷性,实现管理手段的现代化。合理规划各级编制部门、教育部门、财政部门的职责,可分层级组建省、市、县教师编制管理的技术团队,分级分类管理教师编制。②编制信息化管理员须定期根据系统内的信息,客观、准确地上报给本级负责人,若出现编制调入、转出、空编、缺编等现象,应及时上报给编制部门及教育部门等进行核查,以助力编制工作的实时、有效开展。③

三、多渠道建立与有效利用城乡教师编制调剂的资源库

（一）挖掘潜力,扩充城乡教师编制调剂的资源库

人口变化对教师资源配置在数量、管理机制等方面的前瞻性、科学性和动态性提出了更高要求,需扩充城乡教师编制调剂的资源库,建立教师编制周转专户。第一,对教师编制进行实名制管理,依托教师编制的实名制管理系统,及时收回各个学校现有的空余编制以及因调动、辞职、离岗等原因形成的空余编制。第二,进一步对事业单位进行改革,将精简后多出来的事业单位编制用于教育领域,并且在核

---

①　甘凌燕. 山东省机构编制总量控制及调整机制研究[D]. 济南:山东大学, 2016.

②　尚勇健. 事业单位财政供养人员编制的"更优化"管控问题研究[D]. 天津:天津大学, 2015.

③　邬志辉,陈昌盛. 我国义务教育阶段教师编制供求矛盾及改革思路[J]. 教育研究, 2018, 39（8）:
88-100.

减编制时明确一定的比例,将核减的事业单位编制腾出来放进教师编制周转专户中。通过这两种方式,将核减的教师富余编制和事业单位编制全部放入教师编制周转专户中,用于补充给有需要的学校。由于教师编制的地方保护性,空编较多的农村学校可能抵触教师编制的核减,此时可以采取一定的补偿措施,比如,可以给此类农村学校多划分一些财政拨款,或者在职称评定、评奖评优时给予此类学校更多的名额和机会,通过这些方式加大空编较多的学校对核减编制的配合力度。

(二)科学使用教师编制调剂的资源库

将腾出的教师编制放入编制资源库之后,要对编制资源库进行集中统一管理,可以将编制资源库与数据库相结合,运用统计知识及时更新数据库中的编制信息,对编制资源库中的编制进行精密化管理,确保收回的编制资源能够得到合理使用,重点将编制用于急需的学校,避免造成浪费。对于编制库中的编制,要有计划地用,每使用一个编制,都要做好申报和记录工作。根据城乡学校的用编需求,由教育部门、编制部门、财政部门和人社部门联合组织对编制使用的评估,以此作为教师编制资源库中编制使用的依据。相关部门也应该制定相应的编制资源库使用政策,为编制的合理使用提供政策保障。

(三)规范管理教师编制调剂的资源库

应对教师编制资源库进行规范管理,保证编制资源库的使用效益。根据核定的教师编制的情况,规划使用教师编制资源库中的编制,并对教师编制资源库的使用情况进行评估,设立评估指标体系,运用定量和定性分析方法,对教师编制资源库的使用情况、使用效益等进行综合评价,及时跟进并加以完善,同时配合考核机制,加大教师编制资源库的管理力度,保证编制周转专户能进能出,提高编制资源库的使用效率。

此外,还应发挥市场的调节作用,推进教师编制市域调剂与政府购买服务相结合。对于学校中的一些非教学岗位的补充,可采用政府购买服务的方式加以解决,政府按照一定的比例提供财政支持,同时与学校自主招聘相结合,以缓解教师编制紧缺的情况。

四、实施问责督查机制

问责督查机制有助于推动教师编制市域内城乡调剂的顺利实施。地方政府应把中小学教师编制市域内城乡调剂的实施情况作为政府教育发展、党政领导干部年终考核的重要内容,对其加强管理,并及时通报实施情况。2014 年,《中央编办 教育部 财政部关于统一城乡中小学教职工编制标准的通知》明确规定:"各地要严禁挤占、挪用和截留中小学教职工编制,严禁在有合格教师来源的情况下'有编不补'、长期聘用代课教师,严禁以各种形式'吃空饷',严禁管理部门与中小学校混编混岗占用教职工编制。各级机构编制、教育、财政等部门要加强督查,采取多种方式,定期开展编制清理专项工作,定期督查各地中小学编制管理政策落实情况,对违反编制管理规定的单位和责任人,依法依规严肃处理。"

　　教师编制管理监督制度是科学核定编用编的前提条件,是教师编制管理自身不可或缺的重要组成部分。从宏观层面,政府需要制定编制问责机制;从微观层面,社会和学校需要进行反馈监督。由此构建政府、社会和学校三位一体式的制度监督体系模式,三方通力、协同合作,推动我国中小学教师编制管理实现制度化,保障中小学教师编制管理制度的有效执行。

　　从政府角度来看,应尽快出台教师编制方面的法律,建立行政问责机制。虽然教师编制标准的相关政策文件中一再强调严禁挤占、挪用、截留中小学编制,但政策性文件没有法律的强制性和权威性,因此大大降低了文件标准的执行力度。责任和权利在法律中共存,就会形成约束力和执行力。[1]国家对于教师编制管理落实情况实行长效监督问责机制,坚决杜绝有编不补、在编不在岗等行为,将中小学教师编制管理的落实情况作为各级政府及相关部门政绩考核的重要依据,对因瞒报、串通、包庇个别教师编制的学校领导,要进行严格查处。[2]

　　从社会角度来看,应不断发挥公众舆论、新闻媒体的辐射力量。对于中小学教师编制管理中存在的问题,各级政府、编制管理部门、教育部门、财政部门和学校可借助互联网舆论、新闻媒体等进行施压,并借助互联网来加大教师编制调剂等政策的宣传力度。政府要开通热线电话及官方网站专栏,为教师以及社会人员提供反映编制管理需求和问题的平台,负责人需要及时将问题汇总并归类核实做好相应反馈,及时做出回应。若有地区在编制管理中出现问题,应进行及时揭露,并进行责任追踪,以此督促责任方尽快解决问题。

---

①　刘海涛. 我国城乡教师编制均衡研究:基于河南省 F 县的调查[D]. 重庆:西南大学,2015.
②　尚勇健. 事业单位财政供养人员编制的"更优化"管控问题研究[D]. 天津:天津大学,2016.